深圳健康产业发展报告2021

Shenzhen Health Industry Development Report

深圳市健康产业发展促进会
深圳市保健协会 编

中国经济出版社
CHINA ECONOMIC PUBLISHING HOUSE
·北京·

图书在版编目（CIP）数据

深圳健康产业发展报告．2021／深圳市健康产业发展促进会，深圳市保健协会编．--北京：中国经济出版社，2023.3

ISBN 978-7-5136-7239-9

Ⅰ．①深… Ⅱ．①深… ②深… Ⅲ．①医疗保健事业-研究报告-深圳-2021 Ⅳ．①R199.2

中国版本图书馆 CIP 数据核字（2023）第 030661 号

责任编辑　丁　楠
责任印制　马小宾
封面设计　任燕飞

出版发行　中国经济出版社
印 刷 者　北京科信印刷有限公司
经 销 者　各地新华书店
开　　本　710mm×1000mm　1/16
印　　张　18
字　　数　290 千字
版　　次　2023 年 3 月第 1 版
印　　次　2023 年 3 月第 1 次
定　　价　88.00 元
广告经营许可证　京西工商广字第 8179 号

中国经济出版社　**网址** www.economyph.com　**社址** 北京市东城区安定门外大街 58 号　**邮编** 100011
本版图书如存在印装质量问题，请与本社销售中心联系调换（联系电话：010-57512564）

发展经营性健康产业和公益性
健康事业都是为了让人民过上
康健愉悦的幸福生活

李君如
二〇二一年九月一日

中共中央党校原副校长　李君如　题词

保障民生优先保健民众

中国保健协会

张凤楼

原国家卫生部副部长　张凤楼　题词

前言
PREFACE

2021年，是“十四五”规划开局之年，也是“健康中国”战略实施的重要一年，全国两会期间发布的《中华人民共和国国民经济和社会发展第十四个五年规划和2035年远景目标纲要》中明确提出，推动战略性新兴产业融合化、集群化、生态化发展，全面推进健康中国建设，深入实施健康中国行动，国民素质和社会文明程度达到新高度，到2035年建成健康中国。

随着经济发展和社会进步，人口老龄化、慢性病、难以攻克的重症疾病等依然是全球关注的重要问题；面对新冠肺炎疫情，人们对于健康方面的需求越来越大，健康理念进一步提升，从关注单一的身体健康转变为身心的全面健康，预防也成为一种生活方式和公共卫生优先事项。健康产业作为战略新兴产业之一，其蓬勃发展可谓是时势所趋。

面向新时期人类健康需求，健康产业渐渐催生出了健康检测、特殊食品、功能食品、智能医疗器械、数字医疗等众多新赛道，为大健康产业积蓄了更多新动能。数字化、智能化新技术不断赋能，健康、旅游、文化多领域深度跨界融合，赋予健康产业新的生命力，壮大健康产业新业态，激发健康产业市场活力，助力健康产业成为“以人为本”的经济新模式。

《深圳经济特区健康条例》作为全国首部地方性健康法规，自2021年1月1日起正式实施，以“共建共享、全民健康”为主题，完善健康深圳组织领导体系，推动将健康融入所有政策，营造健康深圳建设新格局，全方位全周期保障市民健康，对贯彻落实《“健康中国2030”规划纲要》和《健康中国行动（2019—2030年）》具有重要的、里程碑式的意义。

为了及时呈现深圳市乃至全国、全球的健康产业发展的新趋势与新业态，深圳市健康产业发展促进会、深圳市保健协会联合多家行业机构及行业专家共同撰写了《深圳健康产业发展报告2021》，是在2011年首部《深圳健康产业发展报告》发布之后的第11部。十余年来，报告记录了深圳健康产业发展的过程，展示了深圳健康产业向着更广覆盖、更高水平、更优质量迈进和提升的发展轨迹。

在编写的过程中，编者既延续以往的宗旨与经验，也进行了开拓与创新，围绕全球、全国、深圳的健康产业发展维度，编撰健康产业发展概述、健康产业重点领域研究、深圳健康产业优秀企业等部分，以专业视角分析了健康产业的发展现状、重点领域、产业发展特征，并据此提出应对策略及建议。

《深圳健康产业发展报告2021》的完成离不开深圳市健康产业发展促进会名誉会长李君如先生、张凤楼先生、徐华锋先生以及会长张备先生的指导关怀，离不开深圳市各政府相关部门、行业协会、优秀企业以及行业专家的厚爱和支持，在此表示衷心的感谢。鉴于编者水平有限，报告中难免有表述不周之处，敬请各界读者批评指正。

目录
CONTENTS

第一章　健康产业发展概述

从全球范围来看，随着互联网、大数据、人工智能等创新技术以及生命科学和生物技术的发展，世界科技创新成为加速健康产业发展的动力，并催生出了多交叉、多元化的新兴健康产业。

第一节　全球健康产业发展概况

一、全球健康产业发展现状

（一）产业规模保持平稳增长

全球经济曾在2017—2019年呈现强劲的增长态势，2020年突如其来的新冠肺炎疫情给全球经济带来了巨大冲击。全球大健康研究机构Global Wellness Institute表示，在2020年更新全球大健康经济产业状况尤其引人注目和重要，因为2020年已经成为了疫情的分水岭。数据显示，全球健康经济产业规模从2017年的4.3万亿美元增长到2019年的4.9万亿美元，年均增速6.6%。2020年全球大健康经济产业规模下降11.0%至4.4万亿美元，同期全球GDP下降2.8%。2021年新冠肺炎疫情依然在全球肆虐，医疗支出也随着各国政府在疫情治疗和诊断方面投资的加大以及不断改善的经济而相应增加。

亚太地区是2017—2019年规模增长最快的大健康市场之一（期间增速8.1%），同时也是疫情期间萎缩最少的市场（2019—2020年规模下降6.4%）。在疫情期间，由于大健康地产和公共卫生、预防和个性化医疗的极高增长率，亚太地区大健康经济产业规模的下降得到缓冲，细分领域如体育活动、个人护理和美容等的市场规模均呈现较小幅度的下降。相反，作为2017—2019年大健康市场规模增长最快的地区（期间增速8.4%），北美地区成了受疫情影响最严重的地区之一（2019—2020年规模下降13.4%）。拉丁美洲—加勒比地区的大健康市场则在2020年出现了最大的降幅（-22.1%），这主要是由该地区几个大国的市场波动和经济危机造成的，该地区的大健康市场在疫情之前就在萎缩。一方面，由于隔离政策带来的旅行禁令、边境关闭、企业/学校关闭等现象，对服务业造成了不等比例的冲击，包括大健康经济产业中的许多活动；另一方面，工厂和港口关闭、劳动力和投入短缺、临时贸易限制导致全球供应链中断，对许多与大健康有关的产品（包括个护、美容、鞋服等）的销售产生了负面影响。

总体而言，疫情期间，在大健康经济领域，消费者在服务方面的支出有所下降，在产品方面，他们的需求向不同的方向移动。Global Wellness Institute 表示，当消费者的典型偏好不存在时，他们倾向于将他们的支出转移到新的产品和服务类别上（例如，购买家庭健身自行车而不是支付健身房会费，购买豪华的沐浴和芳香疗法产品而不是去水疗中心）。虽然大多数消费者渴望回归亲身体验，但其中一些消费方式的转变和新培养的消费习惯可能会在疫情后持续下去。

Global Wellness Institute 预计，在接下来的五年里，全球大健康经济产业规模将以每年9.9%的强劲速度增长，这一增长率将显著高于全球经济的预期增长率。随着全球经济从疫情的冲击中复苏，大健康经济产业规模预计将在2021年达到5万亿美元（超过2019年疫情前的峰值），到2025年将增长到近7万亿美元（见图1-1）。在疫情期间受到较大冲击的部门，包括养生旅游、水疗中心、温/矿泉等将有望迎来复苏带来的高速增长，然后逐渐放缓至与疫情前水平相似的增长轨迹。

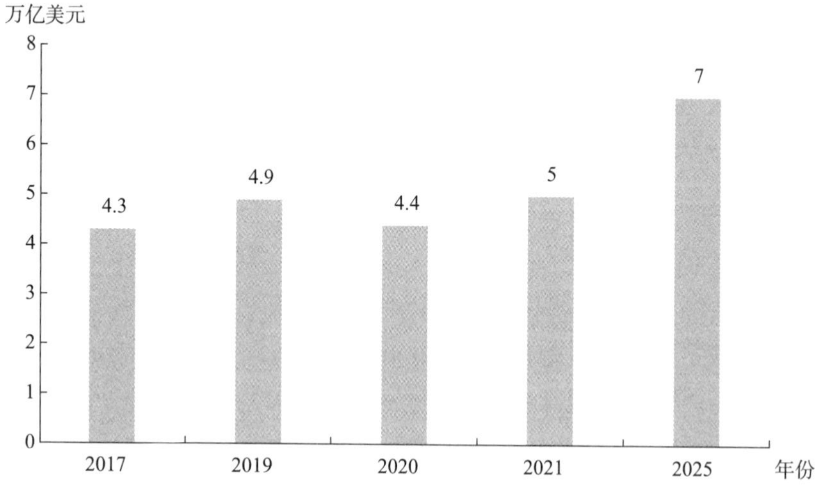

图1-1　2017—2025年全球健康经济产业规模

资料来源：Global Wellness Institute

（二）投融资金额再创新高

从当前全球健康产业细分发展来看，医药（含药品和药械）、医疗服务、保健食品等行业是全球健康产业的重要组成部分。同时，生物医药、医疗设备、医疗服务依然是当前全球资本关注的焦点。数据显示，2021 年，全球医疗健康产业共发生 3591 起融资事件，融资总额创历史新高，达 1271 亿美元（约 8194 亿元人民币），同比增长 70%；融资事件也增加 3052 起，同比增长约 63%。见图 1-2。

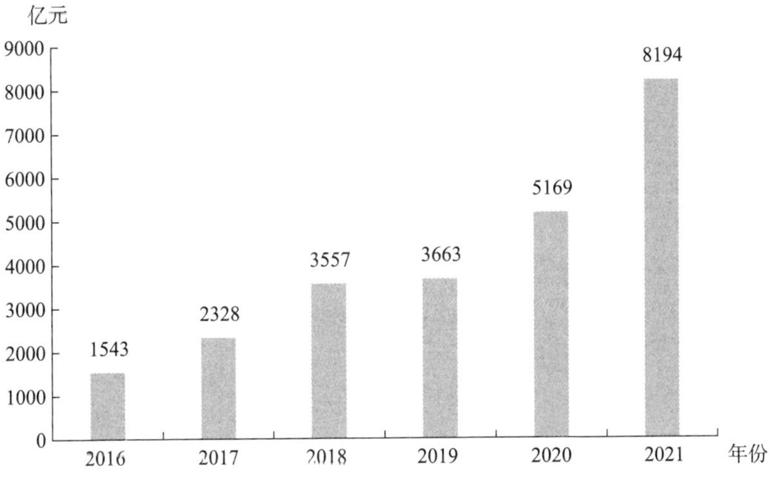

图 1-2　2016—2021 年全球健康产业融资金额

资料来源：动脉网、蛋壳研究院

其中，2021 年全球生物医药领域凭借 1359 起累计约 3690 亿元人民币融资总额强势领先其他细分领域，再次拿下 2021 年的融资榜首。数字健康领域以近 2520 亿元人民币紧随其后，器械与耗材排名第三。见图 1-3。

从细分领域融资额来看，2021 年仅数字健康和医疗服务领域融资额占比出现上涨，其他领域均有小幅下滑。其中，这两年在新冠疫情推动下，远程医疗、互联网医疗等行业影响力不断蔓延，数字健康领域 2021 年融资总额较 2020 年增加了约 1185 亿元人民币，超过上年全年融资总额，同比增长近 89%。

2021 年，全球医疗健康融资事件发生最多的五个国家分别是美国、中国、英国、印度和加拿大。美国以 1570 起 709. 56 亿美元（4515. 9 亿元人民币）融资领跑全球，中国紧随其后；中美两国囊括所有国家融资总额和融资事件的 80%以上。

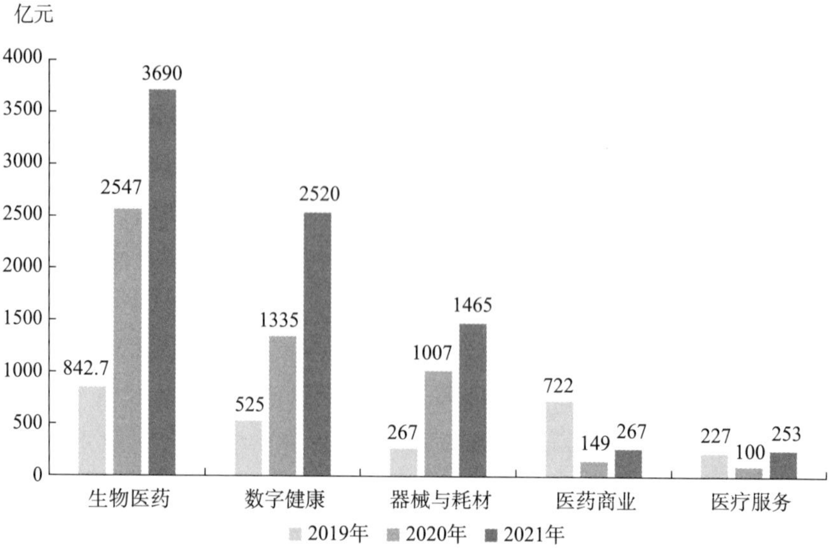

图 1-3　2019—2021 年全球健康产业投融资领域

资料来源：动脉网、蛋壳研究院

亚洲与北美地区在 2021 年表现旗鼓相当。智能手机和互联网在印度的普及，让印度的“互联网+医疗”的创新风起云涌。北美方面，除美国外，2021 年加拿大的表现也很亮眼，融资事件数紧跟印度。与印度一样，数字化也是助力加拿大医疗竿头直上的重要因素；其中，发展最快的细分领域当属医疗信息化。

（三）新技术新业态不断涌现

2021 年，新技术新业态不断涌现，在重大疾病治疗模式、重大关键技术等方面取得创新性的突破，有效改善人类健康，引领健康产业发展。

在基因编辑领域，英国弗朗西斯·克里克研究所和肯特大学合作开发出可让小鼠 100%产生全部雄性或雌性的 CRISPR-Cas9 方法；美国博德研究所开发出“先导编辑”的新版本 twinPE，可将人类细胞中可编辑的基因长度从几十对碱基扩展至数千对；中国香港大学研发出利用 CRISPR-Cas 系统编辑超级细菌的新方法，为抗击超级细菌带来新希望。

在合成生物学领域，中国农业科学院与北京首朗生物技术有限公司实现全球首次从一氧化碳到蛋白质的一步合成，并已形成万吨级工业产能；中国科学院天津工业生物技术研究所在实验室首次实现二氧化碳到淀粉的从头合成；美国加州大学劳伦斯伯克利国家实验室首次创造出无法自然合成的人工金属酶及其产物。脑科学领域，美国和西班牙开发出将信息直接发送到大脑视觉皮层的“人工视觉脑”，帮助盲人获得基本视觉；美国 BrainGate 团队开发出无线脑机接口系统，首次实现脑机信号无线高宽带传输；俄罗斯科学院神经研究所开发出可帮助盲人看清物体的大脑皮层神经植入物。

在干细胞领域，美国塔夫茨大学艾伦探索中心利用非洲爪蟾胚胎中的干细胞，创造出有史以来首批能自我复制的活体机器人 Xenobots；韩国大邱庆北科学技术院开发出由干细胞制成的微型机器人，可绕过血脑屏障通过鼻子进入大脑；日本九州大学利用干细胞创建出可供卵子发育的体外卵泡结构。

在“AI+生物”领域，德国德累斯顿工业大学首次开发出用于早期检测和治疗疾病的植入式 AI 系统；瑞典查尔姆斯理工大学开发出生成式深度学习方法 ProteinGAN，有助于更经济、快速地开发基于蛋白质的药物和疫苗；美国斯坦福大学设计出可精准预测 RNA 三维结构的 AI 算法 ARES，成为继 AlphaFold 后又一个结构预测领域的里程碑；英国格拉斯哥大学开发出可预测病毒基因组人畜共患病潜力的机器学习模型，将更有效地识别应密切监控并优先开发疫苗的罕见病毒。

另外，由于新冠肺炎病毒持续变异，促使各国加紧研发更有效的新疫苗和药物以及病毒检测工具，新兴技术在其中展现出极大的应用潜力。疫苗研发方面，据世界卫生组织统计，截至 2021 年 12 月 14 日，全球共开展 331 款新冠疫苗研发，其中 137 款处于临床阶段，194 款处于临床前阶段。美国食品药品监督管理局正式批准辉瑞和 BioNTech 的 mRNA 疫苗 BNT162b2，这是全球范围正式批准的首款新冠疫苗；随后，中国首个自主知识产权新冠病毒中和抗体联合治疗药物安巴韦单抗注射液（BRⅡ-196）及罗米司韦单抗注射液（BRⅡ-198）获批；印度批准全球首个新冠 DNA 疫苗 ZyCoV-D，预示着 DNA 疫苗的热潮即将到来。病毒检测工具方面，AI、CRISPR 基因编辑技术、合成生物学等新兴技术极大提升了病毒检测和药物设计的效率和准确度。美国霍华德休斯医学研究所和哈佛医学院利用 CRISPR 基因编辑技术开发出肽显示平台 PICASSO，可识别患者血液样本中的新冠抗体；美国加州大学伯克利分校将两种不同类型的 CRISPR 酶相结合，创造出快速检测新冠病毒 RNA 的新方法；沙特阿拉伯阿卜杜拉国王大学利用 RNA 编辑蛋白开发出可实现便携式新冠诊断测试的 CRISPR 技术；世界卫生组织与西班牙国家研究委员会签订全球首个新冠卫生工具许可协议——“COVID-19 血清抗体技术许可协议”。

二、全球健康产业发展趋势

（一）各个国家积极鼓励技术创新

新冠肺炎疫情推动创新医疗技术快速发展，快速检测、紧急治疗、药物开放等领域的新技术快速突破，全球协作、打破边界、数据共享，新技术和新产品得到快速推进。新冠肺炎疫情也深刻影响了全球生物科技的战略方向和聚焦领域，部分发达国家尝试创新组织模式、出台新的战略规划等，以期推动医疗生物技术实现创新突破发展。

2020年，美国卫生与公共服务部发布《“健康人群2030”计划》，提出未来10年美国在疾病预防和健康促进方面的355个核心目标；发布《2020—2030年国家流感疫苗现代化战略》报告，提出3个总体目标，即加强流感疫苗研发、使制造和供应多样化；促进创新方法和技术的应用；增加疫苗可及性和覆盖率。美国国立卫生研究院发布《2020—2030年营养研究战略规划》，将通过扩大合作和采取多学科方法，促进营养科学发展及其在改善公共健康和减少疾病中的作用。2021年4月，拜登政府提议成立一个新机构——高级健康研究计划局（ARPA-H）。该机构依托美国国立卫生研究院（NIH）运作，申请预算为65亿美元，以美国国防部高级研究计划局（DARPA）为模型，通过资助高风险的创新项目来加快医疗技术的发展，尤其关注癌症、糖尿病和阿尔茨海默病的防治，同时追求其他能够重塑健康研究的“变革性创新”。2021年6月，美国科技智库信息技术与创新基金会发布报告称，要确保美国生物制药的持续竞争力，建议制定强有力的国家生物制药竞争力战略，更多投资于注重生物医学创新的产业与大学伙伴关系，NIH应增加至少120亿美元资助基金，达到每年500亿美元。

欧盟委员会提出《欧洲制药战略》，旨在建立具有前瞻性和抗危机能力的欧盟制药体系；发布《生命科学中的跨技术方法交叉发展》报告，旨在指导和促进生物科学中的跨技术方法交叉发展。德、日政府纷纷提高外资对本国关键生物科技企业的投资门槛，加强对生物经济和医药供应链的保护。

日本于2019年6月出台了《集成创新战略2019》，并在附件中正式推出《生物战略2019》，这是继《生物技术战略大纲》（2002年）、《促进生物技术创新根本性强化措施》（2008年）战略之后，日本对生物技术战略地位的再次确认。此次战略将“医疗与非医疗领域”整合在一起进行通盘考虑，重点发展高性能生物材料、生物塑料、生物药物、生物制造系统等，并进行重点资助。同时，在生物资源库、生物数据科技设施、生物科技人才等方面也提出了重要举措。

2019 年 4 月，俄罗斯发布《2019—2027 年俄罗斯联邦基因技术发展规划》。该规划的主要目标是加速发展基因技术，为医学、农业和工业创造科技储备，并监测和预防生物性紧急情况的发生。同年，韩国发布了《生物健康产业创新战略》，以推进创新药、医疗器械和医疗技术发展，推动生物健康产业出口增长；英国发布了生物科学领域《2019 年执行计划》，以发展前沿生物科技、应对战略挑战并夯实技术发展基础。2021 年，法国发布卫生健康创新 2030 计划，宣布将创建大型研发“集群”，拟动用逾 40 亿欧元的公共资金用于科研，旨在将法国重新塑造成一个医药卫生领域的创新国家。

（二）智能化与健康结合更紧密

在全球抗击新冠肺炎疫情的大背景下，医疗影像辅助诊断、智能机器人、新药研发等人工智能应用场景将有望大幅增加。随着人工智能在医疗领域的深入应用，将有效推动解决重大疾病的诊治能力缺乏、医疗资源紧缺以及医疗费用不断增加三大主要难题，革新生物医药面貌。

《未来医生白皮书》对 110 个国家和地区近 3000 名临床医护人员的抽样调研及全球权威临床专家深度访谈，近 80% 的受访医护人员认为，大数据将深度融入人口健康管理，科研数据、电子病例和医疗设备互联后采集信息的不断积累，将有助于医生制定更精准的诊疗方案，提高决策效率。全球 56% 的受访医护人员认为，医生应更多使用由人工智能辅助的临床决策工具进行决策，实现更精准和科学的诊断和治疗。

同时，随着算力和人工智能的快速发展，未来生命科学的各个领域获得逐步智能化升级。如人工智能根据氨基酸序列准确预测蛋白质结构，将开启一个探索与功能导向的结构生物学新时代，解决包括农作物增产、药物设计、病理探究以及塑料降解等多领域问题。

（三）健康的生活方式逐渐养成

健康的概念不仅是得病医疗，而且还包括通过我们的生活方式、行为和习惯来保持健康。疫情的经验表明，预防传染病与预防慢性病之间存在密切联系。慢性病患者和代谢不良者面临更高的疫情感染和死亡风险，这刺激了消费者对免疫的兴趣，从“增强免疫”的食物、补充剂和疗法，到对锻炼、睡眠、肠道健康、压力管理等方面的日益关注。如数据显示，76%的全球消费者受新冠肺炎疫情影响，更倾向于健康的饮食；有41%的人计划加强体育锻炼。全球有51%的消费者计划提高他们的认知和心理健康。另外，全球65%的消费者表示会更加关注免疫方面的问题。

从消费者角度而言，健康的一个重要内容是自我护理，简单地说，就是照顾好自己。虽然自我护理的概念已流行多年，并推动了健康经济的快速增长，但它通常与放纵自己或从日常责任中得到喘息有关。疫情带来的大量压力使消费者对自我护理的看法发生了深刻转变。现在，自我护理正在成为一种自我保护和生存的手段。目前，自我护理的概念已经远远超出了泡泡浴、面部护理、动感单车或冥想课程，它延伸到了居家料理、人际关系、睡眠、自然、财务健康、寻找目标和意义等更多方面。疫情揭示了大健康多层面和无所不在的本质，大健康不再是我们每天一小时、一个月几次或者只有在度假时才做的事情，它将成为我们日常生活和优先事项中不可或缺的重点。

（四）消费者越来越关注健康领域

Global Wellness Institute 指出，大健康运动是由消费者和企业共同推动的，主要发展范围在传统医学及其研究、运营和资助机制之外。消费者对各种“另类的”、主动的、以生活方式为基础的大健康实践越来越感兴趣，这使得医疗科学不得不追赶大健康产业。虽然许多流行的大健康实践已经存在了数百年或数千年，但直到现在，科学研究和新技术才能够测试和验证它们的益处（如瑜伽、冥想、植物性药物、脊椎指压疗法、针灸和致幻剂等）。基于这一变化，这些大健康实践逐渐被主流医学接受。

消费者接受大健康实践的速度依旧比科学研究的速度快得多，尤其是在补充剂和功能食品等领域。期望通过新“大健康时尚”实现商业化的企业，往往会从非常有限的证据中迅速做出推断，并夸大其功效。未来，卫生系统的成本压力、人口老龄化和世界各地慢性病的增加将迫使传统医学越来越关注大健康，并重视与其相关的生活方式方法和治疗方法。但为了避免伤害消费者，并真正成为医疗保健的补充，大健康产业的企业家和企业必须拥抱科学和证据，诚实沟通，并鼓励消费者也这样做。

第二节 我国健康产业发展概况

一、健康产业的定义与统计分类

为加快推动健康产业发展，科学界定健康产业的统计范围，准确反映健康产业发展状况，依据《“健康中国 2030”规划纲要》等文件里有关健康产业的指导意见，2019 年 4 月 9 日，国家统计局发布了《健康产业统计分类（2019）》（以下简称《分类》），首次对健康产业的概念进行了明确定义，为健康产业划出了清晰的边界。

国家统计局发布的《分类》中对健康产业是这样定义的：健康产业是指以医疗卫生和生物技术、生命科学为基础，以维护、改善和促进人民群众健康为目的，为社会公众提供与健康直接或密切相关的产品（货物和服务）的生产活动集合，并将健康产业范围确定为包含医疗卫生服务、健康事务、医药制造等 13 个大类，明确了健康产业的概念和分类范围。《分类》保留了《健康服务业分类（试行）》的主要内容，同时结合健康产业发展新业态、新模式等，增加了健康产业所涉及的第一产业、第二产业内容，丰富调整了健康服务业内容。

根据《分类》，健康产业具体范围划分原则为：第一，生产产品（货物和服务）的目的是维护、改善、促进人的健康状况，与健康直接或密切相关。第二，产品（货物和服务）提供应当以医疗卫生技术、生物技术和生命科学为基础。第三，产业链的延伸应当遵循在健康服务业的基础上，延伸至不因物理形态等变化而改变其健康目的和功能的行业。

根据上述原则，健康产业涵盖第一、二、三产业，包括以中药材种植养殖为主体的健康农业、林业、牧业和渔业，以医药和医疗器械等生产制造为主体的健康相关产品制造业，以医疗卫生、健康保障、健康人才教育及健康促进服务为主体的健康服务业。

《分类》根据健康产业概念、范围及统计分类编制原则，将健康产业范围确定为医疗卫生服务，健康事务、健康环境管理与科研技术服务，健康人才教育与健康知识普及，健康促进服务，健康保障与金融服务，智慧健康技术服务，药品及其他健康产品流通服务，其他与健康相关服务，医药制造，医疗仪器设备及器械制造，健康用品、器材与智能设备制造，医疗卫生机构设施建设，中药材种植、养殖和采集等13个大类，又细分为58个中类和92个小类，分属三大产业，具体如下。

第一产业包括中药材种植、养殖和采集大类中的1个中类（动植物中药材种植、养殖和采集）、1个小类（动植物中药材种植、养殖和采集）。

第二产业包括医药制造，医疗仪器设备及器械制造，健康用品、器材与智能设备制造，医疗卫生机构设施建设4个大类，相应的28个中类、29个小类以及中药材种植、养殖和采集大类中的1个中类（非动植物中药材采选）、1个小类（非动植物中药材采选）。

第三产业包括医疗卫生服务，健康事务、健康环境管理与科研技术服务，健康人才教育与健康知识普及，健康促进服务，健康保障与金融服务，智慧健康技术服务，药品及其他健康产品流通服务，其他与健康相关服务8个大类，以及相应的28个中类、61个小类。

其中，第三产业部分保留了《健康服务业分类（试行）》的主体内容，结合健康服务业新业态新模式等相关发展和政策要求，丰富调整健康服务业内容，依据《国民经济行业分类》（GB/T 4754—2017）进行修订，第三产业在《健康服务业分类（试行）》4个大类基础上调整为8个。

二、健康产业统计标准分类的意义

由于健康产业涉及第一、二、三产业，既有健康保健品、药品原料种养植，也有生产健康食品、药品和健康用品的生产制造业，还有更大一部分企业着力于医疗卫生、健康管理和健康促进、健康保险以及健康商业服务等健康服务业，这些部门与产业的管理涉及多个政府职能部门，各部门如何分清职责、协同管理需要有据可依。因此，界定健康产业与生命健康产业的内涵与外延，科学界定健康产业的统计范围，厘清行业内部各细分行业的分类与界限，准确反映健康产业发展状况，对更清楚地把握生命健康产业结构、便于各政府部门管理行业、便于企业探索行业发展方向、促进深圳生命健康产业整体快速发展，具有重要的意义。

三、我国健康产业发展现状

（一）国家利好政策促进产业高质量发展

健康产业作为战略新兴和未来产业之一，自“十三五”以来，按照实施健康中国战略要求，中央和地方不断加大投入力度，着力强基层、补短板、优布局，医疗卫生服务体系不断健全，基本医疗卫生服务公平性可及性不断提升，经受住了新冠肺炎疫情考验，人民健康水平持续提高，为全面建成小康社会提供了坚实保障。2021 年，是“十四五”规划的开局之年，也是“健康中国”战略实施的重要一年，“十四五”时期，我国医疗服务体系围绕人民的全生命周期向着高质量全方位发展。

2021 年 3 月 11 日，十三届全国人大四次会议表决通过了《关于国民经济和社会发展第十四个五年规划和 2035 年远景目标纲要》（简称《规划纲要》）。《规划纲要》重点提出“全面推进健康中国建设”和“实施积极应对人口老龄化国家战略”。

在全面推进健康中国建设方面，《规划纲要》提出：把保障人民健康放在优先发展的战略位置，坚持预防为主的方针，深入实施健康中国行动，完善国民健康促进政策，织牢国家公共卫生防护网，为人民提供全方位全生命期健康服务。共分为六节内容，依次是：构建强大公共卫生体系、深化医药卫生体制改革、健全全民医保制度、推动中医药传承创新、建设体育强国以及深入开展爱国卫生运动。党的十八大以来，以习近平总书记为核心的党中央把保障人民健康摆在优先发展的战略地位，推动卫生与健康事业发展从以治病为中心向以人民健康为中心转变，全面推进健康中国建设是关系我国现代化建设全局的战略任务，是保障人民享有幸福安康生活的内在要求，是维护国家公共安全的重要保障，是我国卫生健康事业发展理念的重大创新、发展方式的重大转变。当前，我国医疗卫生事业发展不平衡不充分，既包括中西部地区卫生与健康事业发展滞后于东部地区，农村地区优质资源短缺，基层服务能力不强等问题，也包括重治疗、轻预防的问题，公共卫生应急体系发展滞后，监测预警、流调溯源、物资储备等难以适应应对重大突发公共卫生事件的需要。“十四五”时期，要坚持预防为主的方针，深入实施健康中国行动，完善国民健康促进政策，织牢国家公共卫生防护网，要坚持目标导向和问题导向相结合，加快补齐短板和弱项，把基本卫生健康服务体系建设得更加完善，进一步提高服务的公平性和可及性，为人民提供全方位全生命期健康服务。

在实施积极应对人口老龄化国家战略方面，《规划纲要》提出：实施积极应对人口老龄化国家战略，把制定人口长期发展战略，优化生育政策，以“一老一小”为重点完善人口服务体系，促进人口长期均衡发展等，作为“十四五”时期经济社会发展的重要任务，明确提出推动实现适度生育水平、健全婴幼儿发展政策和完善养老服务体系等重要举措。2019 年，中共中央、国务院印发《国家积极应对人口老龄化中长期规划》，从财富储备、人力资源、物质服务、科技支撑、社会环境五个方面明确了我国应对人口老龄化的制度框架。“十三五”期间，《中华人民共和国基本医疗卫生与健康促进法》颁布执行，对老年人保健事业做出明确规定；《“健康中国 2030”规划纲要》对健康老龄化作出系统部署；《“十三五”健康老龄化规划》《关于制定和实施老年人照顾服务项目的意见》《关于深入推进医养结合发展的若干意见》《关于建立完善老年健康服务体系的指导意见》等提出具体要求，推动建立综合连续、覆盖城乡的老年健康服务体系；《关于加快发展康复辅助器具产业的若干意见》启动智慧健康养老产业发展行动计划，推动康复辅具、养护服务向智能化发展；还印发实施《“十三五”国家老龄事业发展和养老体系建设规划》《关于全面放开养老服务市场提升养老服务质量的若干意见》《关于推进养老服务发展的意见》《关于建立健全养老服务综合监管制度促进养老服务高质量发展的意见》《关于促进养老托育服务健康发展的意见》等高层级综合文件，并出台土地保障、税费优惠、融资支持等针对性专项政策。标志着我国积极应对人口老龄化事业进入新的起点。

“十四五”时期，从需求侧看，我国公共卫生安全形势仍然复杂严峻，突发急性传染病传播速度快、波及范围广、影响和危害大，慢性病负担日益沉重且发病呈现年轻化趋势，职业健康、心理健康问题不容忽视。随着人民生活水平不断提高和人口老龄化加速，人民群众健康需求和品质要求持续快速增长。从供给侧看，医疗卫生服务体系结构性问题依然突出。一是公共卫生体系亟待完善，重大疫情防控救治能力不强，医防协同不充分，平急结合不紧密；二是优质医疗资源总量不足，区域配置不均衡，医疗卫生机构设施设备现代化、信息化水平不高，基层能力有待进一步加强；三是“一老一小”等重点人群医疗卫生服务供给不足，妇女儿童健康服务、康复护理、心理健康和精神卫生服务、职业病防治等短板明显；四是中医药发展基础还比较薄弱，特色优势发挥还不充分，中西医互补协作格局尚未形成。为加快构建强大公共卫生体系，推动优质医疗资源扩容和区域均衡布局，提高全方位全周期健康服务与保障能力，促进中医药传承创新，2021 年 7 月 1 日，国家发展改革委联合国家卫健委、国家中医药管理局、国家疾病预防控制局联合发布《“十四五”优质高效医疗卫生服务体系建设实施方案》，明确到 2025 年，基本建成体系完整、布局合理、分工明确、功能互补、密切协作、运行高效、富有韧性的优质高效整合型医疗卫生服务体系，重大疫情防控救治和突发公共卫生事件应对水平显著提升，国家医学中心、区域医疗中心等重大基地建设取得明显进展，全方位全周期健康服务与保障能力显著增强，中医药服务体系更加健全，努力让广大人民群众就近享有公平可及、系统连续的高质量医疗卫生服务。

（二）健康产业逐渐成为国民经济的支柱产业

在“双循环”格局下，伴随我国经济稳定有序恢复，健康消费需求激增，巨大的市场空间催生健康产业需求结构升级，健康产业已成为拉动国民经济的强大动力。

随着居民可支配收入不断提高，基本物质生活完全得到保障，人们将更注重自身的身体健康，大健康产业将迎来较好的发展前景。数据显示，自改革开放以来，我国居民人均可支配收入逐年上升，2021 年我国居民人均可支配收入为 3.5 万元，同比增长 9.4%（见图 1-4）。在医疗消费支出方面，2015 –2019 年中国居民人均消费支出和医疗保健消费支出呈现同步增长的态势，2020 年受疫情影响，人均居民消费支出和医疗保健消费支出都有所下降，2021 年有所回升。随着疫情形势的好转以及居民消费水平的提升，预计未来我国居民对大健康产业的需求将会持续增长。见图 1-5。

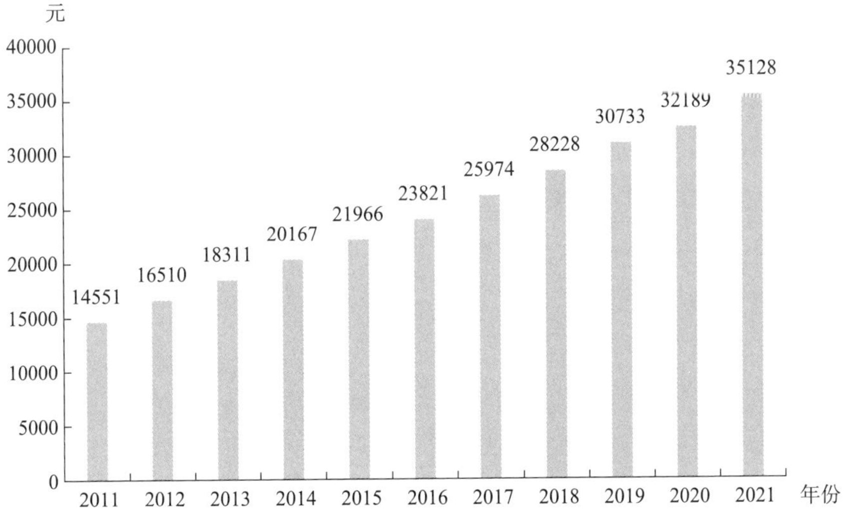

图 1-4　2011—2021 年国内居民人均可支配收入

数据来源：国家统计局

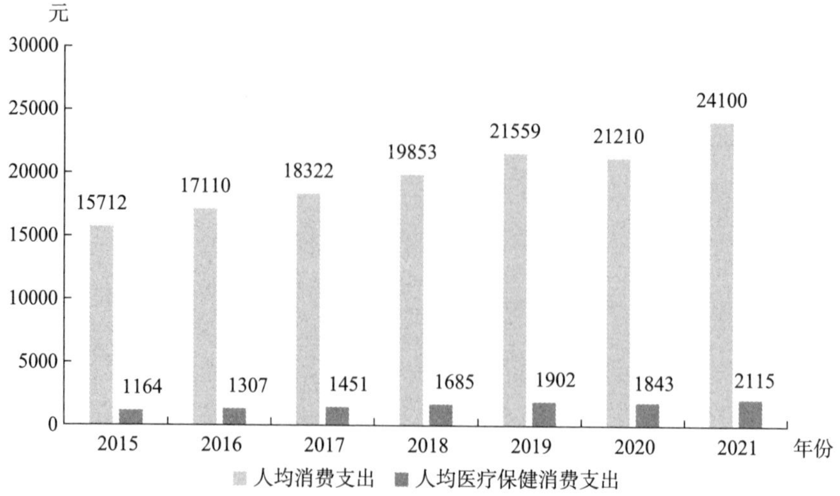

图 1-5　2015—2021 年国内居民人均消费支出与医疗保健消费支出

数据来源：国家统计局

我国是当今世界老年人数最多的国家，2019 年底已有 60 岁及以上老年人口 2.54 亿，预计“十四五”末期将突破 3 亿人，占总人口比重超过 20%，由轻度老龄化转入中度，在 2035 年前后突破 4 亿人，进入重度老龄化阶段。同时，全面两孩政策实施迎来生育小高峰后，受育龄妇女减少、养育成本提高等多重因素影响，近年来新出生人口逐步回落，我国人口发展正经历着从数量压力到结构性挑战的历史性转变。挑战虽然严峻，但也存在诸多发展机遇：一是有利于促进老年产品和服务消费，壮大银发经济，形成经济发展新动能；二是有利于不断发展壮大养老保险基金和丰富商业保险，为资本市场带来长期稳定的资金来源，促进多层次资本市场健康发展；三是有利于推动企业寻求资本和技术创新，提高全员劳动生产率，助推健康产业升级实现。面对人口老龄化，我国具备坚实的物质基础、充足的人力资本、深厚的孝道文化和后发优势，完全有条件、有能力、有信心有效应对。

“健康中国”战略成为我国大健康产业发展的重要引擎，随着《关于加快中医药特色发展的若干政策措施》等政策发布，中药行业领域活力进一步激发，上市企业中的白云山、云南白药、步长制药等业绩表现突出；化学制剂板块近年来持续受到控费、带量采购、医保谈判等政策压制，收入和利润增速放缓，头部企业逐渐加大对创新药的研发与投入，有望在未来开启新一轮增长曲线；海外新冠肺炎疫情持续蔓延，将驱动国内抗疫物资出口持续旺盛，优质民族品牌正加速海外市场拓展和品牌建设；生物制品整体板块受益于各国对疫苗的旺盛需求，实现高增速、高景气度，潜力巨大，医疗服务企业有望凭借品牌效应和规模效应进一步加速扩张步伐，拓展全国乃至全球医疗服务市场，打开新的成长空间；医药流通行业企业在加速线下渠道资源整合优化的同时，纷纷布局“互联网+医疗”板块，抢占先机。

根据新经济投行易凯资本数据，2021 年我国健康产业初步达到 10 万亿元左右的规模，其中与药品有关的市场规模约为 2.5 万亿元，医疗器械和诊断的市场规模约为 1 万亿元，医疗服务、数字医疗以及泛健康的市场规模约为 5.5 万亿~6.5 万亿元。2021 年是中国生物科技公司大规模商业化的元年，也是创新医疗技术与器械公司商业化爆发的春天。总体而言，药品、高值耗材带量采购政策的常态化和制度化，DRG/DIP（按疾病诊断相关分组付费/按病种分值付费）支付方式的加速落地，以及人口老龄化的国家战略是推动健康产业五大细分领域在 2021 年发生变化的三大重要政策，我国加大对医疗健康领域投资的趋势不可逆转，行业发展的经济环境较好，健康产业步入“黄金十年”的大势不会改变。

（三）行业发展潜力吸引资本市场布局

得益于大健康产业发展以及疫情期间医药需求增长，医药制造、医疗器械等大健康细分领域都表现良好。2021 年，我国医疗健康产业投融资总额创下历史新高的 2192 亿元人民币，同比增长 32.84%（见图 1-6）；同时融资交易数量达到 1362 起，同比增长 77.57%。但在一级市场上，健康产业的融资数量和金额增速都有所放缓。投资人更加偏好早期阶段的高潜力初创企业，尤以生物医药和医疗器械为甚。全年股权融资事件中，A 轮及 A 轮以前轮次的融资占比从 2020 年的 57.1%上升至 2021 年的 63.3%。

2021 年，我国投资热度最高的经济行业仍然是医疗健康，在热门投资领域中，生物医药依然领跑国内交易量和融资额。见图 1-7。2021 年我国生物医药领域融资金额达 1090.83 亿元，融资事件达 558 起；国外生物医药市场投融资也持续火热，陆续获批的多款创新药物、核酸药物、ADC 等都带来了生物医药领域的价值上扬，尽管融资事件数量上略逊于数字健康领域，但融资额已经实现反超。

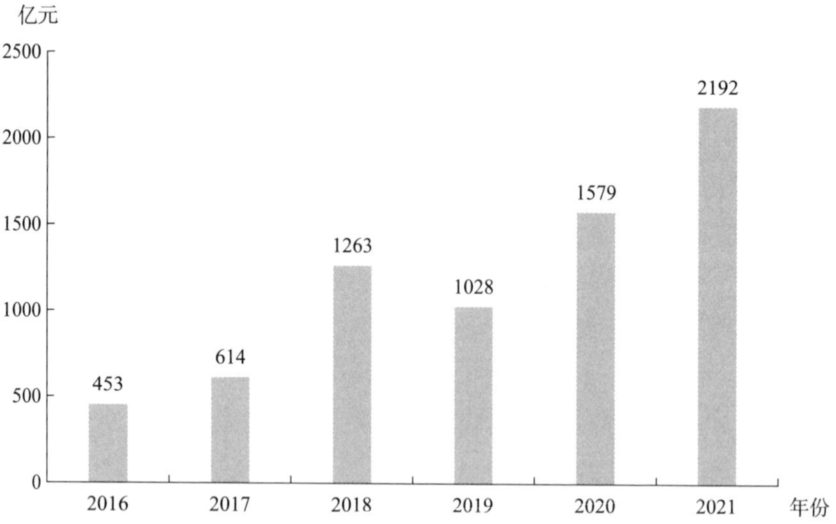

图 1-6 2016—2021 年国内医疗健康产业投融资变化情况

数据来源：动脉网、蛋壳研究院

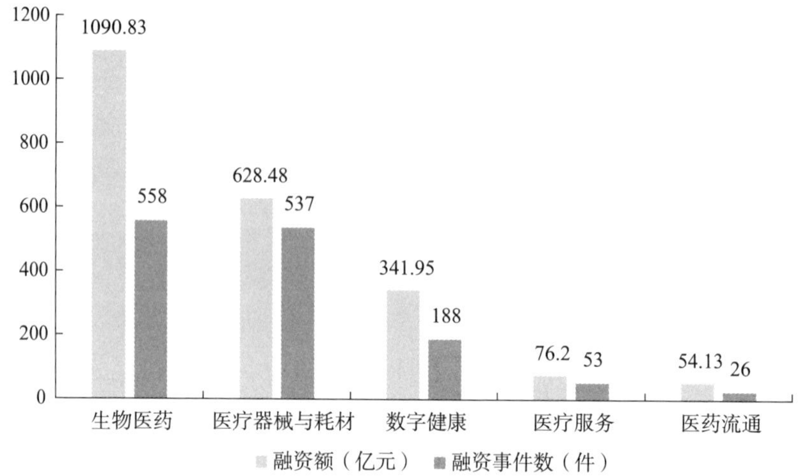

图 1-7 2021 年国内各医疗细分领域融资情况

数据来源：动脉网、蛋壳研究院

同时，国外表现平平的器械与耗材领域，在国内更受资本追捧，占 2021 年全年总融资额的 46%。其中 IVD 领域便捷、小型化、适合各种快速诊断的 POCT 产品在疫情防控中发挥了巨大作用。拥有多项自主知识产权和快速分子检测技术平台的优思达、专注免疫定量分析领域创新平台及特色试剂项目研发的仁迈生物都在 2021 年获得了两轮融资。可见，疫情之下，大健康行业的融资热度依然高涨。

四、我国健康产业发展趋势

（一）健康产业进入全方位发展期

人口老龄化、政策驱动、产业技术积累和人民对健康的需求是促进我国健康产业大发展的关键因素。大健康概念是根据社会需要和疾病谱的变化而提出的一种整体健康概念。它不仅追求个人健康，还追求精神、心理、生理、社会、环境和道德健康。它是世界前沿健康理念，必将成为时代发展的主流。

健康产业内涵复杂、外延宽泛，而且随着科学技术的发展，新兴业态不断出现。与发达国家相比，我国健康产业占 GDP 的比重远低于发达国家，当前我国健康产业仍处于起步阶段，随着产业结构调整转型升级和经济发展方式的转变，将逐渐成为主流趋势。《中华人民共和国国民经济和社会发展第十四个五年规划和 2035 年远景目标纲要》从制度体系、机构设施、核心制造、创新突破、数字建设、环境安全六大方向出发，丰富了我国医疗健康体系建设的内涵，人民健康上升到国家战略高度，我国的健康产业将迎来全方位发展。健康产业全链条将不断发展升级，逐步呈现出以下四个方面的趋势：产品升级、服务升级、主体升级和市场升级。产品升级主要表现在健康产品的技术创新和健康产品的生态有机发展；服务升级主要表现在大数据健康服务向大商业健康服务模式的转变；主体升级表现在企业跨界、医院改制、中小企业创业、外商加速布局、基金投资等多领域；市场升级表现在全球化市场到全龄化市场的转变。生产要素和创新要素相结合，形成产业创新多元化、集约化和融合发展的趋势；在大健康产业的基础构建和产业升级这个过程中，创新科技园区和专业孵化器将发挥和担当越来越重要的作用和使命，势必成为大健康产业发展的先导力量，推动产业加快发展，满足人民健康新需求。

（二）健康产业加速释放潜能

《“健康中国 2030”规划纲要》把人民健康提升到了国家发展的战略高度，探索出以保障和促进经济健康为目标的健康经济发展模式，让大健康消费理念日渐深入人心，催生出健康检测、特医食品、功能食品、消费医疗、数字医疗等众多新赛道，为健康产业提质扩容积蓄了发展新动能。健康经济作为以人为本、以维护和促进人的全面健康为导向进行资源配置，以健康知识和技术为基础，健康相关产业起主导作用的一种新的经济形态和经济发展模式，不仅仅是发展健康产业，更涉及整个经济发展的“健康化”，即以健康为目标对经济发展的全过程进行革新和重组，形成新的生产方式、消费方式、产业结构和社会文化。

一方面，从“治和补”到“养和防”，消费者积极主动开展健康管理的意识不断增强，不少消费者通过主动式健康管理服务进行疾病预防，加大了对全周期的健康服务需求。2021 年的“618”和“双 11”购物狂欢节中，营养保健产品及日常家用健康设备疯狂霸屏，各类健康体检套餐等线下服务也纷纷内卷，新锐营养健康品牌摸索出新进化路径，养生茶饮、玻尿酸饮料等更多细分市场催生，产品更加多元。数据显示，居家场景下慢病管理、健康监测、自检自查等相关医疗器械产品广受欢迎。其中，血压计、血糖仪、呼吸机等家用型医疗器械不断迭代升级，专业化、智能化产品更受关注；家庭常备洗鼻器、理疗仪等品类也有亮眼表现；健康体检类服务、重疾早筛产品、遗传/慢病类基因检测产品、HPV 疫苗预约服务等，均获得消费者青睐，高热的健康消费市场开启产品的加速迭代。

另一方面，健康消费用户逐渐年轻化，消费者健康需求多元化，调节身体机能、获得均衡营养、消除疲劳和亚健康等成为当下年轻人对健康的新追求。从不同消费群体角度来看，“Z 世代”对健康的重视程度与日俱增，20~60 岁女性的“她健康”市场引领女性健康需求朝着更加精细化、多元化发展，“他经济”引领男性健康消费市场再度膨胀，下沉市场的健康消费人群也迎来高速增长。研究显示，2021 年国内营养品市场规模超 2600 亿元，膳食补充剂及维生素占七成，18 岁至 35 岁年龄段的消费者占比高达 83.7%，在购买营养品时，年轻人消费更趋理性，关注产品功效，看重性价比。由此可见，庞大的“90 后”“00 后”“10 后”等消费群体为未来健康消费带来新增长点。对于企业来说，要在供给端坚定“品牌年轻化”，从产品线到定价做出创新和改变，优化年轻人健康消费体验。同时，企业可以通过整合医疗健康服务能力，为消费者购买营养保健品提供更专业、高效的科普及指导服务。

巨大的潜在消费市场、年轻消费主力不断增长的健康消费需求、国家政策支持等因素都为大健康产业的市场前景带来无限可能，也对行业企业的综合实力提出更高要求。可以预见，健康经济将有利于我国经济恢复强劲增长，并将继续扩大其在消费者支出和全球经济中的份额，呈现引领“双循环”格局下的经济趋势，有望成为未来全球经济发展的领头羊。

（三）数字化赋能健康产业

“十四五”规划纲要提出“加快数字化发展”，将数字化视为底层的生产力和社会运行方式，大数据、5G、AI、区块链、云技术等技术的快速普及与迭代，将首先在供给侧即产业端推动智慧升维，进而推动整个社会的经济生活智能化发展。健康产业的特殊性决定了其数字化转型先行成为必然。从药品的研发、生产、流通到医疗的诊断、治疗、康复，再到公共卫生、健康管理、健康宣教，数智化全面赋能，变化日新月异。健康产业未来的效率之争，围绕“充分且均衡”展开，扩大公平性，实现医疗普惠是效率提升的首要考量。所有营销行为也将随之转变，精准营销、价值营销、个性营销成为产业数字化转型下的必然。

《“十四五”优质高效医疗卫生服务体系建设实施方案》提出要深度运用5G、人工智能等技术，推进跨地区、跨机构信息系统的互联互通、互认共享，打造国际先进水平的智慧医院，建设重大疾病数据中心，培育可复制、可推广的5G智慧医疗健康新产品、新业态、新模式。国家卫健委确定了987个“5G+医疗健康”应用试点项目，主要包含“5G+急诊救治、5G+远程诊断、5G+远程治疗、5G+远程重症监护、5G+中医诊疗、5G+医院管理、5G+智能疾控、5G+健康管理”。全国试点最多的地区是北京，共有127个项目；其次是浙江，共97个项目；上海和广东各81个项目，并列第三。可见，未来医疗健康体系智能化、数字化将以京津冀、长三角、粤港澳大湾区为核心遍地开花，业务模式和产品结构将更为多元。

（四）创新融合发展助力产业升级

在消费升级导向下，全面推进先进制造业和现代服务业产业融合发展，在新技术、新平台依托下，不再局限于传统的发展模式与价值链，产业内及产业间各要素将在融合互动中实现重组并构成全新的产业价值链，打造融合发展新生态，拓展产业转型新空间，探索先进制造新模式，升级现代消费新体验。

运用“互联网+”理念，推动大健康与大数据、大生态、大旅游、大文化深度融合发展，全力打造“医疗卫生、医药制造、养生养老、健身康体、健康管理、健康旅游、健康食品”等多业态融合发展的大健康产业链，推动全产业链优化升级，增加健康服务和产品供给，满足人民群众多元化消费需求。数字化、智能化、互联网、物联网、云计算、人工智能等技术，以及地产、保险、金融与健康属性相互融合与碰撞，不仅扩大了健康产业的外延，赋予了健康产业新的生命力，而且产业之间的多方融合使资源在产业之间进行流动，获得了深度的优化配置与有效整合。未来科技赋能，医疗健康将由以治病为中心转向以健康为中心，端到端、个性化的医疗美容、医疗旅游、养老医疗、健康金融、健康文化等将焕发新生机，中医药也将在治未病领域扮演更为重要的角色，沿着有序和良性的方向发展。

第三节　深圳健康产业发展情况

站在“两个一百年”历史交汇点上，深圳迎来“双区”驱动、“双区”叠加、“双改”示范等一系列重大机遇和多重利好，在当前“双循环”发展格局下，2021 年全市经济运行稳中求进，发展韧性不断增强，营商环境持续优化，市场主体活力不断被激发，实现了健康产业在“十四五”的良好开局。

一、深圳健康产业发展环境

（一）经济环境

1. 经济高质量发展迈上新台阶

2021 年，深圳面对复杂严峻的国际环境和国内疫情多点散发等多重考验，全市经济持续稳定恢复，社会民生得到有效保障，高质量发展取得新成效。全市地区生产总值 30664. 85 亿元，比上年增长 6. 7%，两年平均增长 4. 9%（见图 1-8）。在新增减税降费 734 亿元基础上，来源于深圳辖区的一般公共预算收入达 1. 11 万亿元，增长 13. 5%，其中：地方一般公共预算收入 4258 亿元，增长 10. 4%，规模以上工业总产值连续 3 年居全国城市首位。南山、福田、罗湖、宝安、龙岗、龙华 6 区约占全市总值的 90%，约是广东省共 21 个市生产总值的五分之一。南山区更是一骑绝尘，地区生产总值率先突破 7000 亿元。刚迈入 5000 亿元大关的福田区则创造了四个“历史新高”。2021 年，福田地区生产总值突破 5000 亿元，人均 GDP 突破 5 万美元，一般公共预算收入突破 200 亿元，规模以上工业增加值突破 500 亿元。全市经济增长实现了从“逐步趋稳”到“稳中提速”的华丽转变。

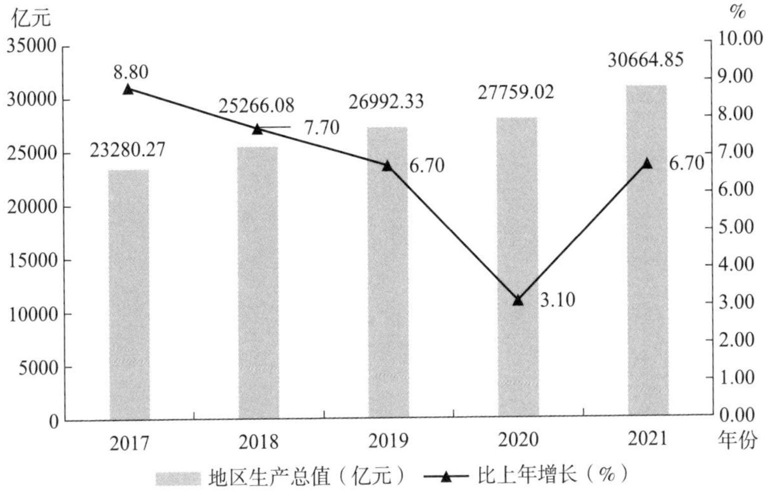

图 1-8　2017—2021 年深圳地区生产总值及增长速度

数据来源：深圳统计局

受到偶发新冠肺炎疫情波及，深圳在进出口贸易和消费方面均受到一定影响。在此局面下，深圳坚持将常态化精准防控和局部应急处置有机结合，不断提升分区分级差异化精准防疫水平，最大限度减少疫情对经济社会发展的影响。助力深圳经济继续承压而上，增速为 3.0%，位居四大一线城市首位，凸显深圳经济发展的强大韧劲。深圳市“十四五”规划和“2035 年远景目标”提出：到 2035 年，深圳经济总量和人均地区生产总值要在 2020 年的基础上翻一番，未来十五年深圳经济年均增速应达到 4.8%左右。

2. 构建面向未来的现代产业体系

深圳市政府瞄准世界科技和产业发展前沿，系统谋划战略性新兴产业和未来产业规划，深入实施创新驱动发展战略，提升现代产业发展能级，凸显战略性新兴产业的引领作用，高新技术产业已逐步发展成为深圳经济的第一增长点和第一大支柱产业，产业的高附加值也为深圳创造巨大财富。

健康产业成为战略新兴和未来产业之一以来，2021 年深圳战略性新兴产业增加值合计 12146.37 亿元，比上年增长 6.7%，占地区生产总值比重为 39.6%。其中，新一代电子信息产业增加值 5641.66 亿元，增长 1.2%；数字与时尚产业增加值 3103.66 亿元，增长 13.0%；高端装备制造产业增加值 506.53 亿元，增长 19.4%；绿色低碳产业增加值 1386.78 亿元，增长 8.8%；新材料产业增加值 324.34 亿元，增长 10.0%；生物医药与健康产业增加值

589.60亿元，增长7.6%；海洋经济产业增加值593.80亿元，增长14.5%。前瞻性布局生物医药、医疗器械、大健康等战略性新兴产业和合成生物学、深地深海、量子信息等未来产业，完善“基础研究+技术攻关+成果产业化+科技金融+人才支撑”全过程创新生态链，着力提升“五力”、打造“五地”。

2021年间，深圳全社会研发投入占地区生产总值比重达5.46%，国家高新技术企业2.1万家，PCT国际专利申请量稳居全国城市首位，深圳获评国家科学技术奖13项、中国专利金奖5项，战略性新兴产业增加值占地区生产总值比重提升至39.6%，现代服务业增加值占服务业增加值比重提升至76.2%。工业投资1372亿元，增长27.1%。新增规模以上工业企业1769家，新增国家级专精特新“小巨人”企业134家、国家制造业单项冠军企业19家。现代服务业增加值增长7.5%。其中，金融业增加值增长7.6%，境内外上市公司增加47家，总数达495家，持牌金融机构增加23家，制造业贷款、绿色信贷、中小微企业贷款余额分别增长13.3%、28.6%、20.6%，金融服务实体经济能力不断增强；现代物流业增加值增长9.8%。科学研究和技术服务业营业收入增长14%，新增6家国家级工业设计中心，发展动能实现新提升。

“十四五”期间，深圳将着力提升原始创新能力、协同创新能力、开放创新能力，发挥全过程创新生态链整体效应，做强战略性新兴产业，落实“六个一”工作体系，健全“链长制”，提升生物医药、高端医疗器械、大健康产业发展能级，力争到2025年，战略性新兴产业增加值超过1.5万亿元，开辟战略性新兴产业发展新蓝海。

3. 人均可支配收入保持增长

深圳市政府工作报告中指出，2021年深圳居民人均可支配收入70847元，较2020年增加5969元，增长（以下如无特别说明，均为名义增速）9.20%，扣除价格因素实际增长8.20%，高于同期地区生产总值增速1.5个百分点；较2019年增加8325元，增长13.30%，两年平均增长6.40%，扣除价格因素，两年平均实际增长4.80%。见表1-1。

2021年深圳居民人均消费支出46286元，较上年增加5705元，增长14.10%，扣除价格因素实际增长13.00%；较2019年增加3173元，增长7.20%，两年平均增长3.60%，扣除价格因素，两年平均实际增长2.00%。与2020年相比，八大类消费支出均有不同程度的增长，其中，其他用品和服务、医疗保健、教育文化娱乐三类支出分别增长46.89%、41.67%和40.51%。见表1-2。

表 1-1 2021 年深圳居民收入增长情况

指标	金额（元）	增幅（%）
可支配收入	70847	9.20
一、工资性收入	59095	10.1
二、经营净收入	7238	3.5
三、财产净收入	6747	4.6
四、转移净收入	-2233	-0.44

数据来源：深圳市统计局

表 1-2 2021 年深圳居民消费支出增长情况

指标	金额（元）	增幅（%）
生活消费支出	46286.00	14.10
一、食品烟酒	13704.79	9.56
二、衣着	2176.54	22.21
三、居住	12433.58	4.09
四、生活用品及服务	2516.02	10.01
五、交通通信	6353.03	12.58
六、教育文化娱乐	5217.06	40.51
七、医疗保健	2367.23	41.67
八、其他用品和服务	1517.42	46.89

数据来源：深圳市统计局

（二）社会环境

1. 人才红利政策持续释放

第七次全国人口普查数据显示，深圳 2020 年常住人口已达到 1756 万人，实际服务管理人口 2000 万人以上，由于深圳经济发展速度快、创新发展水平高，引才留才能力强，人才集聚效应明显，2021 年深圳新增认定国内外高层次人才 4278 人，引进落户各类人才 25.6 万人，《中国城市人才吸引力排名：2022》显示，2021 年北上广深四大一线城市人才净流入占比分别为 1.0%、2.1%、0.95%、1.4%，上海最高，深圳紧随其后。2017—2021 年深圳人才净流入占比分别为 0.1%、0.4%、0.2%、1.2%、1.4%，深圳高水平人才高地建设迈上新台阶。见图 1-9。

根据《深圳市国土空间总体规划（2020—2035 年）（草案）》，2035 年深圳常住人口规模或将控制在 1900 万。2021 年 5 月《深圳市户籍迁入若干规定（征求意见稿）》拟将人才落户的学历底线从大专调整为全日制本科，居住社保积分入户年限由5年调整到10年，同时收紧落户年龄。深圳市人力资源和社会保障局公开数据显示，2021年深圳新引进人才22.9万人，较2019年减少18.2%。这意味着深圳也开始控制人口有序增长，但即便如此，相比于北京、上海，深圳对符合一定年龄条件的本科及以上学历人士仍然敞开了户籍大门。

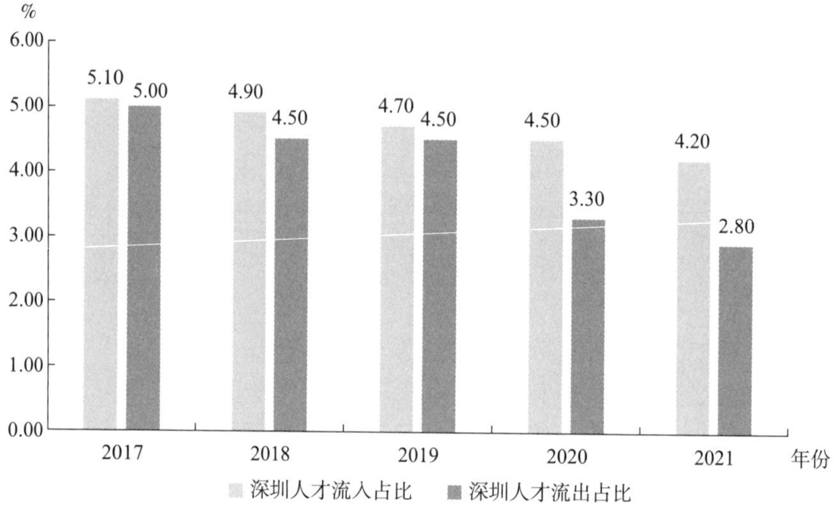

图1-9　2017—2021年深圳人才流动率

数据来源：智联招聘、泽平宏观

为了更好促进人才发展，进一步提升人才服务质量，深圳市司法局发布《深圳经济特区人才工作条例（修订征求意见稿）》（以下简称《征求意见稿》）。《深圳经济特区人才工作条例》于2017年11月1日起施行，2019年8月经深圳市第六届人大常委会第三十五次会议修正后沿用至今。对比2019年修正版，此次《征求意见稿》着重更新了深圳市人才工作目标，在第一条新增“加快建设粤港澳大湾区高水平人才高地”，同时新增关于加强深港合作的内容作为第七条。另外，《征求意见稿》优化重构了人才评价体系，明确基础前沿研究与应用研究人才评价标准，赋予用人单位更多自主权，以期更好释放人才创新潜能，实现不唯地域引进人才，不惜所有开发人才，不拘一格用好人才。

深圳市人力资源和社会保障局数据显示，2021年，深圳共向475名港澳人员发放创业扶持补贴5899.25万元，同时有689名香港大学生通过“大湾区青年就业计划”来深就业。在深圳不断吸引港澳人才集聚的背景下，《深圳经济特区人才工作条例（修订征求意见稿）》首次将“加快建设粤港澳大湾区高水平人才高地”写入人才工作目标，提出要发挥香港、深圳强强联合的引领带动作用，深化港深合作，提升整体实力和全球影响力，共建粤港澳人才合作示范区。加强深圳与香港协同，推动两地人才规则衔接、机制对接，深化两地人才在基础研究、技术攻关、技术转移、成果转化等方面合作。为推动粤港澳人才培养体系和认定标准与职称制度衔接，深圳市人力资源和社会保障局于近日发布《深圳市国际职业资格视同职称认可目录》，允许持有该目录内国际职业资格的专业人才（不限国籍、户籍），视同取得工程系列相应职称，可按有关规定申报高一层级职称评审。例如，已获得香港注册专业测量师（产业测量组）的国际人才，满足一定学历资历等要求，可视同工程师，直接申报副高级工程师职称评审，不需要再从助理工程师职称开始逐级申报评审。

深圳市人才工作局于2021年提出，未来5年，深圳将聚焦重点产业和民生领域，吸引集聚100名左右杰出人才，100个左右拥有关键核心技术和自主知识产权的高层次创新创业团队，10000名以上引领经济社会高质量发展的高精尖人才，100万名以上各领域具有发展潜力的优秀青年人才。

在人才招揽方面加大力度的同时，深圳也积极营造更公平、更优质的人才环境。相较2019年修正版，此次发布的《征求意见稿》在坚持“破四唯”（即唯论文、唯职称、唯学历、唯奖项）的基础上，明确人才评价应当坚持正确价值导向，遵循人才成长规律和科研规律，加快健全以创新能力、质量、实效、贡献为导向的人才评价体系，分领域、分赛道科学精准评价人才。

深圳长期以来引进高精尖人才实行全市统一的认证标准，一度与学科建设、产业发展需求相矛盾。2021年5月，南方科技大学、深圳大学、鹏城实验室等7家用人单位对外发布首批“特聘岗位”申报指南，开启“谁用谁评价”的先行探索。突出了用人主体自主权，给予用人单位根据专业特点和发展实际自主确定岗位评聘标准的权利，将引才工作与单位管理、岗位需求紧密结合，为深圳的人才政策变革拉开序幕。此次修订除对基础科研、应用科研实行分类评价外，还提出“评用结合”原则，支持用人主体自主评价聘用人才，赋予单位更多自主权。

此次《深圳经济特区人才工作条例》的修订，从立法层面明确了用人单位在高端人才认定方面的主体作用，将为未来人才工作的开展提供强有力的法律保障。

2. 人均体育消费水平领先全国

自2020年以来，多个省市陆续公布了自身的《“十四五”体育产业发展规划》，其中均明确规定了各自在2025年的人均体育消费目标。比如，《重庆市体育产业发展“十四五”规划》提出的目标是，到2025年，人均体育消费将达到1500元以上。《江苏省体育产业发展“十四五”规划》中为人均体育消费设置的目标是，到2025年，人均体育消费达到3500元。值得一提的是，深圳目前的人均体育消费规模就已远超很多省市设定的2025年目标。非营利组织全球健康研究所（Global Wellness Institute）发布的《为健康而动：全球体育活动经济》这一报告显示，欧美发达国家的人均体育消费均已达到500美元以上，其中，北美和欧洲的人均体育消费分别为1345美元和528美元。相比之下，亚太地区的体育消费水平仍然处于低位，人均为176美元。如果以欧美人均体育消费500美元（折合人民币3367元）为标准的话，根据目前已发布的数据，我国目前只有广东省深圳市（3492.21元）、浙江省金华市（3096.86元）、浙江省宁波市（3006.01元）、山东省青岛市（自称首次突破3000元）等少数城市勉强触及欧美发达体育国家的人均体育消费入门门槛水准，而这些城市也是我国40个国家体育消费试点城市中的佼佼者。

深圳市文化广电旅游体育局发布的《2021年度深圳市居民体育消费报告》显示，2020年深圳居民人均体育消费为3175.35元，领跑全国；2021年深圳市体育消费总规模为617.48亿元，人均体育消费为3492.21元，人均消费支出较上一年增长316.86元，占人均消费支出比重为7.5%，同比增长9.9%，继续全国领先。无论是从人均体育消费额度还是人均消费占比而言，深圳均无愧于“全国体育消费试点城市”的称号。

《2021年度深圳市居民体育消费报告》显示，深圳居民的人均体育消费主要由体育用品、健身休闲、体育培训与教育服务、体育旅游四个消费赛道构成。其中，深圳居民在体育用品消费上的支出最高，体育用品的人均消费为2419.98元，占体育消费的比重为69.3%；健身休闲的人均消费为579.36元，占比为16.6%；体育培训与教育服务的人均消费为341.12元，占比9.8%；体育旅游的人均消费为116.56元，占比为3.2%。值得一提的是，体育培训与教育服务消费支出较2020年增长175.48元，同比增长105.9%，折射出全国体育培训行业快速崛起。随着《关于深化体教融合促进青少年健康发展的意见》等政策的发布，体教融合、“双减”政策等政策红利正在逐步落实，助推体育培训行业加速发展。

新冠肺炎疫情给全国人民上了一堂深刻的健康教育课，全民健康理念得到极大提升。在全民高度重视健康的社会氛围下，深圳市民的健身热情持续高涨，“羽毛球”“篮球”“游泳”“健身、瑜伽”“乒乓球”运动的热度持续提升，成为市民主要的活动类别，参与率分别为 45. 2%、31. 2%、21. 4%、17. 1%、16. 1%。随着深圳市健身步道、体育公园等基础设施的完善，“长跑、健身走”运动的易参与性逐步提高，参与率为 48. 4%。深圳市民也更倾向于在自身住宅、小区附近开展“徒步类”运动。

深圳寸土寸金，但为拉动体育消费，深圳仍将利用有限的土地资源建设更多体育场地，到 2025 年，深圳希望每平方公里体育场地面积达到 1. 87 万平方米，相当于增加 750 万平方米的体育场地建筑面积。新建或改扩建 10 个体育公园，建有各类体育设施 2 万个以上，其中每个街道至少建有 1 个全民健身中心。届时，深圳将实现 10 分钟健身圈全覆盖，经常参加体育锻炼的人口比例可望提升至 48. 0%。

由于新冠肺炎疫情存在极大的不确定性，在一定程度上遏制了体育消费规模的增速，国家体育总局印发《关于体育助力稳经济促销费激活力的工作方案》，重点要求国家体育消费试点城市打造体育消费新场景、培育体育消费新业态新模式、发放体育消费券、组织体育消费节等，进一步释放体育消费潜力。深圳市发展和改革委员会、深圳市商务局、深圳市工业和信息化局、深圳市交通运输局、深圳市文化广电旅游体育局、深圳市卫生健康委员会联合印发的《深圳市关于促进消费持续恢复的若干措施》中提出促进户外文旅体消费，推广高品质智能健身器材应用，促进体育消费增长，激发消费潜力、扩大消费需求、提振消费信心。

（三）产业环境

1. 制定全国首部地方性健康法规

2020 年 10 月 29 日，经第六届深圳市人大常委会第四十五次会议表决通过的《深圳经济特区健康条例》（以下简称《健康条例》），作为国内首部地方性健康法规，深圳人的健康“基本法”，于 2021 年 1 月 1 日起正式实施。《健康条例》的出台，对贯彻落实《“健康中国 2030”规划纲要》和《健康中国行动（2019—2030 年）》具有重要的、里程碑式的意义。一是打造健康中国“深圳样板”的需要。以“共建共享、全民健康”为主题，完善健康深圳组织领导体系，推动将健康融入所有政策，动员全社会参与，营造健康深圳建设新格局。二是强化提高人民健康水平的制度保障的需要。巩固拓展深化医药卫生体制改革成果，建立健全健康管理服务制度，提高重大疾病防治水平，努力全方位全周期保障市民健康。三是加快实现“病有良医”的需要。加快构建国际一流的整合型优质医疗服务体系和以健康为导向的创新型的医保制度，增加优质医疗资源供给，推进医疗服务跨境衔接。

《深圳经济特区健康条例》不仅是全国唯一的地方性健康条例，也是全国第一个系统性的健康立法。其对健康城市的构建、健康促进的举措、健康服务的提供、健康保障的展开做出了系统、详尽的规定，其中的制度不仅有对《中华人民共和国基本医疗卫生与健康促进法》中原则性规定的细化，也有不少可圈可点的制度创新和探索。

（1）丰富健康定义，注重心理健康和社会适应能力。

随着人类对自身认识的不断深化，健康的概念不再仅限于生理健康，而是与心理、社会、精神、环境等诸多因素联系在一起。健康的心理状态和良好的社会适应能力与生理健康相互影响，相辅相成。世界卫生组织提出，健康是一种在身体上、精神上的完美状态，以及良好的适应力，而不仅仅是没有疾病和衰弱的状态。因此，《健康条例》将健康定义为：健康，包括人的生理健康、心理健康和良好的社会适应能力。

为培养良好的社会适应能力，《健康条例》规定，学校、学前教育机构和婴幼儿照护服务机构应当注重对学生和幼儿个人生活自理能力、社会交往能力、道德规范约束能力等社会适应能力的培养，中小学校应当每年组织在校学生开展社会适应能力测试，鼓励有关社会组织参与青少年社会适应能力测试、评价和提出改进建议等工作。

（2）维护促进全民健康，推进全生命周期健康管理。

《健康条例》关注生命全周期、健康全过程，健全提高人民健康水平的健康管理制度，让广大人民群众享有公平可及、系统连续的健康服务。坚持以人民为中心的发展理念，把人民健康放在优先发展的战略地位，将健康融入所有政策；坚持全民参与、共建共享，建立健全全民健康制度体系，引导居民自主自律、健康生活；坚持预防为主、防治结合，优化健康服务，完善健康保障，建设健康环境，发展健康产业，提升居民全生命周期健康水平。

（3）打造健康城市，强化健康基础设施建设。

要推动将健康融入所有政策，就要把健康理念贯穿城市规划、建设、管理全过程各环节。《健康条例》规定，市人民政府应当按照健康优先、改革创新、科学发展、公平公正的原则，制定健康城市建设中长期规划，并定期向社会公布实施情况。有关部门在制定相关专项规划时，应当与健康城市建设中长期规划相衔接，满足健康深圳建设要求。

《健康条例》提出了推进健康城市建设的具体措施，规定建立健康影响评估制度，即制定国土空间规划和资源开发利用、生态环境保护、生物医药产业发展等规划，或是制定涉及公众健康的规范性文件，或是建设属于规定的工程项目的，应当开展健康影响评估，未经评估或者经评估将对公共卫生安全或者人体健康产生较严重不利影响的，不得出台或者批准实施。此外，还规定将健康深圳建设纳入政府绩效考核指标体系，作为对市政府各部门和各区人民政府的考核内容。

（4）构建卫生健康服务体系，优化健康管理服务项目。

构建优质高效的卫生健康服务体系，有助于形成“顶天立地”卫生健康服务体系发展的新格局，推进“强基层、建高地”医改目标的实现。《健康条例》规定，市、区人民政府应当建立健全以区域医疗中心、基层医疗联合体、专业公共卫生机构为主体的优质高效卫生健康服务体系。区卫生健康部门应当根据卫生健康服务体系规划的要求，划分健康管理服务片区，整合片区内的医疗卫生资源，组建由三级医院或者代表片区内医疗水平的医院牵头，社区健康服务机构和其他医疗卫生机构参与的基层医疗联合体，为片区内居民提供预防、诊疗、营养、康复、护理、健康管理等一体化、连续性的健康管理服务。

此外，《健康条例》还提出，建立健全以社区健康服务机构为平台、以全科医生为健康管理责任医师、以居民电子健康档案为载体的居民健康管理机制。居民健康管理服务单位应当组建由健康管理责任医师为负责人的家庭医生服务团队，按照居民健康管理服务协议约定和有关规定为居民提供服务，包括为符合条件的居民提供家庭病床服务等。

（5）完善健康服务，建立居民电子健康档案管理制度。

居民健康档案是居民健康状况的资料库，记录着居民一生各阶段的健康状况和预防保健、医疗康复信息，建立真实完整的居民电子健康档案，是为市民提供全方位、全周期卫生健康服务的基础性工作。《健康条例》规定，市人民政府应当建立健全居民电子健康档案管理制度，市卫生健康部门负责为全市居民建立电子健康档案，并纳入卫生健康信息化平台，实行全市联网管理。基本健康服务实行实名制是建立居民电子健康档案的基础条件，因此，除紧急救治外，居民接受基本健康服务应当出示有效身份证件。居民接受医疗服务时，医疗卫生机构可以查阅居民电子健康档案信息。卫生健康部门、专业公共卫生机构和居民健康管理服务单位可以根据卫生健康管理和居民健康管理的需要，按照有关规定调阅居民电子健康档案。

（6）规范职业健康管理，完善职业健康保护制度。

职业损害作为危害劳动者生命健康的隐形“杀手”，已成为影响社会和谐的公共卫生问题和社会问题，《健康条例》进一步规范职业健康管理，明确市、区人民政府及其有关部门应当建立健全职业健康保护制度，卫生健康部门应当加强职业病防治和职业健康监管体系建设，完善有关职业健康标准和规范。此外，《健康条例》明确用人单位对本单位产生的职业健康危害因素预防控制承担主体责任，并严格依法执行员工带薪休假制度，人力资源保障部门和工会等组织应当加强对用人单位落实员工带薪休假制度的监督检查。

（7）加强重点人群健康管理，健全重大疾病防治体系。

中共中央、国务院发布的《“健康中国2030”规划纲要》提出，要重视重点人群健康，保障妇幼健康，为老年人提供连续的健康管理服务和医疗服务，努力实现残疾人“人人享有康复服务”的目标。《健康条例》对重点人群健康管理作出规定，市、区人民政府应当建立健全妇幼健康管理体系、婴幼儿照护服务体系；卫生健康部门应当开展青少年生长发育监测和评价，指导学校开展传染病和常见病防治；为老年人建立健全包括康复护理、长期照护、安宁疗护等方面的普惠型健康服务体系；建立健全残疾人康复服务体系。

此外，《健康条例》还提出，建立健全各级各类医疗卫生机构上下联动、分工合作、医防融合的重大疾病防治体系，建立心脑血管疾病、癌症、慢性呼吸系统疾病、糖尿病等重大疾病筛查与发现、诊疗与健康管理、健康干预效果评价等全过程闭环管理，健全重大疾病科学研究、疾病控制、临床治疗的协同机制。

（8）促进全民健康，推广科学健康生活方式。

居民是自己健康的第一责任人，《健康条例》从健康生活的角度出发，鼓励居民履行自身健康管理责任，树立健康理念和健康心态，主动学习健康知识和技能，提升健康素养，践行健康生活方式，养成良好行为习惯。

为预防、控制过量饮酒，《健康条例》创新规定禁止在医疗卫生机构、专门为未成年人服务的社会福利机构以及主要为未成年人提供教育、教学、活动的场所销售酒精饮料，禁止使用自动售卖设备销售酒精饮料，并规定酒精饮料、碳酸饮料的销售者应当在货架或者柜台上设置符合标准的健康损害提示标识，相关制作标准和设置规范由市卫生健康部门制定，并向社会公布。

为建立健全健康教育体系，普及健康知识与技能，引导居民树立科学的健康理念，《健康条例》明确规定卫生健康部门、医疗卫生机构、教育部门、宣传部门等主体的健康教育责任，利用多种形式向公众普及健康知识和技能；规定文化广电旅游体育部门应当会同卫生健康、教育等部门定期组织开展居民体质测试，测试人群应当涵盖不同年龄、职业，人数不得少于常住人口的百分之一。此外，《健康条例》将每年 8 月定为深圳健康活动月，健康深圳行动推进委员会在此期间负责组织、指导、协调开展发布居民健康白皮书、健康公益宣传、健康公共服务设施开放体验等活动。

2. 持续出台多项产业利好政策

深圳围绕大健康产业，持续深化供给侧结构调整，不断颁布多项利好政策措施。2021 年 7 月，深圳市政府印发《关于促进消费扩容提质创造消费新需求的行动方案（2021—2023 年）》（下称《行动方案》），启动实施服务消费提质扩容行动、大宗消费提档升级行动、消费新业态新模式培育行动、国际化特色消费平台创建行动、消费品牌提升行动、替代企业支持行动、现代流通体系建设行动、公共消费引领示范行动、金融助力消费行动、消费市场环境优化行动等“十大消费行动”。深圳将在 3 年内实现消费环境、消费品质显著提升，品牌集聚、时尚引领享誉全球，新型消费、升级消费蓬勃发展，高质量商品和服务供给能力持续增强，商业创新力、竞争力、影响力跃上新水平，国际消费中心城市建设迈上新台阶。

《行动方案》透露，扩大高水平医疗健康服务供给，加快高水平医院建设，健全以区域医疗中心、基层医疗集团、专业公共卫生机构为主体的整合型优质高效医疗卫生服务体系；规划建设国际医疗城，鼓励社会资本举办高水平、高端化医疗机构，提供多层次多样化医疗卫生和健康服务，创新医疗卫生和健康服务模式；支持医疗美容机构集团化发展，形成一批特色品牌，打造全国领先、全球知名的“医美之都”。

《行动方案》提出充分挖掘体育消费潜力，高水平建设国家体育消费试点城市，加快形成与国际著名体育城市定位相匹配的产业发展格局。加快建设都市型便民体育健身设施，推动群众体育蓬勃发展，激发全民健身热情，创新“全民健身日”“全民健身活动月”“线上运动月”“深圳踏青日”等全民健身系列活动形式，引导支持与全民健身相配套的智能穿戴、场馆器材、教育培训等产业发展。丰富教育培训服务供给。积极发展继续教育、职业教育、老年教育、社区教育、技能培训、兴趣培训等，引导社会力量规范有序举办学科类以外的各类教育培训。实施高素质技能人才培育工程，建设一批高水平产教融合型企业，加大“双元制”育人力度。

深圳市政府出台《深圳市国土空间规划保护与发展“十四五”规划》，强调重点保障重大创新载体、二十大战略性新兴产业集群和八大未来产业集群、产业链重点领域关键环节空间需求；引导创新空间协同发展，促进企业、项目、技术、资金和人才等创新资源集聚，形成定位清晰、链条完整、资源集聚的创新空间；扩大优质医疗卫生设施供给，构建优质高效医疗卫生服务体系；强化社区健康服务体系建设，完善社康机构设置标准，构建居家社区机构协调发展、医养康养深度融合的高水平养老服务体系，形成“市、区、街道、社区、小区、家庭”6 个养老服务层级，满足多层次、多样化养老服务需求；推进深圳市老龄综合服务中心等重点项目的建设，每个区至少建成一家兜底保基本型养老机构，积极推动街道长者服务中心、社区长者服务站、小区长者服务点等设施建设。

深圳市人民政府在《关于发展壮大战略性新兴产业集群和培育发展未来产业的意见》中指出：培育发展壮大“20+8”产业集群，即发展以先进制造业为主体的 20 个战略性新兴产业集群，前瞻布局 8 大未来产业，稳住制造业基本盘，增强实体经济发展后劲，加快建设具有全球影响力的科技和产业创新高地。到 2025 年，深圳战略性新兴产业增加值将超过 1.5 万亿元，成为推动经济社会高质量发展的主引擎。

同时，深圳市发展和改革委员会、深圳市科技创新委员会、深圳市工业和信息化局、深圳市市场监督管理局、深圳市卫生健康委员会联合发布《深圳市培育发展大健康产业集群行动计划（2022—2025 年）》，其中提出，到 2025 年，大健康产业营收达 1200 亿元，培育上市企业 12 家，新增 10 亿元以上企业 10 个，努力打造产业结构合理、产业链条完善的大健康制造业生态体系，建成辐射粤港澳大湾区的健康服务示范中心。产业总体水平处于全国前列，居民健康水平明显提升，力争成为全国大健康产业发展集聚高地。

3. 创新突破完善产业发展生态

创新是引领发展的第一动力，深圳之所以能够一次次突破“增长极限”，刷新发展高度，关键在于从未停下创新的步伐。2021 年深圳全社会研发投入占地区生产总值比重达 5. 46%，居全国前列；其中，市级科技研发资金投向基础研究和应用基础研究占比 46%，基础研究能力稳步提升，国家高新技术企业突破 2 万家，居全国城市第二位，PCT 国际专利申请量稳居全国城市首位，获评国家科学技术奖 13 项、中国专利金奖 5 项，战略性新兴产业增加值占地区生产总值比重提升至 39. 6%。

科技部中国科技信息研究所发布《国家创新型城市创新能力评价报告 2021》，对全国 72 个创新型城市的创新能力进行了综合评价。深圳创新能力指数 85. 17，连续多年位居全国第一。见表 1-3。

表 1-3　国家创新型城市创新能力指数排名

序号	城市	指数
1	深圳	85. 17
2	杭州	78. 82
3	广州	78. 02
4	南京	77. 71
5	苏州	74. 43
6	武汉	73. 75
7	西安	71. 83
8	长沙	69. 75
9	合肥	69. 47
10	青岛	68. 37

数据来源：根据公开资料整理

为了增强自主创新能力，加快构建自主可控的产业链，抓住国家战略科技力量布局建设的重大机遇，深圳市政府发布的《深圳市科技创新“十四五”规划》中提出：发展目标是到 2025 年，原始创新能力实现较大提升，关键核心技术攻关取得重要突破，产业创新能力跻身世界一流，高新技术产业整体迈向中高端，建成现代化国际化创新型城市，成为粤港澳大湾区国际科技创新中心的重要引擎。

创新引领力显著提升。战略科技力量体系建设取得重大进展，大湾区综合性国家科学中心建设布局基本完成。初步建成重大科技基础设施集群，一批前沿交叉机构、科技资源共享服务平台投入使用，高水平研究型大学建设成效显著，涌现出一批世界级科技领军企业。

创新硬实力大幅跃升。全社会研发投入占地区生产总值比重达到5.5%~6%。组织实施市级以上科技攻关项目超过1000项，在关键基础材料、核心基础零部件、先进基础工艺、产业技术基础等产业“四基”方面，取得一批原创性引领性成果，每万人高价值发明专利拥有量达到108件，PCT国际专利申请量稳居全国城市首位。

创新驱动力更加澎湃。布局建设一批以企业为主体的中小试基地，完善概念验证、中试熟化、转移交易、孵化加速、应用示范的全链条成果产业化体系。国家级高新技术企业突破2.2万家，深圳国家高新区生产总值达1.1万亿元。

创新支撑力明显增强。全国性的知识产权和科技成果产权交易中心建成运营；健全覆盖创新全链条、科技型企业全生命周期的基金体系，成为最活跃的国际风投创投中心城市之一；建设全市统一的科技金融数据征信服务平台，科技金融供需对接更加高效。创新原动力更为强劲。集聚一批拥有关键核心技术和自主知识产权的杰出人才、高层次创新创业团队，为我国建设世界重要人才中心和创新高地贡献深圳力量。

4. 宜商环境保障产业发展新动能

经济是肌体，金融是血脉，深圳金融中心的不断崛起也为深圳实体经济的发展提供了更多支撑。国家高端智库中国（深圳）综合开发研究院与英国智库Z/Yen集团联合发布的“全球金融中心指数报告”从营商环境、人力资本、基础设施、金融业发展水平、声誉等方面对全球主要金融中心进行了评价和排名，共有119个金融中心进入榜单，全球前十大金融中心排名依次为：纽约、伦敦、新加坡、香港、旧金山、上海、洛杉矶、北京、深圳、巴黎。作为中国金融改革开放的“标杆”城市，深圳高度重视科创金融、金融科技、可持续金融等前沿领域的创新发展，正着力打造完备的金融生态体系和丰富的金融场景，鼓励金融机构创新出更多金融工具、产品和服务，力争把深圳建设成为全球创新资本形成中心、全球金融科技中心、全球可持续金融中心和国际财富管理中心，意味着深圳在金融业发展水平方面已具备全球领先的相对优势，并且优势在不断地强化。

与此同时，在中国发展研究基金会与普华永道联合发布的《机遇之城

2022》报告中，深圳总排名全国第三，和2021年持平。但在十项细分领域排名中，深圳有两项排名位居全国第一，分别为“宜商环境”和“技术与创新”。另外，在“经济影响力”“城市韧性”“可持续发展”“文化与生活”“区域重要城市”五项细分排名中，深圳也都跻身前五。这意味着深圳具备优质的制度环境等软性能力，不仅对跨国公司和创新企业有着强大吸引力，也是深圳经济活力和潜力的重要体现。在“双统筹”的背景下，深圳全力“精准防、稳增长、惠民生”，为经济社会发展“稳中求进”构建全面支撑，无论是代表头部发展的深圳上市公司数量，还是代表中小微企业的深圳商事主体数量都实现了数量和质量的稳步增长。2021年11月国务院发布的《关于开展营商环境创新试点工作的意见》中，国家赋予深圳等6个城市率先建设营商环境创新试点城市。为贯彻落实该意见，2022年1月，深圳市政府印发《深圳市建设营商环境创新试点城市实施方案》，从市场环境、法治环境、开放环境、政务环境等4个方面提出了12个领域的任务内容。此举也标志着深圳市营商环境改革步入5.0时代。

面对疫情反复和经济承压的局面，深圳抓好“双统筹”夺取“双胜利”。精准防、稳增长、惠民生、保“双链”，深圳先后出台多个“30条”政策措施，为经济社会发展营造良好的环境，激发市场主体活力。据统计，仅2022年上半年，深圳新增登记商事主体21.73万户，个体户8.99万户；按深圳市统计局最新公布的深圳市常住人口1763.16万人计算，全市每千人拥有商事主体216.29家，拥有企业134.67家。另外，最新的“深圳500强”名单中，新上榜企业122家，其中包括3家千亿级企业，16家百亿级企业，62家十亿级企业。新上榜企业中，27.87%为上市公司，60.66%为国企，73.77%为民企，60.66%为深圳市“20+8”重点布局产业领域企业。

二、深圳健康产业总体情况

（一）产业规模

得益于深圳市政府对营商环境的优化与产业政策的大力支持，深圳市健康产业发展整体向好。根据深圳市统计局监测数据，2021年深圳健康产业规模以上企业实现资产总计为3099.0亿元，同比增长11.83%；营业收入为2312.3亿元，同比增长7.96%；行业实现利润总额达到330.0亿元，同比增长11.75%。见图1-10。

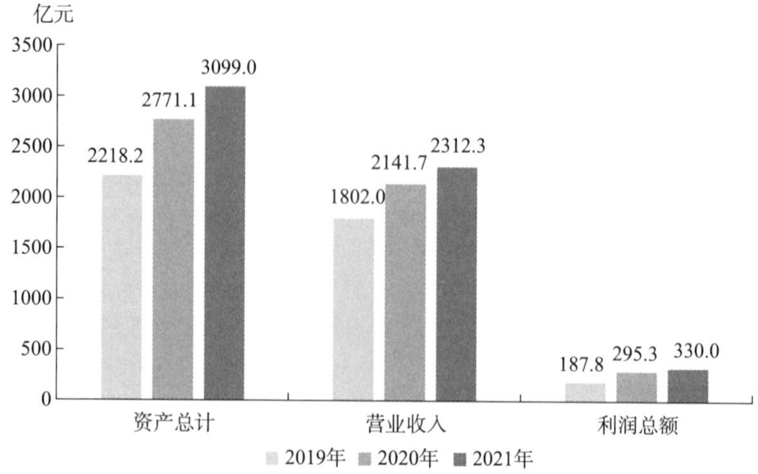

图 1-10　2019—2021 年深圳健康产业规模以上企业经济指标

资料来源：深圳市统计局

从各区健康产业规模以上企业（简称规上企业）的分布来看，以南山区的分布比较多，规上企业数量占比 26. 31%；龙岗区规上企业数量占比 17. 05%；罗湖区规上企业数量占比 13. 55%；宝安区规上企业数量占比 12. 94%；龙华区规上企业数量占比 7. 87%；福田区规上企业数量占比 7. 70%；坪山区规上企业数量占比 6. 99%；光明区规上企业数量占比 4. 72%；盐田区规上企业数量占比 1. 92%；大鹏新区规上企业数量占比 0. 78%；深汕合作区规上企业数量占比 0. 17%。见图 1-11。

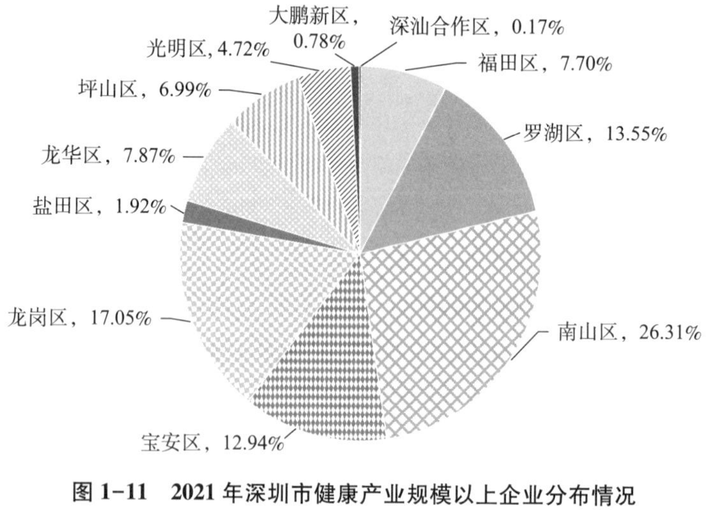

图 1-11　2021 年深圳市健康产业规模以上企业分布情况

资料来源：深圳市统计局

（二）企业运营情况

1. 新冠肺炎疫情对企业造成较大影响

自2021年起新冠疫情防控进入常态化，受近三年疫情影响，深圳大部分健康产业类企业经营受挫。调研数据显示，受访企业中有52.63%的企业明确表示，新冠疫情常态化对企业的影响较大，企业经营出现部分困难，实现目标有一定困难；有26.32%的企业认为疫情对企业影响严重，经营面临困难；有15.79%的企业认为经营出现一定困难，经营总体保持稳定；5.26%的企业表示疫情对企业暂时没有影响，完成2020年度增长目标。见图1-12。

健康产业类型涉及范围广，以中小微企业居多，占企业总数80%以上，由于其自身抗风险能力低、融资困难、产品或服务模式趋于单一，所面临的形势自然更为严峻。

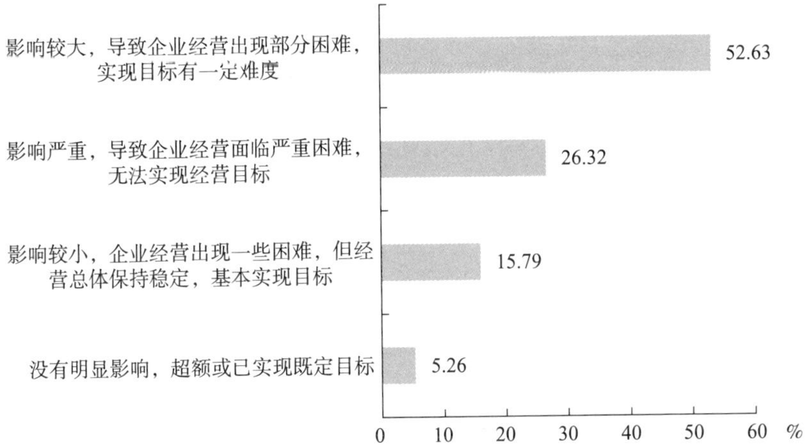

图1-12 新冠肺炎疫情对企业的影响程度

2. 企业经营中面对的主要困难

2021年，在深圳市健康类企业生产经营面临的困难中，以产品或服务的市场需求受到抑制占比最高，达到57.89%；市场订单减少，占比52.63%；47.37%的企业面临停工导致经营成本增加或流动资金不足；36.84%的企业遭遇停工停业造成生产进度拖延；26.32%的企业因无法按时履行合同需支付违约金；15.79%的企业遭遇融资难度加大，资金链断裂困难。见图1-13。

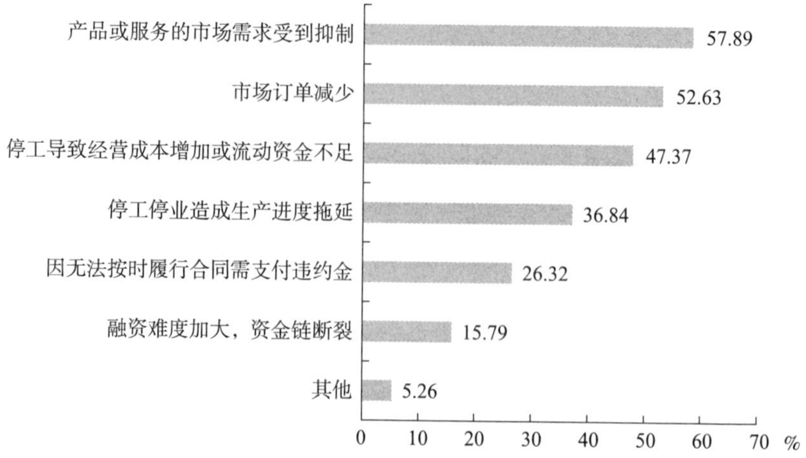

图 1-13　企业生产经营中遇到的主要困难

3. 企业解决经营问题的方式

为应对经营受挫，大多数企业陆续采取了相应的自救措施。调研数据显示，57.89%的企业调整业务规划，加快新产品开发；各有 47.37%的受访企业加强产品品牌建设以及灵活用工、实现弹性工作机制；36.84%的企业表示加大市场推广力度；31.58%的企业加快线上转型；21.05%的企业考虑以拓宽融资渠道来缓解资金压力；15.79%的企业申请政府纾困资金来解决困境。值得一提的是，24.85%的受访企业表示将加快企业数字化转型的步伐，积极拓展线上业务。见图 1-14。

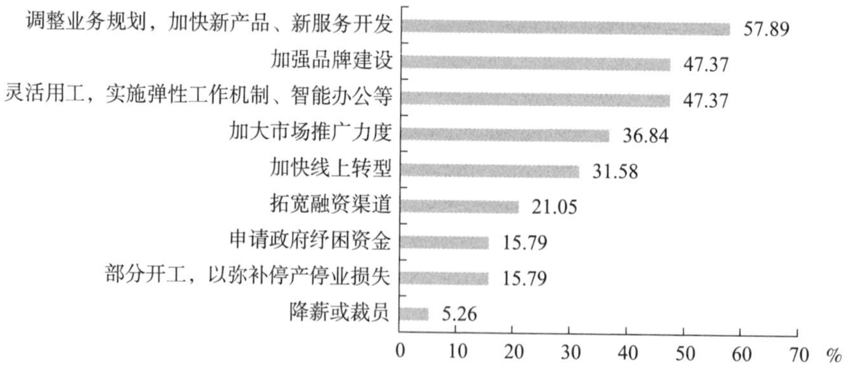

图 1-14　企业解决经营问题的方式

4. 企业未来的业务发展方向研判

面对疫情防控常态化，企业积极寻找新的增长点、突破点、创新点，顺势而变，顺势而为，主动调整未来的发展方向。63.16%的企业计划调整市场定位、走品牌化路线；各有57.89%的企业未来将积极调整商业模式、提升产品质量或升级迭代；36.84%的企业继续拓展线上服务业务；26.32%的企业调整融资结构；各有21.05%的企业计划开拓新市场及加大数字化、智能化改造。见图1-15。

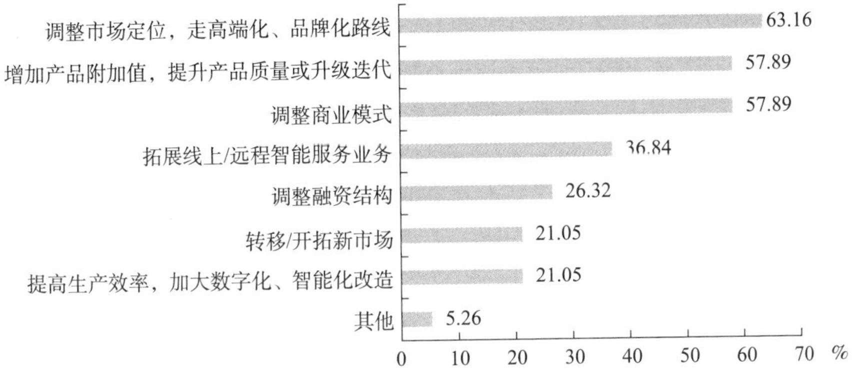

图1-15 企业未来业务发展方向

(三) 企业研发创新情况

1. 企业科研活动情况

深圳市健康产业企业科研创新意识较强，大部分企业成立伊始，就积极开展产学研联动，高度重视科技创新与成果转化。据调查，有36.84%的企业对现有产品进行改进，31.58%的企业准备1年内即将投产的新产品；15.79%的企业暂时没有研发项目；15.79%的企业规划未来3~5年内投产的新产品。见图1-16。

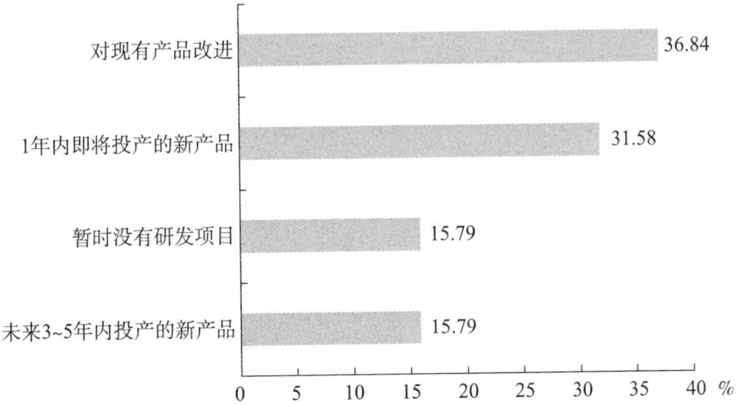

图1-16 企业目前研发项目情况

2. 企业创新载体建设情况

创新载体是产业和企业创新的"基石"。尽管深圳在硬件的产业配套设施方面不断完善，但作为"软件"的科研配套服务还相对薄弱，如实验动物中心、检测中心、药物临床医院的数量以及承载能力远远不能满足深圳健康产业的相关需求。据对企业设立重点实验室、技术中心、公共技术服务平台、工程实验室等创新载体情况的调查，68.42%的企业没有任何类型的创新载体，15.79%的企业设有国家级的创新载体，10.53%的企业设有省级的创新载体，5.26%的企业设有市级的创新载体，5.26%的企业设有区级的创新载体。见图1-17。

近七成没有任何创新载体的企业主要是成长期或是初创型的中小微企业，这类企业的创新能力偏弱，普遍缺乏产品研发所需要的关键设备、资金、科研人员。政府有关部门和拥有已建成的重点实验室、技术中心、工程中心、检测中心等科研基础设施资源的机构，要广泛"曝光"，通过更多宣传途径与手段，与广大中小科技企业之间开展合作共享机制，促进科技资源的高效配置和综合利用，营造开放、共享的产业创新环境，提升中小微企业创新能力。

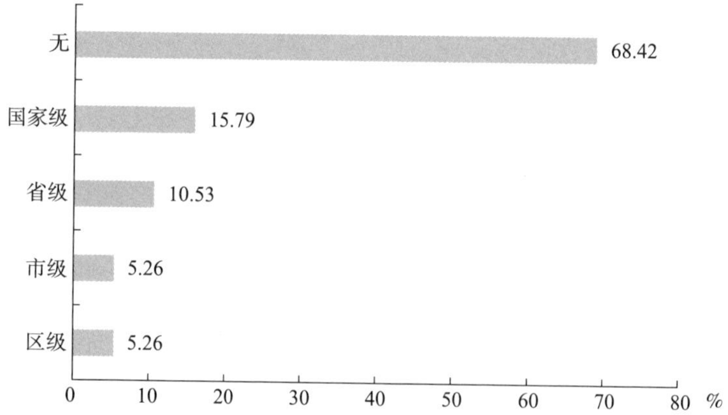

图1-17 企业创新载体建设情况

3. 企业自主创新中面临的问题

深圳市健康产业企业在积极参与创新，提高自身竞争力的同时，也面临种种艰难险阻。73.68%的企业认为科技创新面临的困难是缺乏经费；63.16%的企业认为深圳市健康产业政策专项资金覆盖面不够广泛，扶持力度偏低；36.84%的企业认为缺少专业技术带头人；10.53%的企业认为产品/服务领域缺乏相应标准或认定依据，导致无法进入市场；5.26%的企业认为现有设备仪器迭代速度慢等也是健康产业企业科技创新所面临的较大问题。见图 1-18。

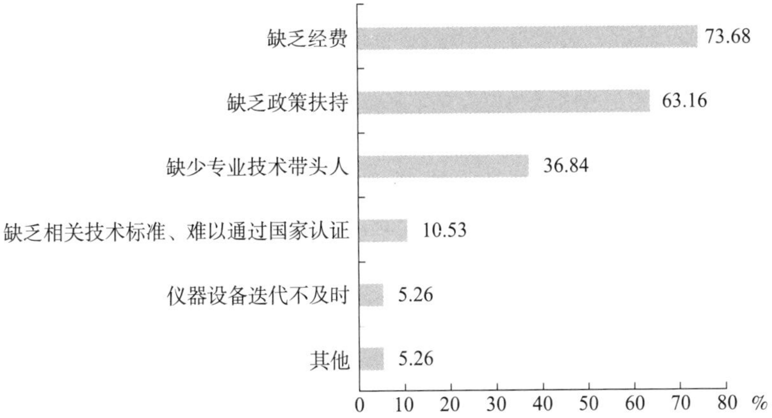

图 1-18 企业自主创新过程中存在的问题

（四）企业享受政策扶持情况

1. 企业对扶持政策的了解

受新冠肺炎疫情持续影响，为帮助中小微企业渡过难关，深圳市各级政府有关部门出台了多项利好政策，扶持内容覆盖了保障防疫物资生产、贷款贴息、直接融资政策、减税降费、租金减免、企业用工支持、紧急资金援助等。针对企业对政府出台的扶持政策的了解程度进行调研，数据显示，约 57.89%的受访企业表示对相关政策有所听闻，但不知具体细节，15.79%的企业完全了解政策，26.32%的企业完全不了解政策情况。见图 1-19。

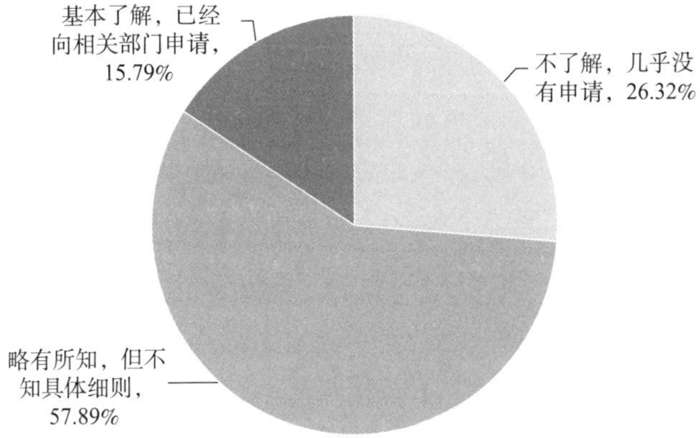

图 1-19 企业对扶持政策的认知度

2. 产业扶持政策落实情况

一项政策的出台，最重要的就是细化落实。有 47.37%的企业认为不符合政策支持范围/对象；各有 42.11%的企业认为自身缺乏了解申报政策的专业人员、申请门槛条件高办理程序烦琐或是不了解政策详情；36.84%的企业认为具体申报操作不清晰；26.32%的企业是由于信息不对称，信息获取滞后而未能享受政策扶持；10.53%的企业认为是政策措施与企业实际需求不适配，无法落地等其他原因。凡事预则立不预则废，政策出台之前考虑得越充分、越科学、越周到，政策出台后落实就越顺畅、越容易。见图 1-20。

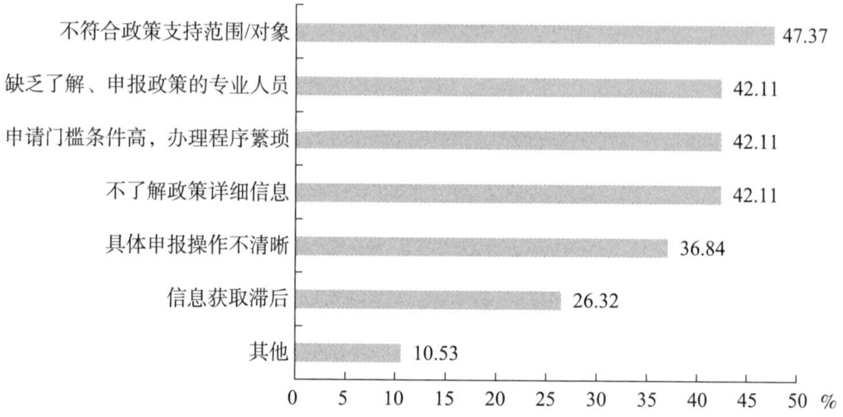

图 1-20　企业未能享受扶持政策的原因

3. 企业对扶持政策的诉求

调查数据显示，57.89%企业的诉求是减税降费；各有 47.37%的企业呼吁设立企业创立服务基金、重视企业家积极性、加强人才培养和引进；42.11%的企业希望出台更积极的产业扶持政策；各有 31.58%的企业希望降低企业融资难度，拓宽融资渠道和发挥行业协会等社会组织的作用；26.32%的企业希望政府搭建综合科技服务平台；21.05%的企业希望政府能够缩短政务审批流程；各有 10.53%的企业希望优化公平竞争的市场环境、加强舆论监督、加强知识产权保护。政府出台的一系列扶持政策既是助企纾困、助推产业发展的有力措施，又是落实优化营商环境、稳住经济大盘的具体实践，如何让惠企政策在产业环境的土壤中生根发芽，是推动健康产业升级、助力企业高质量发展绕不开的重要议题。见图 1-21。

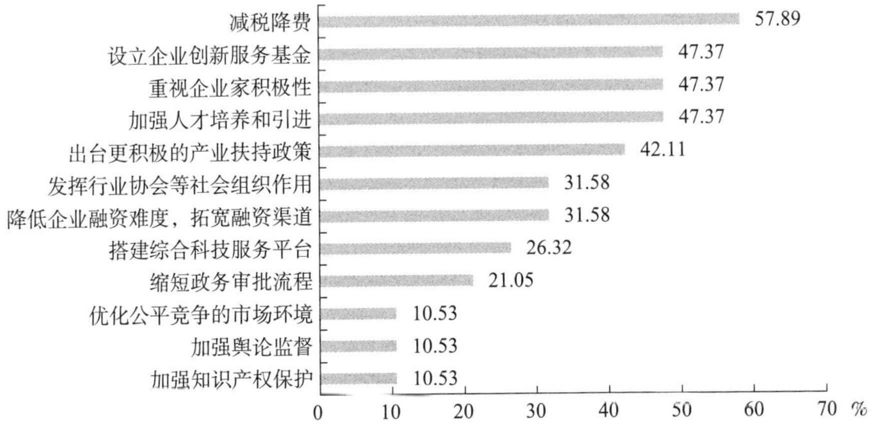

图 1-21　企业对产业政策的诉求

（五）企业对产业发展的预判

新冠肺炎疫情的暴发给人们的生活带来改变，也给企业管理带来挑战。从管理学角度看，会进入以突发性、复杂性、模糊性、不确定性为主要特征的“乌卡时代”，这个时代充满变革，孕育着很多机会，也充满挑战。调研数据显示，有 63.16%的企业预计营收将会增长；26.32%的企业预计营收不变；10.53%的企业预计营收减少（见图 1-22）。在预计未来三年利润额增长情况的调查中，57.89%的企业预计利润保持稳定，31.58%的企业预计盈利，10.53%的企业预计出现亏损（见图 1-23）。面对疫情冲击等复杂形势，企业要学会主动适应外面的环境变化，要拓展长线思维、底线思维、红线思维，大健康产业政策的红利仍在持续释放，必将进一步激发产业的市场活力，企业要有高瞻远瞩、防患于未然之远见，也要有随时应对突发事件的从容，把冲击变为转机。

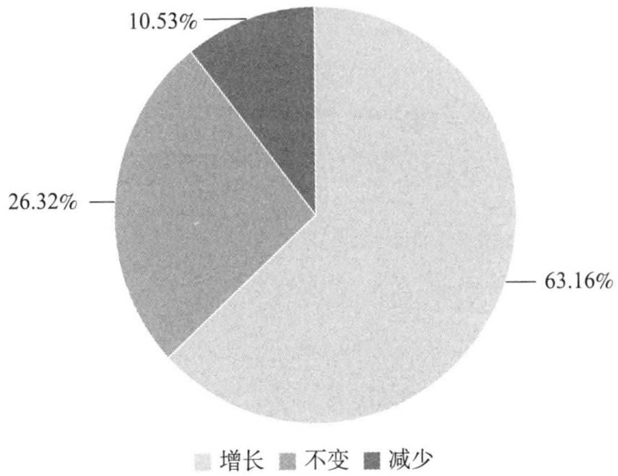

图 1-22　企业对未来三年营收的预期

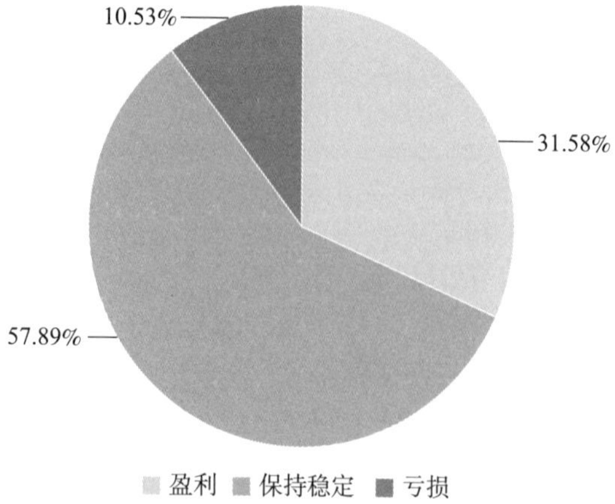

图 1-23　企业对未来三年利润额的预期

三、深圳健康产业发展建议

深圳在迎来“双区”驱动、“双区”叠加、“双改”示范等一系列重大机遇和多重利好的同时，《中华人民共和国国民经济和社会发展第十四个五年规划和 2035 年远景目标纲要》《“健康中国 2030”规划纲要》《深圳市人民政府关于发展壮大战略性新兴产业集群和培育发展未来产业的意见》《深圳市培育发展大健康产业集群行动计划（2022—2025 年）》等一系列政策发布实施，为深圳健康产业高速发展提供了保障。深圳作为中国特色社会主义先行示范区，要牢牢抓住这一历史机遇，进一步完善产业体制及机制，建立系统化产业生态体系，优化产业发展环境，打造产业链条完善的产业生态体系，推动深圳健康产业健康、可持续、高质量的发展，力争成为全国健康产业发展的集聚高地。

（一）加强形势研判，推动政策落细落实

在“双循环”格局下，仍应密切跟踪宏观经济形势和企业经营状态，聚焦共性问题和普遍诉求，给予科学规划和引导，会同有关部门出台促进健康制造业经济平稳增长，健康服务业领域恢复发展等政策措施，把发展健康产业作为深圳促进经济转型发展、培育经济新增长点的重要抓手，支持中小微企业纾困解难和推动健康产业的快速发展。政策的制定出台既要有普遍性，也要有独特性，采取多种形式的政府采购，加大补贴力度，推广新产品。政府可作为创新性技术或解决方案的先导用户，为健康产业的新兴技术提供一

个政府性引导的市场，通过税收改变或替代产品价格，刺激企业和科研机构的研发与创新活动，带动社会资本对产业的投资，促进新产品、新技术进入市场、扩大规模。

强化统筹协调，推动政策落实。加强顶层设计，统筹产业发展，切实发挥部门职能作用，实施“链长制”，协调推动相关部门结合实际进一步出台各领域政策措施，及时细化实化财政税费、金融信贷、保供稳价、用地用能和环境保护等方面具体措施，鼓励社会资本投向健康产业，加快推动政策落地见效。针对服务业领域困难行业，制定养生保健、医疗美容、康复养老、精准营养、精准医疗等细分领域支持措施，推动留抵退税、租金减免、社保缓缴等政策加力提效。加强重点区域、重点行业、重点企业运行态势的调度分析，协同推动产业链供应链复工达产，保持生产经营秩序，最大程度减少新冠肺炎疫情对企业正常生产经营的影响，同时针对新情况新问题，不断强化政策预研储备，为稳定经济运行提供坚实支撑。

（二）优化产业环境，补齐产业链条短板

良好的产业环境是产业健康发展的重要基础，深圳应立足健康产业创新发展的实际需求，规划建设产业布局合理的产业片区，完善“一核一带、三谷联动、多点支撑”的健康产业空间格局，全面推进具有实际产能的健康产业园区建设，打造协同效应、集聚效应明显提升的产业化集群。建立由政府部门主导的产品应用推介机制，促进创新产品/服务推广应用示范，支持健康产业创新产品/服务在医疗机构开展应用示范，对可靠性、有效性等进行临床验证考核，形成“应用示范—反馈改进—水平提升—辐射推广”的良性循环。

落实强链稳链补链，支持产业链制造、流通、服务和应用示范各环节突破短板、优化提质，实现产业链优化、服务链整合。大力支持设备制造业和原材料生产企业，制定前瞻性技术创新路线图，明确产业链间重点研发领域和关键技术需求，构建从研发、中试到产业化的公共服务平台，组织开展技术研究与攻关，鼓励与国内外著名院校、科研机构建立长期的合作关系，一方面跟踪世界前沿技术，了解技术创新的方向，另一方面合作开发和攻克产业发展的基础技术、共性技术、尖端技术和关键核心技术，实现科技创新成果转化。依托产业布局，统筹引导和串联技术创新活动，打造上下游完备、特色突出、具有国际竞争力和前瞻性的产业创新链，鼓励产业链上有实力的单位组建产学研用联盟，整合资源，实现产业关键技术的集群突破。

（三）激发改革活力，创新引领产业发展

发展动力来自人民日益增长的美好生活需要。2021年社会消费品零售总额440823亿元，比上年增长12.5%，拉动生产总值增长5.3个百分点，已充分表明了满足人民需要是社会主义生产的根本目的，也是推动高质量发展的根本力量。要想让经济发展更有后劲，就要坚定实施扩大内需战略，加快推进产业转型升级，提高供给结构对需求变化的适应性和灵活性。在新冠肺炎疫情和国内外形势下，要稳市场主体保就业、激发市场主体活力，着力优化营商环境，继续扩大市场准入，为企业雪中送炭、助企业焕发生机。提高供给质量和水平，要善于“做减法”，给企业卸包袱，确保减负纾困、退税减税落实到位，也要善于“做加法”，为企业发展破难题、解新题，支持企业家专注创业创新、安心经营发展，提高产品和服务质量，着力适应需求、增强消费意愿。

经济增长的动力从改革中来、从创新中来，改革创新是摆脱增长乏力、收获不竭动力的关键，是产业发展进步的动力之基、活力之源。当前，应在培育新的动力机制上做好文章、下足功夫，着力激发改革创新的活力和潜能，坚持把做实、做强、做优实体经济作为主攻方向，引导市场主体增强发展信心，促进人工智能和实体经济深度融合；注重用新技术新业态改造提升传统产业，不断为经济高质量发展积蓄新动能，促进新动能发展壮大、传统动能焕发生机。围绕健康产业发展，深化改革开放，要牵住科技创新这个牛鼻子，坚持变中求新、变中求进、变中突破，才能更好激发市场主体活力、社会创造力和创新创业的巨大潜能。依靠创新提高发展质量，勇于改革创新，以改革增活力，化阻力为动力，变消极因素为积极因素；以科技创新为核心，带动发展理念、体制机制、商业模式等全方位、多层次、宽领域创新，为健康产业兴起开辟更高水平的创新“源”平台。

（四）完善行业标准，健全监督管理体系

良好的政策与产业环境为产品和服务创新带来原动力，产品和服务的质量一方面关乎行业，一方面关乎民生，高标准高质量的产品与服务，不仅仅增加市场有效供给，还有利于消费升级。从政府治理角度，标准化应成为治理现代化的重要手段，是成为实现人人受益的“健康中国”“健康深圳”的重要保障；从经济转型升级角度，标准化是创新技术产业化、市场化的关键环节，是支持企业“走出去”，参与合作与竞争，保障经济利益和经济安全的

重要手段。

要遵循“质量引领、创新发展，瞄准一流、开放构建、重点突破、全面推进”的原则，加快打造深圳标准，提升深圳质量，规范深圳标准认证活动，促进深圳先进标准的应用，开展多个健康产业细分行业标准制定工作，推行产品、服务的深圳标准认证，制定和发布深圳标准认证产品和服务“白名单”。以国际一流为标杆，加快构建覆盖深圳健康产业各领域的多层次、高水平的标准体系，推动行业标准达到国内领先、国际先进水平，在若干重点领域成为国际行业标准引领者，实现有质量的稳定增长、可持续的全面发展。以行业引领为标杆，鼓励行业协会、企业积极主导或参与国际标准、国家标准、行业标准、地方标准以及团体标准的制定，加大知识产权保护力度，支持企业建立先进、完善的质量管理体系，以高标准引领行业高质量发展，提升行业整体竞争力。提升产品备案、生产许可等技术审评水平，提高审批质量，简化审评流程，加快产品上市推广速度，真正把标准化落到实地，促进企业生产与服务规范化、规模化。

（五）强化人才保障，提升行业人才素质

人才是产业发展的根本基础和主导力量，人才队伍和培养体系在产业发展中占据至关重要的位置。依托高层次人才引进计划布局健康产业，集成人才、技术、资金，积极引进掌握或具有产业核心技术创新能力的领军人才、团队；建立健全人才培养、评价评定、激励机制，加强高校大健康学科建设和专业配置，鼓励企业与高校和科研院所建立大健康人才联合培养机制，提高人才供给能力；促进国内外人才市场开放融通，推动人才发展国际化，打通大健康人才流通渠道，为创新国际化、产业化、高端化提供不竭动力。

坚持“培养与培训相结合”“走出去与走进来相结合”的原则，着力于行业人才的教育培训，重点培养适应健康产业发展的复合型人才队伍。一方面通过重视与加强行业基础教育与专业化培训工作，强化开展行业基础知识培训、从业人员资格培训、职业技能培训等职业资格、行业紧缺人才培训，既培养从事理论研究和研发的专业人才，又培养能在一线进行专业化服务的实操人员，提高行业从业人员的技能水平与职业素养。另一方面，开展管理型人才的培训工作，包括管理能力、产业化资本与技术以及企业发展所需的人力资源、法律、知识产权、企业管理、标准化建设等专项培训，促进培训带动就业的效应，建立培训多元化、模式多样化、内容多层化，覆盖行业发

展不同领域、不同阶段的人才培训体系，增强行业、企业发展的竞争力。

（六）发挥行业协会作用，促进产业高质量发展

行业协会是沟通政府、企业和市场的桥梁与纽带，是实现行业自律、规范行业行为、开展行业服务、保障公平竞争的社会组织。在行业监管方面，政府依靠行政手段也可以达到目的，但若依靠行业协会实行行业自律管理，更有利于促进行业的发展和降低行政成本，收到更好的社会效果。行业自律与行政监管只针对结果相比，更关注过程、贴近市场，更具有敏感性、针对性、及时性和灵活性，能够解决正在出现的问题，更有效率且成本更低。政府部门要重视发挥行业协会的作用，实现政府与社会的合理分权，坚持“放管服”改革，指导健全行业协会的自律机制，强化自律管理和监督的有效性，为政府转变职能提供支撑。

健康产业类行业协会要充分发挥行业协会专业资源、市场资源协调与配置的优势，以推动健康产业发展为核心，促进产、学、研、用关键环节融合，引导产业链各组成部分组建知识分享、利益共享的产业技术创新联盟，形成定位清晰、优势互补、分工明确的协同创新机制，推动“产业链+创新链+人才链+供应链+制度链”协同发展；联动产业资源，推动产业创新成果转化，全力打造“政策+产业+学术+科研+应用+金融+中介+环境+服务”专业型、枢纽型的产业公共服务平台；发挥“孵化器”和“加速器”的作用，集中行业优势，探索新兴产业发展机制，推进健康产业科技成果成功转化，建设产业结构合理、产业链条完善的创新型、复合型健康产业集群与生态体系，提升健康产业科技创新的应用化、产业化、增值化；积极推动健康产业标准化建设试点工作，争取将健康产业标准化和行业规范上升为深圳技术标准文件、国家或者国际标准，开展健康产业标准宣贯工作，建立健康产业标准化信息咨询平台，塑造健康中国的“深圳样板”。

第二章　健康产业重点领域研究

第一节　肿瘤基因及分子检测

一、行业发展现状

（一）行业概况

20 世纪 90 年代以来，基因测序技术和大数据技术的发展，以及人类基因组计划、癌症基因组图谱计划等国际学术研究的进展，使得科学家对肿瘤基因及分子层面的研究更加全面和系统，并形成了一系列肿瘤基因相关数据库、检测工具和协作组织，从而发现了更多样化的肿瘤分子标志物，推动了以基因标志物为核心的多癌种基因检测 Panel 和泛癌种靶向药等。

现代肿瘤学研究认为，肿瘤不是一种疾病，而是一类疾病。分子检测技术的发展使肿瘤的分类基础由组织形态学转向以分子特征为基础的肿瘤分类系统，从而更加精准地指导肿瘤的诊断与治疗。随着癌症研究以及分子检测技术的发展，肿瘤临床治疗已逐渐通过基于生物标志物的分子诊断来指导患者的个体化治疗。同一瘤种各个分子亚型间在基因特征、发病年龄、临床特征、恶性程度、治疗敏感性及预后等方面都存在差异。基于多组学信息可以提高临床诊断水平并确定个体化的治疗方案并进一步用于遗传风险评估、疾病早诊、分子分型、疗效预测、复发监测等。

通过整合基因等分子检测信息、患者表型、常规诊疗数据等，建立更加完善的医疗大数据，形成真实世界数据，这是未来医疗的基础。2006 年，美国国家癌症研究所和国家人类基因组研究所发起了癌症基因组图谱（The Cancer Genome Atlas，TCGA）计划。TCGA 是国际肿瘤基因组协作组研究计划最大的组成部分，主要是得到一个全面的、多维的，针对多种癌症基因组的图谱，包括基因组、转录组、表观组学测序以及整合分析，并将多组学数据与临床和影像数据相关联。2012 年，泛癌症计划（Pan-Cancer Initiative）被提出，作为 TCGA 项目的进阶部分。2018 年，泛癌症计划发布了 11000 多例肿瘤患者所患有的 33 种最普遍的癌症类型的泛癌症图谱。

2020 年，我国新发恶性肿瘤人数和恶性肿瘤死亡人数均位居全球第一。2021 年 1 月，世界卫生组织国际癌症研究机构（IARC）等发布的《2020 年全球癌症数据》显示，2020 年全球新发恶性肿瘤病例 1929 万例，中国新发恶性肿瘤 457 万人，占全球 23.7%；2020 年全球恶性肿瘤死亡病例 996 万例，中国恶性肿瘤死亡人数 300 万人，占全球 30%。伴随医疗改革宏观环境、人民对肿瘤预防及生存期延迟等需求、抗肿瘤药物研发热潮，肿瘤基因及分子检测需求日益增大。

目前，肿瘤学基础研究和临床诊疗处于肿瘤标志物驱动的快速发展期。肿瘤标志物是指由肿瘤组织和细胞产生的与肿瘤的产生、发生和发展相关的物质，存在于肿瘤细胞的胞核、胞质、胞膜上或体液中，进入到血液或其他体液或组织中，或是宿主对体内新生物反应而产生并进入到血液或体液或组织中，而含量明显高于正常参考值的一类生物活性物质。

当前，对于肿瘤标志物的分类并没有统一的标准。基于肿瘤标志物的生物化学和免疫学特性，常见的肿瘤标志物分为肿瘤胚胎性抗原、糖类抗原、酶类、激素类、蛋白类、病毒类、基因类等，随着基因及分子检测技术的发展，分子标志物受到基础研究的日益重视且应用到临床检测，特别是 DNA 突变、肿瘤突变负荷、甲基化等，被用于肿瘤诊断、辅助诊断、伴随诊断、复发与转移监测判断疗效和预后等全病程领域。

同一种肿瘤可能与一种或几种肿瘤标志物相关，一种标志物可能在不同肿瘤中出现。检测方式上有单一指标检测和多指标联检。检测技术上，肿瘤胚胎性抗原、糖类抗原、酶类、激素类、蛋白类的单一指标检测，主要运用的是日趋成熟的化学发光免疫分析法和酶联免疫分析法，多指标联检通常运用的是流式荧光发光法；基因检测目前主要应用于 qPCR 及测序技术等，正逐步成熟。

随着分子生物学及技术的发展，基于组学技术的核酸及蛋白检测逐渐被用于肿瘤的诊疗。例如 qPCR、DNA 微阵列、NGS、质谱等技术。分子检测目前属于前沿的检测技术，在临床研究和应用上处于逐步拓宽和优化的阶段。由于高通量、定量分析、结果结构化等特点，分子检测技术在应用及产业端发展迅猛。特别是肿瘤大 Panel 以及 POCT 等产品，在第三方检测机构与医疗机构合作的同时有望入院开展。

（二）行业政策与监管

2015 年 1 月底，时任美国总统奥巴马在国情咨文演讲中启动精准医疗计划；其中，基于个体基因图谱及分子检测的肿瘤个体差异化治疗是精准医学的重要领域之一。同年 3 月，我国科技部召开国家首次精准医学战略专家会议，会议指出到 2030 年前，我国将在精准医疗领域投入 600 亿元。当月我国发布了第一批肿瘤诊断与治疗项目高通量基因测序技术临床试点单位名单。

在此后连续多年包括“十三五”等生物产业和科技创新规范文件中，明确提出要把基因检测作为重点发展的新兴产业，快速推进基因检测在重大疾病早期筛查、个体化治疗等方面的临床应用，在产前胎儿罕见病筛查、肿瘤、遗传性疾病等方面实现精准的预防、诊断和治疗。2018 年开始的一系列关于抗肿瘤药物临床应用的政策，强调了以基因检测为代表的分子诊断对于抗肿瘤药物使用的重要性。见表 2-1。

表 2-1　肿瘤基因及分子检测的相关政策举例

年份	发布机构	政策文件	主要内容
2014	原国家食品药品监督管理总局、原国家卫计委	《关于加强临床使用基因测序相关产品和技术管理的通知》	原国家卫计委负责基因测序技术的临床应用管理，确定基因测序临床应用试点单位，原国家食品药品监督管理总局负责对相关产品研制、生产、流通和使用环节医疗器械质量的监管
2015	国家发展改革委	《国家发改委关于实施新兴产业重大工程包的通知》	强调了重点发展基因检测等新型医疗技术，快速推进基因检测临床应用以及基因检测仪器试剂的国产化，3 年内建设 30 个基因检测技术中心，以开展遗传病和出生缺陷基因筛查为重点，推动基因检测等先进健康技术普及惠民，引领重大创新成果的产业化
2016	国家发展改革委	《“十三五”生物产业发展规划》	明确了基因检测能力覆盖 50%以上出生人口的目标，强调了以个人基因组信息为基础，结合蛋白质组、代谢组等相关内环境信息，整合不同数据层面的生物学信息库，利用基因测序、影像、大数据分析等手段，在产前胎儿罕见病筛查、肿瘤、遗传性疾病等方面实现精准的预防、诊断和治疗

续表

年份	发布机构	政策文件	主要内容
2016	国家发展改革委	《测序技术的个体化医学检测应用技术指南（试行）》	将NGS应用于临床检测的实验室必须是经批准的个体化医学检测实验室和临床基因扩增检验实验室。需要拥有《医疗机构执业许可证》，可以是医院内的医学检验科，或是具有独立法人资格的第三方临床医学检验所
2017	科技部	《“十三五”生物技术创新专项规划》	要突破包括基因测序技术在内的若干前沿关键技术，支撑基因测序技术等新一代生命组学临床应用技术、生物大数据云计算技术和生物医学分析技术等重点领域的发展
2018	国家卫健委	《新型抗肿瘤药物临床应用指导原则（2018年版）》	有明确靶点的药物须通过NMPA批准的检测后方可使用和报销，强调了基因检测对提高疗效的重要性
2019	全国人大常委会	《中华人民共和国基本医疗卫生与健康促进法》	为公民提供婚前保健、孕产期保健等服务，促进生殖健康，预防出生缺陷；建立健全以临床需求为导向的药品审评审批制度，支持临床急需药品、儿童用药品和防治罕见病、重大疾病等药品的研制、生产
2020	国家卫健委	《抗肿瘤药物临床应用管理办法（试行）》	为避免抗肿瘤药物的无指征使用，《办法》规定应当根据组织或细胞学病理诊断结果，或特殊分子病理诊断结果、基因靶点检测结果等，确认患者适用后方可开具抗肿瘤药物
2021	国家卫健委	《抗肿瘤药物临床合理应用管理指标（2021年版）》	原则上，经组织或细胞学病理诊断确诊或特殊分子等病理检测成立的恶性肿瘤，才有指征使用抗肿瘤药物和抗肿瘤靶向药物。单纯依据患者的临床症状、体征和影像学结果得出临床诊断的肿瘤患者，没有抗肿瘤药物和抗肿瘤靶向药物的使用指征。对于有明确靶点的抗肿瘤靶向药物，进行相应靶点检测后方可使用

资料来源：基因慧

国家政策推动了以精准医疗为核心的肿瘤基因及分子检测的发展，监管制度也在快速规范化。在美国，相关监管部门主要包括食品药品管理局（FDA，Food and Drug Administration）与联邦医疗保险和联邦医疗补助服务中心（CMS，The Centers for Medicare & Medicaid Services）。在我国，相关部门主要包括国家卫生健康委员会、国家药品监督管理局和国家市场监督管理总局等。见表2-2。

表 2-2 我国对于肿瘤分子检测的相关监管部门

主管部门	主要职责
国家卫生健康委员会	承接原国家卫计委的职能，对临床实验室和临床基因测序服务机构的资质进行审查和规范；公司的国内医检所执业许可、检测项目资质及整体运营接受所在地卫生健康委员会的监督和管理
国家药品监督管理局	负责对基因检测产品研制、生产、流通和使用环节医疗器械质量的监管
国家市场监督管理总局	规管医疗器械的销售及分销、维护市场秩序及规范医疗器械的定价

资料来源：基因慧

国家卫生健康委员会在肿瘤分子检测方面主要监管临床应用管理以及对检测机构的资质进行审查和规范。

根据原国家卫计委颁布的《医学检验实验室基本标准和管理规范（试行）》，以疾病诊断、管理、预防或治疗和健康评估为目的而从事临床检验，包括临床血液与体液检验、临床化学检验、临床免疫检验、临床微生物检验、临床细胞分子遗传学检验和临床病理检查的医学检验实验室须按医疗机构予以管理。建立和营运医学检验实验室须向国家卫健委或其地方部门申请批准以取得医疗机构执业许可证。《医疗机构临床检验项目目录（2013 年版）》《关于临床检验项目管理有关问题的通知》（国卫办医函〔2016〕167 号）中要求，省级卫健委负责医疗机构临床基因扩增检验实验室的监督管理工作，对于未列入检验项目目录，但临床意义明确、特异性和灵敏度较好、价格效益合理的临床检验项目，应当及时论证，满足临床需求。通过省级临床实验室中心技术审核的临床基因扩增检验实验室，须于省级卫健委进行其临床检验项目登记备案。

国家药品监督管理局主要监管医疗器械的注册、质量管理、销售，以及制定并监督实施医疗器械的监管政策及标准。

根据国务院颁布并于 2017 年 5 月修订的《医疗器械监督管理条例》，以及原国家食品药品监督管理总局于 2014 年 10 月颁布的于 2017 年 1 月修订的《体外诊断试剂注册管理办法》，医疗器械（包括体外诊断试剂）按各自的风险程度分为三个不同类别，即第一类、第二类和第三类。第一类医疗器械须向市级药品监督管理局（或国家药监局）备案；第二类医疗器械须由省级药监局审查，批准后颁发产品注册证；第三类医疗器械须由国家药监局审查，批准后发给产品注册证。办理第一类医疗器械备案时，不需要进行临床试验；申请第二类及第三类医疗器械注册，需要进行临床试验。

值得注意的是，2020年10月20日，国家药监局对《6840体外诊断试剂分类子目录》中产品类别为ⅡI-7与肿瘤标志物相关试剂的部分体外诊断试剂管理类别从三类调整到二类，此次调整的主要是与肿瘤胚胎性抗原、糖类抗原、酶类、激素类、蛋白类等类型肿瘤标志物相关的试剂类型及其预期用途，将部分产品的辅助诊断用途调整为治疗监测。

（三）行业发展特征

1. 产业链分布

肿瘤基因及分子检测的流程涉及样本采集、检测、结果报告及解读。产业上游的企业主要是仪器、生化试剂及耗材等原材料及生产平台；中游主要是肿瘤基因检测机构和应用服务；下游是医院、独立医学实验室、体检中心等医疗机构开展终端服务。

（1）产业链上游。

仪器包括基因测序仪、PCR仪、基因芯片仪、分子杂交仪、核酸提取仪等。不同仪器的技术壁垒和国产化程度不同。基因测序仪的技术壁垒比较高，国内NGS测序平台量产企业只有华大集团的华大智造，其他测序仪厂商主要和Illumina、Thermo Fisher或华大智造联合开发。PCR仪器及试剂的国产化程度都比测序仪高，目前PCR国外供应商主要包括Bio-Rad、Thermo Fisher等。国产PCR研发企业包括锐讯生物、博日科技、宏石医疗、永诺生物、天隆科技、雅睿生物等。

生化试剂包括重组蛋白、各类抗体、酶、dNTP、引物、试剂盒等。生物试剂行业由于起步较晚，国内企业与海外跨国企业仍存在一定的差距，进口产品在部分主要领域占据市场主导地位，国产产品的进口替代是重要的行业发展趋势。国内主要企业有华大智造、诺唯赞、翌圣生物、联川生物等；国外企业主要有Thermo Fisher、Agilent、QIAGEN等。

与基因行业的上游商业模式相同，肿瘤基因及分子检测上游的业务模式以“仪器+试剂耗材”配套模式为主，同时部分试剂耗材（酶、基因捕获探针、精细化学品等）和设备（建库仪、样本和文库质控设备等）独立销售。从长期来看，常规检测流程所需设备和配套试剂耗材集成一体化和自动化将成为趋势，但特殊流程和场景下仍需要试剂耗材和设备的补充。

（2）产业链中游。

中游主要是肿瘤基因及分子检测机构，采购上游检测设备，通过不同检测技术为肿瘤的筛查、诊断、靶向用药、预后等全疾病周期提供综合检测服务。

肿瘤基因及分子检测的业务流程包括：样本提取（提取肿瘤细胞或组织样本中的 DNA 等分子）；检测（通过不同的检测技术对分子进行检测）；出具检测报告（对检测数据进行基于检测目的的解读）。

中游企业开展服务的形式主要有 IVD 和 LDT，IVD 是提供获批的肿瘤诊断试剂盒产品，LDT 是自行开发肿瘤基因及分子检测服务产品。2021 年国务院发布第 739 号令《医疗器械监督管理条例》，对医学检验 LDT 实行逐步放开和适度管理，医疗机构可自行研制国内尚无同品种产品上市的体外诊断试剂，将推进医学检验新方法、新技术的应用及发展，进而推进个体化医学、精准医学的临床应用和发展。

由于生物样本数据的敏感性，中游的企业主要是国内企业，参与的企业类型主要有传统临检机构（金域医学、迪安诊断等），基因检测公司（华大基因、泛生子、桐树基因、至本医疗等），体外诊断试剂研发企业（艾德生物等）。

（3）产业链下游。

产业下游主要是科研机构和医院、体检中心等医疗机构。科研机构主要是对检测结果进行进一步的分析以发现更多肿瘤学研究成果。在医疗机构，肿瘤基因及分子检测一般包含以下服务：遗传咨询师基于检测结果结合家系样本数据、家族史、表型数据等信息对患者提供遗传咨询服务，目前我国遗传咨询师职业体系还不完善，主要由检测机构聘用的遗传咨询师、医院的分子病理医生或临床医生承担；分子病理医生根据分子数据和医学影像数据做出初步结论；临床医生根据分子病理结论，结合病情（表型、阶段）、病人基本情况（包括支付等）出具诊断结果或治疗方案。体检中心主要是针对肿瘤筛查产品，尤其是泛癌筛查的商业化落地场景。医院主要是肿瘤辅助诊断、伴随诊断、复发监测产品的商业化落地场景。

2. 市场规模

2020 年我国新发恶性肿瘤人数和恶性肿瘤死亡人数均位居全球第一。2021 年 1 月世界卫生组织国际癌症研究机构（IARC）等发布的《2020 年全球癌症数据》显示，2020 年全球新发恶性肿瘤病例 1929 万例，其中中国新发恶性肿瘤 457 万人，占全球 23.7%；2020 年全球恶性肿瘤死亡病例 996 万例，其中中国恶性肿瘤死亡人数 300 万，占全球 30%。随着肿瘤患者增加及生存期延长，对肿瘤精准医疗诊断产品的需求将逐年增大。肿瘤基因及分子检测的市场应用场景主要包括早筛早诊、伴随诊断、复发监测等。

根据 WHO 的文件“Guide to Cancer Early Diagnosis”，癌症早筛（Screening）是从表面上健康、无症状的人群中识别出未被诊断的癌症或其癌前病变。在早筛领域，癌种选择上主要有单癌种、多癌种甚至是泛癌肿，癌种的选择一定程度上决定商业化场景的选择。在单癌种中，肝癌和结直肠癌是早筛的两大主要癌种；布局肝癌早筛的企业有泛生子、贝瑞旗下的和瑞基因等；布局结直肠癌早筛的企业有华大基因旗下的华大数极、鹍远基因、诺辉健康、锐翌生物、Exact Sciences、Guardant Health 等。多癌种或者是泛癌种早筛对检测通量和检测性能要求较高，部分需要组织溯源，布局该领域的企业包括燃石医学、世和基因、吉因加、思勤医疗和 Grail 等。

单癌种早筛主要面向有明显肿瘤家族史的人群和高风险人群，主要的服务场景在医疗机构。以结直肠癌为例，我国肠癌高危人群 1.2 亿，目前结直肠癌早筛价格约为 2000 元/次，以早筛渗透率 30%、肿瘤基因及分子检测渗透率 10%计算，目前我国结直肠癌早筛的市场规模在 72 亿元左右，随着技术发展未来产品价格会进一步降低，但渗透率会提升；预计到 2025 年，我国结直肠癌早筛的市场规模大约在 105 亿元人民币。

泛癌种早筛更适合没有明确肿瘤高危因素的人群，技术复杂性决定了单价较高，主要的服务场景为商业体检机构。2020 年我国 60 岁以上人口 2.6 亿，以单价 2000 元、渗透率 5%估算，目前泛癌早筛的市场规模在 260 亿元左右，同样随着价格下降以及渗透率提高，基因慧预计，到 2025 年泛癌早筛的市场规模在 390 亿元人民币左右。见图 2-1。

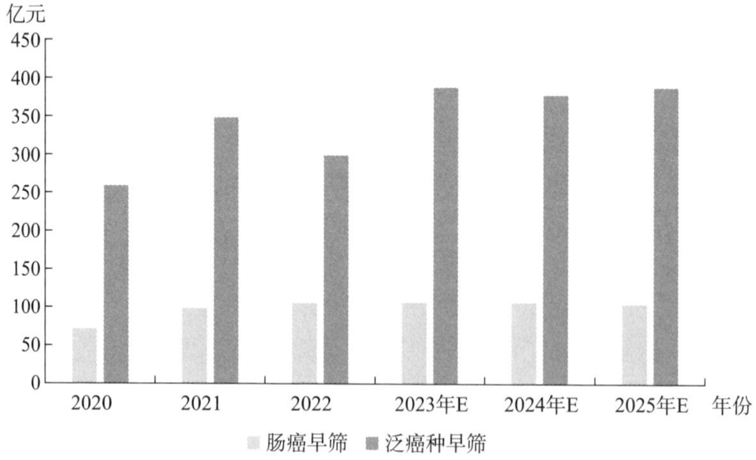

图 2-1 肠癌早筛和泛癌种早筛的市场规模

资料来源：基因慧

目前，肿瘤伴随诊断产品的技术平台主要包括 PCR、NGS、IHC 和 FISH 等。以 PCR、IHC 和 FISH 的加权平均价格约为 2000 元/次、NGS 的价格约为 8000 元/次为例来计算，2020 年中国新发恶性肿瘤 457 万人，根据基因慧调研的伴随诊断产品不同技术平台的占比以及 30%的渗透率估计，目前我国伴随诊断的市场规模在 42 亿元左右。未来随着靶向药和免疫药使用的普及（应用需求上升）、新靶点和标志物的开发（产品线扩容）、多基因大 Panel NGS 检测需求的加大（收费提高）以及液体活检兴起并实现患者在治疗全程多次开展伴随诊断（检测次数上升）等驱动因素，伴随诊断行业将进入高速发展期。预计至 2025 年，我国肿瘤分子分型和伴随诊断的总体市场规模将达到 80 亿元。见图 2-2。

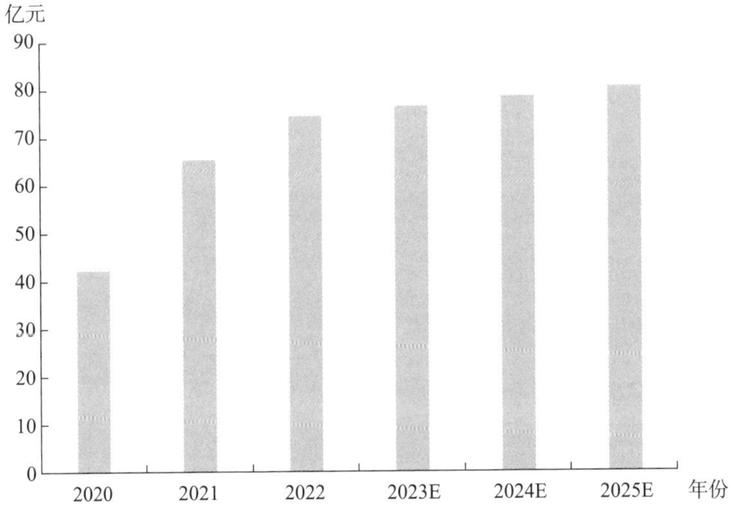

图 2-2 肿瘤基因及分子检测伴随诊断领域市场规模

资料来源：基因慧

根据国家癌症中心数据，2015 年我国诊断为癌症且 5 年内存活的患者人数为 749 万人，近五年癌症五年生存率从 30. 9%提升到了 40. 5%。以目前复发监测市场的平均单价约为 2600 美元、近五年新发癌症数及复发监测肿瘤基因及分子检测综合渗透率 5%估算，目前我国肿瘤基因及分子检测复发监测的市场规模在 112 亿元。随着市场渗透率及五年生存率的提升，据基因慧预计，复发监测市场规模会大幅增长，到 2025 年，该领域市场规模大约为 580 亿元。见图 2-3。

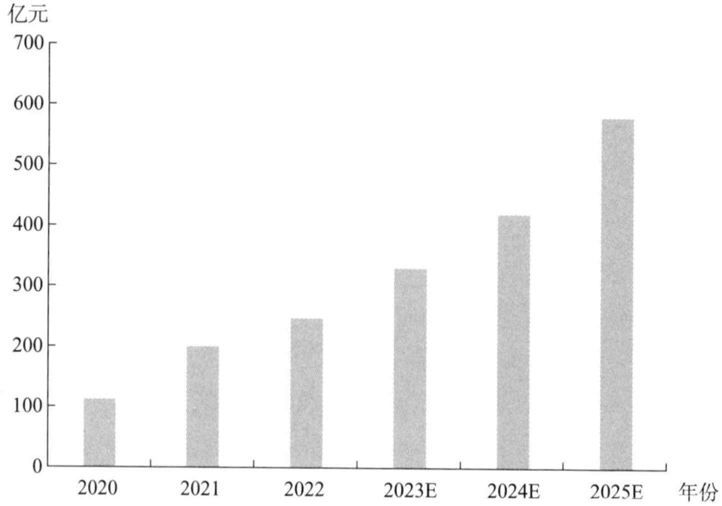

图 2-3 肿瘤基因及分子检测复发监测市场规模

资料来源：基因慧

3. 产业化发展

本书主要从应用场景、技术平台、癌种及肿瘤标志物层面来初步分析肿瘤基因及分子检测的产业化阶段。

（1）应用场景。

从监管政策和获批产品来看，伴随诊断是目前肿瘤基因及分子检测最成熟的领域。

FDA 于 2014 年发布了第一版的《体外伴随诊断试剂指导原则》，从伴随诊断试剂的背景、伴随诊断试剂的定义与用途、个体化药物及其伴随诊断试剂的审查及批准、研究性应用以及伴随诊断试剂说明书等五个方面提出监管意见，并阐明在大多数情况下，个体化药物及其伴随诊断试剂标识的预期用途应同步获批。2016 年，FDA 发布了覆盖范围更广、更详细的《体外伴随诊断试剂与治疗药物联合开发指导原则草案》，在前一版的基础上侧重对“个体化药物—伴随诊断试剂”联合研发的实践应用提供具体的指导性意见。2018 年，FDA 再次发布了伴随诊断产品拓展适应证的指导原则，鼓励伴随诊断产品进行跨癌种适应证研发。

我国目前虽尚未形成“靶向药—伴随诊断”联合开发和市场准入的模式，但多项政策都明确指出了伴随诊断于肿瘤药物的重要性。2018 年《新型抗肿瘤药物临床应用指导原则（2018 年版）》强调了基因检测对提高疗效的重要性；2020 年《抗肿瘤药物临床应用管理办法（试行）》规定应当根据组织或细胞学病理诊断结果，或特殊分子病理诊断结果、基因靶点检测结果等，确认患者适用后方可开具抗肿瘤药物；2021 年《抗肿瘤药物临床合理应用管理指标（2021 年版）》指出对于有明确靶点的抗肿瘤靶向药物，须进行相应靶点检测后方可使用。

截至 2021 年 6 月，FDA 已批准的伴随诊断 IVD 产品达 44 个，NMPA 批准的肿瘤伴随诊断试剂共有 17 个，而目前国内外早筛或复发监测获批 IVD 的产品数较少，多数产品处在快速研发中，例如泛生子获得 FDA“突破性医疗器械”认定的肝癌早筛产品 HCCscreen。

（2）技术平台。

肿瘤基因及分子检测的技术平台主要有 PCR、NGS、FISH、IHC 和基因芯片等。通过对药监局批准的肿瘤基因及分子检测诊断试剂统计，目前接近 70%的肿瘤基因及分子检测产品采用 PCR 技术平台。见图 2-4。

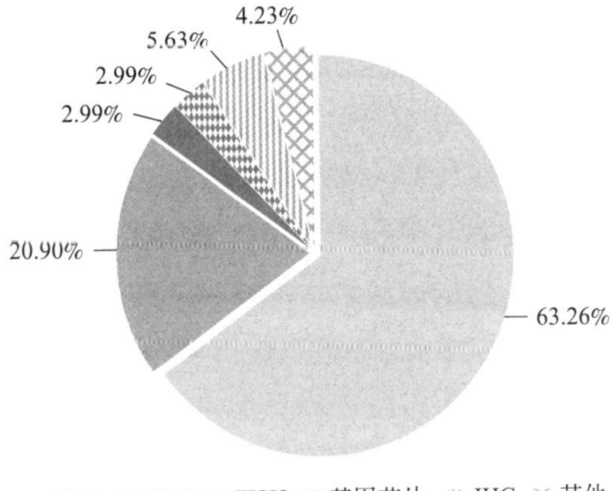

图 2-4 国内肿瘤基因及分子产品技术平台

资料来源：国家药品监督管理局，基因慧

通过 FDA 批准伴随诊断产品历年的技术平台分布图（见图 2-5），可看出这几种技术平台的发展趋势，最早的肿瘤基因及分子检测产品是基于 FISH 和 IHC 技术平台。FISH 可检测基因扩增和重排，成本和操作难度较低，但通量较低；免疫组化是检测蛋白表达的变化，成本、操作难度比 FISH 低。2011 年基于 PCR 技术的伴随诊断开始获批，目前发展较成熟的是荧光 PCR 平台，其可检测点突变、基因表达、基因扩增和基因融合，在成本、操作难度和耗时方面有优势。NGS 技术可用于检测所有突变类型，成本、操作难度都是这几种技术中最高的，耗时也最长，但由于其具有通量高的优势，是近几年的发展趋势。

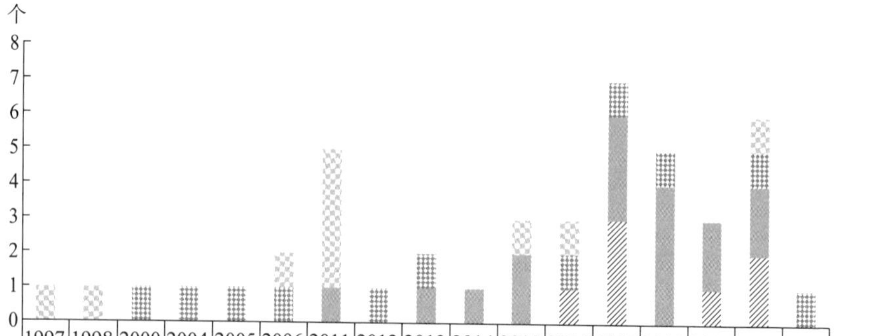

	1997	1998	2000	2004	2005	2006	2011	2012	2013	2014	2015	2016	2017	2018	2019	2020	2021
FISH	1	1	0	0	0	1	4	0	0	0	1	1	0	0	0	1	0
IHC	0	0	1	1	1	1	0	1	1	0	0	1	1	1	0	1	1
PCR	0	0	0	0	0	0	1	0	1	1	2	0	3	4	2	2	0
NGS	0	0	0	0	0	0	0	0	0	0	0	1	3	0	1	2	0

NGS　PCR　IHC　FISH

图 2-5　FDA 批准的肿瘤伴随诊断产品技术统计平台

资料来源：FDA，基因慧

（3）癌种及肿瘤标志物。

从全球范围来看，发病率最高的是乳腺癌，死亡率最高的是肺癌。全球发病率前十的癌症分别是：乳腺癌 226 万人（11.7%），肺癌 220 万人（11.4%），结直肠癌 193 万人（10.1%），前列腺癌 141 万人（7.3%），胃癌 109 万人（5.6%），肝癌 91 万人（4.7%），宫颈癌 60 万人（3.1%），食管癌 60 万人（3.1%），甲状腺癌 59 万人（3%），膀胱癌 57 万人（3%），这十种癌症占据新发癌症总数的 63%。死亡人数前十的癌症分别是：肺癌 180 万人（18%），结直肠癌 94 万人（9.4%），肝癌 83 万人（8.3%），胃癌 77 万人（7.7%），乳腺癌 68 万人（6.8%），食管癌 54 万人（5.4%），胰腺癌 47 万人（4.7%），前列腺癌 38 万人（3.8%），宫颈癌 34 万人（3.4%），白血病 31 万人（3.1%），这十种癌症占据癌症死亡总数的 70.6%。

我国癌症发病率和死亡率最高的都是肺癌。2020 年中国新发病例数前十的癌症分别是：肺癌 82 万人（17.9%），结直肠癌 56 万人（12.2%），胃癌 48 万人（10.5%），乳腺癌 42 万人（9.2%），肝癌 41 万人（9%），食管癌 32 万人（7.0%），甲状腺癌 22 万人（4.8%），胰腺癌 12 万人（2.6%），前列腺癌12万人（2.6%），宫颈癌11万人（2.4%），这十种癌症占新发癌症数的78%。死亡人数前十的癌症分别是：肺癌71万人（23.8%），肝癌39万人（13%），胃癌37万人（12.4%），食管癌30万人（10%），结直肠癌29万人（9.7%），胰腺癌12万人（4.0%），乳腺癌12万人（4.0%），神经系统癌症7万人（2.3%），白血病6万人（2%），宫颈癌6万人（2%），这十种癌症占癌症死亡总数的83%。

从癌种检测产品来看，目前筛查产品中结直肠癌是较成熟的，FDA和我国药监局均有批准的IVD产品。在美国，乳腺癌、非小细胞肺癌和结直肠癌是伴随诊断产品的主要适应证；从标志物来看，主要有HER2、EGFR、ALK、BRAF、KRAS、PD-L1、BRCA1/2和PD-1抑制剂或聚ADP核糖聚合酶抑制剂等。在我国，用于非小细胞肺癌治疗的伴随诊断试剂最多，NGS伴随诊断产品适应证都是非小细胞肺癌，其他技术平台的癌种涉及尿路上皮癌、结直肠癌、上皮性卵巢癌等。非小细胞肺癌伴随诊断标志物主要集中在EGFR基因19号外显子缺失、L858R点突变、T790M点突变、ALK基因融合、ROS1基因融合等；尿路上皮癌伴随诊断标志物为PD-L1；结直肠癌伴随诊断标志物为KRAS基因野生型；上皮性卵巢癌伴随诊断标志物为BRCA1及BRCA2基因胚系突变。

4. 投融资情况

根据基因慧发布的《2021肿瘤基因及分子检测蓝皮书》，2021年国内近100家肿瘤基因及分子检测企业主要分布在北京、深圳、上海、杭州和广州，这五大城市的肿瘤基因及分子检测企业占比超过一半，达68%。见图2-6。

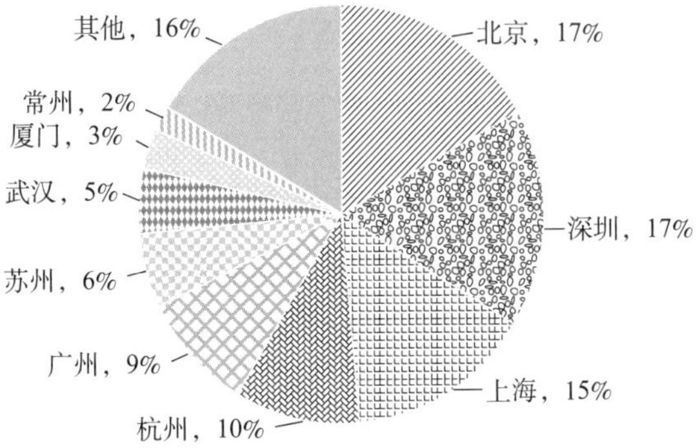

图2-6 我国肿瘤基因及分子检测企业所在城市分布

资料来源：基因慧

目前大多数企业的发展时间较短，在5~7年，该赛道企业尚处在早期阶段。从成立时间上，2014年开始，我国进入肿瘤基因及分子检测行业的企业开始增加，2015年企业快速增长，达到2014年的3倍，此后几年新增企业数较为稳定，2020年受新冠疫情影响新增企业较少。从融资阶段看，融资轮次在B轮之前（不含B轮）的企业达到了59%，融资轮次在种子轮到B轮的企业占比达80%。见图2-7。

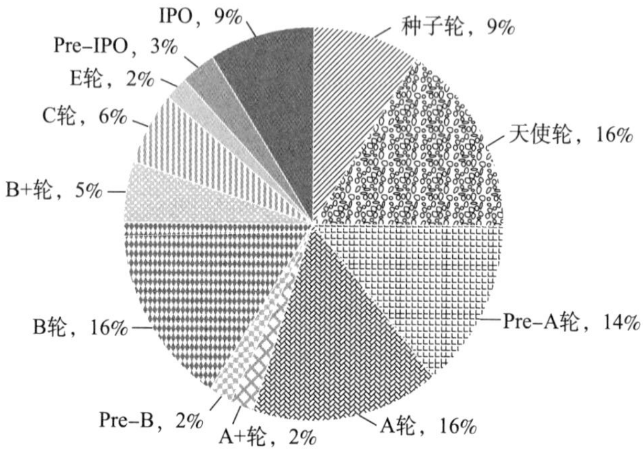

图2-7　肿瘤基因及分子检测企业融资轮次分布

资料来源：基因慧

肿瘤基因及分子检测是近几年的热门赛道，2020年70%的基因诊断企业融资集中在该赛道，一级市场融资约63.6亿元人民币（不包含泛生子和燃石医学的IPO）。基因慧统计了2021年1月1日到2021年7月23日该赛道的13起融资事件，融资金额约31.5亿元。见表2-3。

表2-3　2021年我国肿瘤基因检测企业融资情况

获投时间	公司名称	地区	轮次	获投金额	投资方
2021.7	聚合生物	深圳	Pre-A2轮	数千万元	深创投
2021.7	吉因加	北京	C轮	7.5亿元	建银国际领投、达晨财智、金茂资本、GGV纪源资本、阿里健康、园丰资本、建信投资、华金投资、BV百度风投、盛宇投资、隽赐投资、中关村协同基金、金种子基金、蔚亭资本、创合汇资本等跟投

续表

获投时间	公司名称	地区	轮次	获投金额	投资方
2021.7	和瑞基因	福州	B 轮	6.4 亿元	君联资本、启明创投、招商局资本、中金资本、漳州开发区招科创新生态智慧创业投资基金合伙企业（有限合伙）、建发集团、华兴创业、广东易方康达股权投资合伙企业（有限合伙）、辰酉资产
2021.6	桐树基因	常州	C 轮	5 亿元	德福资本、博华资本和海松资本共同领投，金圆资本、海创母基金、银河源汇投资跟投，老股东朗玛峰创投、拓邦投资继续加注
2021.6	聚禾生物	深圳	Pre-A 轮	1 亿元	山蓝资本领投
2021.6	康黎医学	上海	Pre-B 轮	1 亿元	禹闳资本领投，宁波知能投资管理跟投
2021.6	思路迪	上海	Pre-IPO	6018 万美元	泰格医药、高瓴资本、老虎环球基金、富乔鑫资本、Smilegate Investment、雷禾有限公司、Chariot Spc Fund-Wanhai Balance Fund SP、Advantech Capital、Able Legend Development Limited、Coast Town Limited
2021.4	圣美生物	珠海	B 轮	3 亿元	国投招商
2021.2	基准医疗	广州	C 轮	4000 万美元	奥博资本、药明汇英投资基金领投
2021.2	智因东方	北京	B 轮	数亿元	本草资本领投，沂景资本、飞图创投等跟投
2021.2	艾米森	武汉	B 轮	1 亿元	金阖资本领投，长江证券、凯普生物、不盈同晟跟投
2021.1	立康生命科技	北京	Pre-A 轮	未披露	未披露
2021.1	百奥医药	天津	天使轮	数百万元	上海清锋资本

资料来源：基因慧

基因慧已统计了 50 余家国外企业，主要来自美国（见图 2-8）。从融资阶段来看，处于后期阶段的企业比我国多，融资轮次在种子轮到 B 轮的企业占比为 56%，比我国该阶段企业占比少 24%，这在一定程度上也跟企业的发展年限有关。见图 2-9。从成立时间来看，国外企业开始进入该领域的时间比我国的企业早 2~3 年。2020 年国外该领域融资也比较火热，融资金额约 12.96 亿美元。见图 2-10。

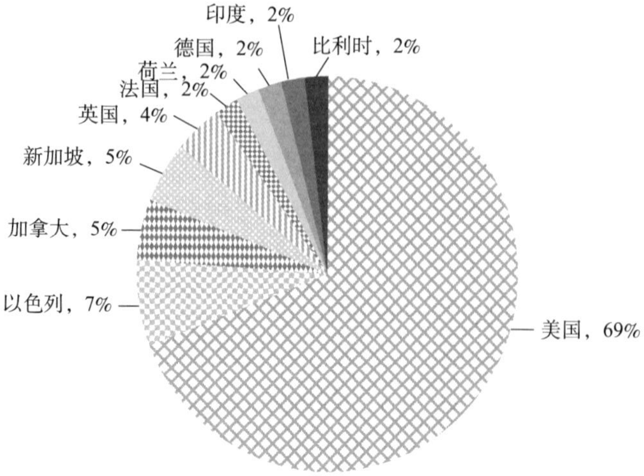

图 2-8　国外肿瘤基因及分子检测企业所在国家分布

资料来源：基因慧

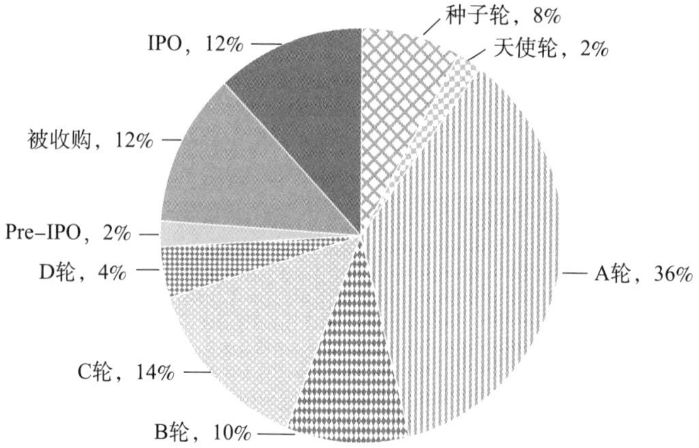

图 2-9　国外肿瘤基因及分子检测企业融资轮次分布

资料来源：基因慧

二、肿瘤基因及分子检测技术

对于基础研究及临床科研应用，在了解肿瘤分子标记物及其机制后，对分子检测技术的整体把握和比较非常关键。检测技术及工具的发明也在极大程度上促进了肿瘤基因及分子标记物的发现及转化应用。未来 5~10 年，技术

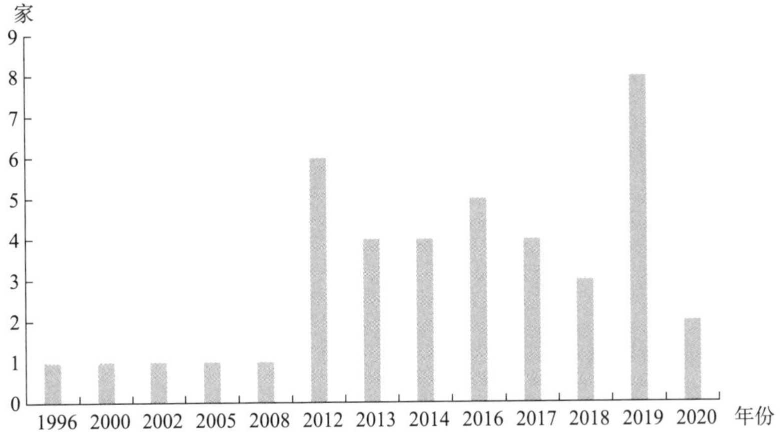

图 2-10　国外肿瘤基因及分子检测企业成立时间分布

资料来源：基因慧

和工具仍在不断迭代及替换，在产学研用交叉学科的实践中与应用相互促进，推进个性化诊疗，实现数字化生命健康，推动生命组学作为数字化生命健康的新基建。

现阶段常见的肿瘤基因及分子检测技术包括荧光原位杂交、微阵列芯片（Microarray）、实时荧光定量 PCR（qPCR）及数字 PCR（dPCR）、下一代测序（NGS）、免疫组化（IHC）及质谱分析（MS），以及单细胞测序、空间转录组、大数据等前沿的技术。除了以上广泛应用的技术，还有一些技术应用于肿瘤分子诊断及研究，但由于目前在发展初期、应用较少或被其他技术替代，例如基因组光学图谱分析、比较基因组杂交（CGH）、单核苷酸多态性分析（SNP）芯片等，但仍具有相应的价值。

（一）液体活检

在临床应用中，组织活检通常是肿瘤诊断和治疗的金标准，但存在两方面弊端：一是侵入性意味着样本有时无法取得，需要考虑肿瘤的位置和患者的状态；二是组织样本的标志物含量低等无法满足 NGS 等检测的要求。对于以上情况，液体活检是重要的可选方案。液体活检可以追溯到 70 余年前，但真正应用于临床仅十余年，从肿瘤取样角度是一类技术的范畴，主要基于肿瘤释放的细胞及核酸（DNA 和 RNA）来评估治疗反应（预后监测、残留疾病检测）、预测肿瘤复发风险、追踪与耐药性相关的突变、可靶向的驱动突变研究和临床试验注册等。

1. 定义与原理

液体活检是相对组织活检的一类技术术语，在不断演化及发展，并无确切定义。广义上，液体活检是从体液样本中提取分子标志物进行检测分析，为患者的疾病诊疗提供决策信息。确切地说，应用于肿瘤分子分型、肿瘤演变及预后监测等。

液体活检的采集样本类型包括：血液（外周血）、唾液、尿液、脑脊液、胸腔积液等；液体活检分析的分子标志物包括：ctDNA、CTC、外泌体（外囊泡的一种）、肿瘤培养的血小板等。根据美国病理协会官网，液体活检目前的重点是ctDNA，其他包括RNA、CTC、细胞外囊泡（EV）和肿瘤培养的血小板（TEP）；ctDNA通常是140~170bp的小DNA片段。样本中的ctDNA数量与肿瘤类型、进展、负担、增殖和治疗均相关。尽管ctDNA在血浆和血清中相对稳定，但它会在三四个小时内被肝脏和肾脏清除。当前的样本提取和纯化技术已经实现成功捕获、扩增和测序ctDNA。

根据2019年《液体活检在临床肿瘤诊疗应用和医学检验实践中的专家共识》，实验室常用的ctDNA检测技术包括扩增受阻突变体系（ARMS）、下一代测序（NGS）、数字PCR（dPCR）和核酸质谱检测等；CellSearch平台是目前唯一被国家药品监督管理局（NMPA）批准用于定性检测循环血中上皮来源肿瘤细胞的技术。

美国病理协会罗列了ctDNA的主流检测技术NGS与数字PCR的优劣：PCR（包括数字PCR）的周期更短，更便宜；但通量较低，只能检测已知基因突变。NGS的通量高，可以覆盖已知和未知的基因突变，无须先验知识；但因为靶向捕获区域的突变丰度低（通常小于1%），深度要求很高（一般大于10000x），因此成本相对较高，加上测序流程以及数据分析和注释难度，周期相对较长。

相对组织活检，液体活检的整体优势主要在于获得侵入性要小得多，允许频繁、连续的采样从而持续追踪肿瘤发展及预后反应；另外可以在无法进行组织活检情况下进行液体活检。

液体活检的局限是大部分情况需要通过组织活检获得初步组织学诊断；同时美国临床肿瘤学会提示实验室要审慎使用合适的检测方法并避免临床中的“过度解释”；此外，外周血中的低频变异可能会导致更高的假阴性率，需要专业知识判断以及进一步的技术优化。

2. 前景应用

我国 NMPA 批准的 10 余个液体活检产品，基于 PCR 或 NGS 技术，全部围绕非小细胞肺癌的伴随诊断，包括来自泛生子、华大基因、吉因加、燃石医学、艾德生物、元码基因等检测机构的产品。

美国病理协会认为，在短期内，液体活检可能更有助于确认临床或放射学上已有明显病变患者的恶性肿瘤；此外是组织活检不可执行情况下的可选方案。2015 年，我国对已批准的非小细胞肺癌靶向药 Tarceva© 的说明书进行更新，即患者在进行 EGFR 基因突变检测基础上，如果肿瘤标本不可评估，则可使用从血液（血浆）标本中获得的 ctDNA 进行评估。基于以上获批的产品，液体活检也大大加速新药研发的靶点发现、临床试验入组以及伴随诊断，在预后检测、复发评估等方面有着巨大的前景，核心挑战是提高灵敏度。该领域的下一个挑战和机会是将液体活检纳入常规癌症筛查计划，以促进癌症早期诊断。

（二）荧光原位杂交

1. 定义与原理

荧光原位杂交（Fluorescence in Situ Hybridization，FISH），即通过荧光物质（生物素、地高辛等）标记单链核酸探针与样本染色体上的 DNA 序列进行原位杂交，在荧光显微镜下显示和定位染色体上特定 DNA 序列的位置和状态。简单地说，DNA 或 RNA 探针被荧光标记，一旦在样本染色体上找到它的互补序列（目标序列），它就会发出荧光（通过荧光显微镜观察）。FISH 本质是一种分子细胞遗传学技术，集合了 DNA 原位杂交、染色体显带技术及荧光标记。根据研究目的，分为多种类型，并不断优化（例如与 IHC 联合），包括 M-FISH、Q-FISH、Flow-FISH、e-FISH、COMBO-FISH、SM-RNA-FISH 等。

2. 优势与应用

与传统的核型分析方法相比，FISH 的精度更高，可以检测微小的拷贝数变化，可以分析非分裂的细胞。相对核型分析染色体条带，FISH 可以分析中期染色体、间期染色体，检测周期比核型短。与 Northern 和 Southern 印迹一样，FISH 技术依赖于具有互补序列的两个核苷酸之间的碱基互补配对；但 FISH 将目标序列留在组织内，不需要像 Northern 和 Southern 印迹技术那样在探测前分离核酸。

尽管 PCR 及 NGS 技术对检测核酸点突变有较大优势，但传统的荧光原位杂交（FISH）对于检测染色体异常等方面仍具有独特的价值。FISH 作为传统的分子检测，在临床肿瘤等方面发挥着重要作用，同时也存在自身局限。例如只能检测目的基因，而不能从全局角度检测；通量有限；对细胞遗传学异质性疾病不敏感，例如 AML、ALL 等，这为其他技术的研发和迭代提供应用空间。

FISH 由于直观、经济、快捷且敏感度好，成为基础研究和临床诊断的常规技术。FISH 基于临床细胞遗传学，通过检测染色体结构和数量异常（包括大片段的拷贝数变异），用于肿瘤等疾病辅助诊断、判断预后、疗效监测及微小残留检测。

FISH 的一个特别广为人知的用途是作为人类表皮生长因子 2（HER2）基因的标准推荐技术，来为乳腺癌和胃癌患者进行预后评估，FISH 通过计算细胞核中 HER2 基因位点的数量并将其与着丝粒的数量进行比较来常规检测 HER2 表达。

FISH 对染色体微缺失检测敏感度高，对经常出现染色体异常的血液瘤检测非常有用。FISH 还常用于监测疾病进展，例如监测骨髓移植成功与否。

此外，FISH 可以在玻片上显示中期染色体数量或结构的变化，在悬液中显示间期染色体 DNA 的结构（例如 DNA 扩增），从而具有独特的应用价值。除了临床应用外，FISH 也常用于法医学、毒理学以及进化研究等，部分场景被更高通量和定量的 PCR、NGS 所替代，但在有的场景下仍具有较大的应用价值。

（三）DNA 微阵列

1. 定义与原理

微阵列（microarray）按照芯片上的探针不同，可以分为核酸芯片、蛋白质芯片和组织芯片等，目前应用最广泛的是核酸芯片。微阵列曾被称为基因芯片（Gene Chip），为避免与微流控芯片混淆，同时 Gene Chip 已被 Affymetrix 申请为商标，目前通用称呼为微阵列。

DNA 微阵列，即将 DNA 或 RNA 探针分子固定在固体微阵列表面上，通过 DNA 杂交识别其互补的 DNA 目标序列，然后将检测杂交信号强度转化为不同标本中特异基因的丰度，检测基因变异或表达差异。

微阵列有很多分类方式，主要包括 cDNA 微阵列和寡核苷酸微阵列。cDNA 微阵列是将较长的 DNA 分子固定在固体表面上，主要用于大规模筛选和表达研究；寡核苷酸微阵列是通过原位合成寡核苷酸然后固定在玻璃上（相对便宜），主要用于检测突变、基因定位和表达研究，可以检测 cDNA 无法识别的基因家族差异表达和可变剪切。

2. 优势与应用

相对其他技术，微阵列产品较早地投入市场化应用。在对少量已知基因的筛查中以相对便宜的成本、较短的周期以及一定准确率占据优势。例如2012 年至 2019 年，博奥晶典基于微阵列芯片，为 20 多个省市 350 余万新生儿完成耳聋基因筛查；耳聋芯片主要针对四个基因（GJB2、GJB3、12SrRNA、PDS）的 9 个突变位点。

微阵列可以检测一个、数百万个或者全基因组 SNP、拷贝数变异和 RNA 表达，具有广泛的应用场景，特别是在 NGS 技术普及之前。正如其他所有技术一样，微阵列也存在局限。特别是，微阵列依赖已知序列和先验知识，不能检测结构变异和新基因；检测全基因组时成本更高；检测基因表达时，只能获得相对的表达水平；存在交叉杂交，非特异性、灵敏度有限，在实验室操作及计算需进一步标准化；此外，有部分技术问题仍需优化，例如：微阵列给定位置的信号水平与杂交的物种浓度不成线性比例；针对多个同源基因的探针设计；等等。基于以上这些原因，2007 年后微阵列的部分产品在 NGS 普及后被替代。

早在 20 世纪 90 年代，Joseph 等基于 cDNA 微阵列来分析黑色素瘤的抑癌基因表达。2002 年转录组的概念被推出后，测序价格还未大规模降低时，cDNA 微阵列广泛用于癌症基因表达谱，对多个样本的数千个基因表达进行量化，包括两种癌症、同一癌症不同样本、癌症不同进展时期的基因表达差异分析。在部分情况下，微阵列结合免疫组织化学分析和经典的组织病理学，进行原发癌症的诊断、预后监测以及为治疗选择可能的受益患者。

（四）qPCR 及 dPCR

1. 定义及原理

PCR（Polymerase Chain Reactio，聚合酶链式反应）是在体外模拟 DNA 复制的过程，快速扩增特定基因或 DNA 序列，又称为基因的体外扩增法。PCR 是生物芯片、测序等分子检测技术中的基础技术，也是一项独立的检测技术，对医学诊断等领域是革新式推动。

PCR 的技术原理是通过温度变化控制 DNA 的变性和复性，加入设计引物、DNA 聚合酶、dNTP 来完成特定 DNA 的体外复制。PCR 技术目前可被用于已知疾病的检测。目前包括三类：标准 PCR、实时荧光定量 PCR（qPCR）和数字 PCR（dPCR）。见表 2-4。

表 2-4　PCR、qPCR 与 dPCR 技术

主要特点 设备	定量能力	分子数 敏感度	细　分	
PCR 仪	定性	100 个	普通 PCR	一次 PCR 扩增只能运行一个特定退火温度的 PCR 仪
			梯度 PCR	一次 PCR 扩增可以设置一系列不同的退火温度条件（通常 12 种温度梯度）
			原位 PCR	标本一般先经化学固定，保持组织细胞的良好形态结构，当进行 PCR 扩增时，引物、DNA 聚合酶、核苷酸等成分进入细胞内或细胞核内，以固定在细胞内或细胞核内的 RNA 或 DNA 为模板，进行原位扩增
实时荧光定量 PCR 仪（qPCR）	相对定量	10 个	探针法	在普通 PCR 仪基础上增加荧光信号激发（能够指示 DNA 片段扩增过程的荧光染料或荧光标记的特异性的探针）、采集系统和计算机分析处理系统，通过对 PCR 过程中产生的荧光信号积累实时监测整个 PCR 过程，再结合相应的计算机软件对所获得的荧光信号数据进行分析，计算待测样品特定 DNA 片段的初始浓度
			染料法	
数字 PCR 仪（dPCR）	绝对定量	1 个	芯片数字 PCR	依靠微流控通道与阀门的开闭进行原始体系分割，在芯片的反应仓进行 PCR 反应，然后通过类似于基因芯片的方法扫描每个通孔的荧光信号，进行目的序列含量的计算
			微滴数字 PCR	对微滴体系进行扩增反应以后，分析每个微滴的荧光信号，进行有或无的判断，将判断结果按照泊松分布的原理，通过读取靶标和内参核酸的阳性微滴个数以及比例从而得到靶分子的拷贝数及浓度

资料来源：基因慧

2. 优势与应用

对于类似于慢性骨髓性白血病等血液瘤，qPCR 技术可以通过检测原癌基因易位导致的 BCR/ABL 融合基因的表达，来确定微量残余肿瘤细胞的数量，进行治疗效果评估和复发预测。

通过使用带有突变特异性探针的 dPCR，可以在 cfDNA 中的某些突变开始出现在体液中时就检测到它们。此外，dPCR 的高精度和灵敏度可用于监测癌症进展和早期检测复发。

dPCR 除了可以检测点突变，还可用于检测 CNV。例如，dPCR 通过检测结直肠癌患者 KRAS 基因 CNV 是否升高来监测癌症转移情况。

研究显示 dPCR 检测 HPV 中 mRNA，对于组织学上无肿瘤的淋巴结中的隐匿性肿瘤细胞进行临床评估有较大的应用潜力。微滴式数字 PCR（ddPCR）技术能够在单个 ddPCR 反应孔中将 cfDNA 突变丰度检测极限降低到约 0.01%，极大地增强了癌症早期检测灵敏度。当然目前离成熟实践仍需要优化。

目前 PCR 的产品主要来自 Bio-Rad、Thermo Fisher、Roche 等。PCR 技术的国产化较早，但在近几年才得到发展。2017 年，诺禾致源及泛生子的 dPCR 芯片阅读仪分别获批上市，领航基因获得我国首张液滴数字 PCR 仪注册证（浙械注准 20192220007）。其他国产 PCR 研发企业包括锐讯生物、博日科技、宏石医疗、永诺生物、天隆科技、雅睿生物等。

由于目前肿瘤分子检测在临床上主要用于用药前的伴随诊断与预后监测，因此基于已知基因的短周期、低成本、简单操作的 qPCR 及 dPCR 占有优势。对应地，对于疾病新基因监测、大 Panel（几十个及以上基因）、全基因组筛查，qPCR/dPCR 不及 NGS。值得关注的是，2019 年至今，NMPA 批准的非小细胞肺癌伴随诊断小 Panel（约十个以内的基因），基于 NGS 技术的临床诊断产品日趋增多。

（五）下一代测序

1. 定义与原理

下一代测序（Next Generation Sequencing，NGS），也被称为大规模平行测序（MPS）或高通量测序（HTS）。NGS 是在 Sanger 测序技术上发展起来的，NGS 元年是 2005 年，454 life sciences 公司推出焦磷酸测序平台 GS20。随后，NGS 伴随人类基因组计划改变基因组甚至生命科学领域，使之数字化、大规模应用和产业化。以上两点是“下一代”的意义。目前市面上的“三代测序”为习惯称谓，并不准确，实则为 NGS 的长读长测序，与短读长 NGS 互补共存；“四代测序”等则为营销手法。

NGS 是一种大规模、并行、高通量测序技术，具有可扩展性、快速和可及性等特点，可用于确定基因组或部分核酸（DNA/RNA）序列的排列顺序，进而分析对应调控、编码蛋白质等生物体特征，应用于医学、公共卫生、农业、法医、生物多样性等方面的基础研究、辅助决策及分析。

从分类上，NGS 包括短读长测序及长读长测序，目前服务商以及核心技术提供者以企业为主体。其中短读长测序在准确率及成本上相对成熟，广泛应用于基础研究及临床等，但读长短在大片段结构变异及复杂基因组组装等方面有局限；长读长测序目前主要应用于基础研究，临床应用仍在探索中，准确率及成本仍需优化，但很好弥补了 NGS 在长片段检测方面的局限。在 5~10 年内，短读长和长读长将在市场上互补共存。未来随着技术迭代，极可能会出现集成 Sanger 测序、短读长和长读长优势的平台及便携式工具，市面上也会把长读长称为三代测序，把 NGS 称之为二代测序，技术上二者互为补充，没有直接可比性。见表 2-5。

表 2-5　NGS 测序技术相关平台

NGS	代表机构	原理简介	代表产品	应用	收购
短读长	华大智造	基于 DNA 纳米球测序技术和联合探针锚定聚合技术	DNBSEQ-T7 DNBSEQ-E5 MGISEQ 系列	T7 偏大规模测序研究；E5 偏病原快检；MGISEQ 偏临床	2013 年以 1.176 亿美元收购 Complete Genomics
	Thermo Fisher	基于半导体芯片的离子测序，通过检测氢离子释放情况获取序列信息	Ion S5 系列 IonGenexus 系统	S5 用于科研及转化医学；IonGenexus 高通量一体化用于临床及快检	2010 年收购 Ion Torrent；2014 年以 136 亿美元收购 Life Tech
	Illumina	基于利用可逆终止的、荧光标记的边合成边测序	NovaSeq 系列 MiSeq	NovaSeq 偏大规模测序研究；MiSeq 偏临床	2016 年收购 Solexa 公司
长读长	PacBio	基于 SMRT 芯片、纳米级零模波导孔、荧光标记的边合成边测序	RS Ⅱ Sequel	RS Ⅱ 偏小型基因组测序研究；Sequel 偏组装和大型测序	2021 年收购 Omniome
	ONT	基于 DNA 穿过膜蛋白纳米孔时的离子电流的变化来解析	MinION PromethION	应用科研市场；探索临床的 SV 及染色体检测	/

资料来源：基因慧

随着并购和技术迭代，主流测序平台从未停止过迭代和更替。Applied Biosystems（ABI）公司是测序产业的开拓者，开创测序自动化，旗下的 ABI 3730XL 测序仪（基于 Sanger 测序技术）为人类基因组计划作出了重要贡献，但在 NGS 领域落后。2006 年，ABI 以 1.2 亿美元收购了 Agencourt Personal Genomics（APG）公司，基于后者的核心技术 SOLiD（Supported Oligo Ligation

Detetion）在2007年推出SOLiD系统，后被Illumina旗下的Hiseq系列占去市场份额。2008年ABI以67亿美元被Invitrogen收购，后者于2008年以19亿美元收购Life Technologies并沿用Life Tech原名，2014年Life Tech被Thermo Fisher以136亿美元（外加15亿美元债务）收购。目前ABI测序系统仍在使用。作为第一代NGS平台，454 Life Sciences于2007年被罗氏诊断以1.55亿美元收购，2016年宣布退出市场。曾经单分子测序领域的知名企业Helicos BioSciences，由斯坦福大学Stephen Quake教授于2003年联合创立，2007年在纳斯达克上市，2012年申请破产。Helicos相关的技术专利tSMS与Stephen Quake的学生创立的瀚海基因（现为真迈生物）推出的Genocare系统相关。

2. 优势与应用

NGS在纳米级空间内进行PCR反应来扩增DNA（ONT等不需用到PCR），基于大规模平行的反应产生巨大数据量。单位反应产生的数据量逐年提高，华大智造的DNBSEQ-T7、Illumina的NovaSeq6000等机型均实现了Tb级数据量，15年间通量增长106，成本超摩尔定律下降。目前全基因组测序（30x）成本低于500美元。极大推动了人口级大规模基因测序基础研究，对基因技术应用到临床辅助诊断及伴随诊断、新药研发、病原溯源等作出了重要贡献。

随着PacBio的SMRT技术优化，复杂物种以及微生物的de novo组装得以突破，推动生物多样性研究；ONT的Nanopore测序技术不依赖PCR，最长读长超过4 Mb，结构变异检测日趋成熟；其便携式设备也让测序从实验室到野外，从地球到太空展开更广阔的应用场景。

NGS带来大量物种及大规模样本的基因组解析，进而与IT技术（生物信息、生物计算、机器学习）等结合，革新对癌症发展和进展的基础理解、临床应用以及治疗。具体包括：确定特定癌症治疗靶点和用药指导，例如曲妥珠单抗靶向HER2扩增；伊马替尼靶向BCR-ABL融合，用于开发特异性、更高疗效的靶向药物及伴随诊断（用药指导）；确定泛癌种的热点标记物，例如BRAFV600E突变与黑色素瘤、NSCLC、结肠癌、甲状腺癌、多发性骨髓瘤、神经胶质瘤等；HER2扩增、NTRK融合分别与多种癌症相关，用于泛癌种筛查的大Panel；临床试验优化，将患者根据特定基因改变而非特定肿瘤类型来定义和归类（篮式试验），例如美国国家癌症研究所（NCI）的NCI-MATCH计划以及诺华的Signature Trial Program；其他还可应用于发现耐药机制（例如EGFR-TKI三代）、免疫治疗监测等。

尽管如此，NGS 仍存在很大挑战。例如在癌症液体活检方面仍需提高灵敏度，特别是低浓度样本和低频突变；成本和周期仍需优化；知识库的匮乏使得测序后序列难以解读，对应采取的临床基因 Panel 产品设计仍不够灵活和可扩展。目前面临的主导问题是技术工具，其次是政策开放鼓励创新并推动数据共享；未来 5~10 年是 NGS 应用于临床及公共卫生等领域的黄金时代。

（六）免疫组织化学

1. 定义与原理

免疫组织化学（Immunohistochemistry，IHC）简称免疫组化，即通过标记的特异性抗体在组织细胞原位结合目标抗原，通过抗原抗体反应和组织化学的呈色反应，可视化相应抗原在细胞内及其适当的组织学背景的高分辨率分布和定位。IHC 是重要的分子病理方法，特别是对于肿瘤、血液病及神经系统疾病。它连接了三个主要学科：免疫学、组织学和化学。

具体操作是通过切片机制作病理切片，与抗体一起培养。抗体结合位点与标记物（如荧光染料、酶、放射性元素或胶体金）相连，在显微镜下可视化。IHC 反应可以通过放射自显影来观察，核心是对细胞或组织造成最少的损伤来对大部分 IHC 进行染色，并通过使用最少的抗体，在肿瘤分型和肿瘤标志物上找到一条路。

2. 优势与应用

目前病理诊断是疾病诊断的金标准。病理诊断包括 HE 染色、免疫组化技术和原位杂交技术等，其中，免疫组化技术在临床上应用最为广泛。

由于 IHC 涉及特定的抗原—抗体反应，且能够将抗原的存在与其在组织或细胞中的位置相关联，因此它比传统蛋白质检测方法具有明显优势。广泛应用于许多医学研究实验室和临床诊断，特别是细胞功能研究和分子病理检测。

对于肿瘤基础研究和临床应用，免疫组化检测主要在以下方面起到重要作用：诊断来源不明、原发灶和未知原发肿瘤转移的肿瘤；预测乳腺癌和前列腺癌的治疗反应（这两种肿瘤分别处于雌激素和雄激素的生长调节之下；而这些生长调节激素的特异性受体位于各自的肿瘤细胞上）；肿瘤的病理学分型。

目前自动化推动免疫组化应用快速发展。厂家以罗氏、徕卡、Dako 等海外企业为主；国内代表企业包括福州迈新、广州安必平、金域医学等。

（七）质谱分析

1. 定义与原理

生命科学的研究渐趋于从系统层面整合多组数据。在基因组之外，转录组、蛋白组和代谢组等与之共同构成生命组学，成为研究和转化应用的基石。质谱分析与免疫组化均针对蛋白质组，研究生物体内蛋白质、蛋白质之间的相互作用关系以及蛋白质与 DNA、RNA 和代谢产物之间的关联关系。质谱分析是核心技术之一。

质谱分析是使样本中各组分电离，生成不同荷质比的离子，经电场作用形成离子束进入质量分析器，不同质荷比的离子聚焦在不同的点上，得到质谱图，从而确定其质量进而进行组分的定性分析；谱峰强度与化合物含量有关，据此进行定量分析。

质谱分为多种类型，包括气相色谱质谱联用仪（GC-MS）、液相色谱和串联质谱联用技术（LC-MS/MS）、串联质谱（MS-MS）、基质辅助激光解吸飞行时间质谱仪（MALDI-TOF MS）等。

2. 优势与应用

仅以液相色谱和串联质谱联用技术（LC-MS/MS）为例，液相色谱—质谱（LC-MS）是一种分析化学技术，将液相色谱（HPLC）的物理分离能力与串联质谱（MS-MS）的特异性、高灵敏度的质量分析能力协同增强，同时得到化合物的保留时间、分子量及特征结构碎片等丰富信息，有效进行组分复杂样品、微量样品及痕量样品分离分析。

基于液相色谱和串联质谱联用技术（LC-MS/MS）对蛋白质组进行高通量高深度研究，可获得蛋白质表达谱、蛋白质翻译后修饰、定量差异蛋白表达谱及蛋白质相互作用信息，应用于蛋白标志物发现、功能蛋白和多肽的挖掘、信号通路和分子机理机制研究等。

LC-MS/MS 等质谱技术仍需不断优化，同时临床应用在近年得到快速发展，特别是和其他技术的组合分析。2017 年，南京医科大学 Chen Yun 团队基于 LC-MS/MS 开发靶向蛋白质组学检测技术，定量检测乳腺癌患者中 p53-MDM2 相互作用，并准确定量样品中的 FR 异构体，证明其分子分型潜力。丹麦癌症协会研究中心团队通过 LC-MS/MS 对乳腺肿瘤间质液分析，确定了一组分泌蛋白生物标志物的乳腺癌亚型分层的潜力。LC-MS/MS 还和 MALDI-MSI 以及 IHC 组合分析表征组织分子异质性。

（八）前沿性技术

1. 空间转录组

从空间角度，此前细胞原始空间位置往往很难被追踪，而空间维度的信息往往是研究疾病病理学和细胞互相作用等问题时的重要信息。2016 年，Joakim Lundeberg 在 *Science* 期刊发表研究成果，利用基因芯片技术将位置信息保留在芯片上，再利用二代测序技术对组织中的 RNA 进行测序，从而生成了组织切片上完整的基因表达图像；同年 Lundeberg 等人创立 Spatial Transcriptomics，2018 年被 10x Genomics 收购，后者于 2019 年发布 Visium 空间转录组解决方案，自此开启空间转录组乃至时空组学的产业化。

空间分析技术经历了从低通量到高通量的进化。早期，研究者通过激光捕获显微切割技术（LCM）可从目标组织切片上的特定位置捕获细胞再进行转录组测序；但这种方法细胞通量低且成本高昂，还会对细胞造成一定的损伤。10x Genomics Visium 目前还达不到单细胞分辨率，因此单细胞转录组数据（scRNA-seq）起到补充作用。2019 年，Broad 研究所 Fei Chen 和 Evan Macosko 团队开发了 Slide-seq，在 2021 年 3 月升级到 Slide-seqv2，相比 Visium，通量可以更高，理论上成本更低，但是目前没有商品化。

2. 单细胞测序

转录组揭示了细胞的空间位置，结合连续时间点采样，形成时空维度的分析。但在 2009 年以前，包括测序等检测技术均分析的是多细胞的平均水平，丢失了细胞分辨率层面的信息，对异质性极高的肿瘤等疾病分析带来挑战。2009 年，北京大学汤富酬教授发表了首个单细胞痕量 mRNA 建库测序方案，并设计流程实现了单细胞水平的全基因表达测序；2015 年，Steven McCarroll 等在 *Cell* 上发表了基于微滴包裹单细胞和磁珠捕获的 Drop-Seq 技术，标志着单细胞转录组测序进入高通量时代。

单细胞测序，即在单个细胞水平上进行测序，分析基因表达等信息。与传统测序的差别是需要先将组织或体液中的细胞群分离成单个细胞。核心策略包括两种：一是将单个细胞分离出来，并独立构建测序文库；二是基于标签（Barcode）的单细胞识别。相比传统测序，单细胞的文库制备多了三个步骤：单细胞悬液制备、单细胞制备与分选。

自 2009 年单细胞转录组测序技术问世以来，单细胞高通量测序技术发展迅速，部分人工操作已被自动化工作站所取代，研究范围也从单一的转录组扩展到转录组与基因组、表观组和蛋白组整合的多组学水平。北京大学张泽民教授团队通过单细胞转录组测序及分析，与药企合作刻画肿瘤免疫图谱和微环境，为潜在的免疫治疗策略及其作用机理提供线索和证据，提高了新药研发效率。2017 年，“人类细胞图谱计划”正式公布首批拟资助的 38 个项目，清华大学张学工负责的项目入选。

目前单细胞测序的实验流程较为复杂，且产业链上游的设备和试剂厂商比较集中，形成了较强的议价能力，国产化企业例如浚惠生物、新格元等有望打破垄断。市场上现有设备的细胞捕获效率还有待提高，初始细胞数量要求还需降低，从而提高检测的有效率和灵敏度等。此外，目前生物信息分析流程仅能对单细胞转录组测序的数据进行基础分析，需要进一步投入研发相关通用算法及软件工具。这方面，我国企业发展较快，百奥智汇于 2021 年 8 月推出一站式单细胞数据分析软件 OmniAnalyzer。

3. 大数据

大数据技术，包括数据集成、数据传输、数据管理和数据挖掘等技术。在应用于医疗健康等场景的辅助决策时，需结合医疗信息、表型信息和群体背景信息等。随着百万级人群基因大数据的积累并结合区块链、机器学习为代表的数字技术，基因大数据不仅为基础研究和应用提供了赋能技术，也反哺改变和革新临床表型及疾病分类、诊断、治疗以及生命改造等，正在为科学发现、技术发明和产业发展建立新的范式。

大数据技术包括范围广泛，这里基于基因大数据，以云计算、机器学习、区块链、5G 等技术为例简单梳理。基于基因数据的大规模、数据挖掘及成本控制等需求，尤其是在百万级人口基因计划的数据整合、共享及分析标准建设中，急需一个高性能、可扩展、经济的平台模式，这就是云计算平台（简称“云平台”）。云平台是一种便捷的、按需按量收费的网络访问模式，通过网络使用可配置的共享计算资源。基因云在早期为测序数据提供弹性存储和计算资源，目前逐渐下沉到数据价值挖掘端，并沉淀规模化的数据资源，包括整合基因型和表型数据。在数据挖掘方面，除了开源的和通用的软件可移植到云平台进行共享和建立流程外，基因云也有助于形成算法池，并整合数据挖掘技术。Google 早在 2014 年推出 Google Genomics，将基因数据放在云端并搭建了应用程序接口 API。国内的华为云、阿里云、腾讯云、百度云等无一不投入基因云的开发与合作。

如果说云是一种 IT 资源共享模式或平台架构，解决的是数据管理的问题。那么机器学习作为人工智能的软件内涵核心，正在深度参与解决基因数据挖掘，未来将爆发不可估量的潜力。根据《基因大数据智能生产及分析报告》，目前基因数据分析往往依赖先验知识，在积累一定规模和多维数据后，通过机器学习等算法在大数据中挖掘信息建立新的范式，将在新的维度理解甚至发现基因与生命体功能、人群以及环境的关系。FDA 在 2017 年 7 月推出“数字健康创新行动计划”后，于 2018 年批准了 16 款医疗 AI 产品。同年我国医疗器械技术审评中心成立 AI 研究组。Google 收购英国人工智能公司 DeepMind Technologies 后开发针对药物研发、基因变异检测等的复杂机器学习技术。华为云医疗智能体（EIHealth）开发的基因组自动建模工具 AutoGenome 可以用于多种组学数据整合建模分析。

在基因大数据共享及分析过程中，最敏感的问题是数据所有权、共享和数据安全。区块链技术正在被开发以解决这个问题。区块链本质上是一个去中心化的网络数据库，通过自身分布式节点进行网络数据的存储、验证、传递和交流的一种技术方案，使得任何人任何时间可基于相同的标准加入信息、共同使用和维护。理论上，区块链可以将基因数据生产和使用全流程信息进行记录、传递、核验、分析，保证数据的联通性、一致性和完整性，并可将个人生命数据确权并将数据资源资产化，监管部门可以作为其中节点加入网络当中，提升基因数据合规使用价值。“基因+区块链”自 2017 年开始受到关注，华大、Illumina 均投入了相关研发或合作。2019 年国家食品药品检定研究院牵头的“区块链技术助力中国人群基因变异解读标准数据库”，其区块链技术解决方案由华大智造提供。目前基因区块链的应用尚处在早期的研究及探索阶段，未形成成熟产品及实质性服务。

5G 是第五代移动通信技术的简称，是对现有无线接入技术的技术演进及补充集成后解决方案的总称。5G 的大规模天线阵列、超密集组网、新型多址、全频谱接入和新型网络架构等关键技术可以给基因数据处理提供更好的信息基础设施，加快基因数据的传输和处理速度。复旦大学附属妇产科医院在 2021 年推出一站式出生缺陷防控平台，由聚道科技 GeneDock 协助黄荷凤院士团队建设。该平台包括遗传家系数据集成系统、基因超算分析系统、遗传变异分析系统、遗传中心信息管理系统，结合 5G 技术的高速低延迟性能，实现跨地域、多角色的医学遗传分级诊疗协作。2018 年，华大的 BGI Online V3.0 在发布过程中展示了“基因+5G”的测试成果。5G 通信技术的使用将加密上传 100G 的全基因组数据的时间从原来的 26 小时缩短到 49 分钟。

三、临床肿瘤诊疗应用场景

肿瘤是一种复杂的多基因疾病，其发生和发展可能历经数年，确诊后的治疗与监测过程也将继续持续漫长的周期。肿瘤是一种慢性疾病，对其全生命周期实行科学而精准的干预和管理可有效预防肿瘤发生或降低分期，控制病情发展，大幅延长患者的总生存期，甚至最终有部分患者可得到治愈。

肿瘤全生命周期管理需覆盖癌前周期、癌症治疗周期和慢病周期。“癌前周期”是面向健康人群和高危人群的定期筛查，主要为了实现预防与早诊早治。“癌症治疗周期”面向癌症患者人群，为患者提供全程的、全方位和多学科规范化的精准综合诊疗。“慢病周期”是面向癌症慢病化的康复人群，以延长患者生存和提高生命质量为目标，提供实时的和有效的健康管理。

贯穿整个肿瘤全生命周期管理的重要手段就是肿瘤分子检测，根据检出的生物标志物的类型（DNA、RNA、表观、蛋白、代谢物等）、组合及用途（早筛、诊断、伴随、监测等），了解疾病的发生、异质性、进展和预后等关键信息，从而做出有效的干预和治疗。比如，经过多年发展，液体活检已被证明是一种贯穿了整个肿瘤诊疗生命周期的分子检测方法，可从疾病发生到克隆演化，从单一病灶到多重病灶，从基因突变到表观遗传的方方面面提供丰富的疾病分子信息，即可作变异分析（如肿瘤分型、用药指导、克隆演变监测），而且信号丰度与疾病相关性强，也可作定量分析（如肿瘤分期、疗效监测、预后评估）。

（一）肿瘤早筛和早诊

1. 概述

肿瘤防治体系主要分为三级：第一级是从人群的遗传和环境风险等源头进行预防；第二级是早期发现和确诊以便早期治疗；第三级是进入癌症综合诊疗阶段时预防合并症，提高生活质量和延长生命。

肿瘤的早筛（Early Screening）和早诊（Early Diagnostics）是全世界普遍认同的降低癌症发病率和死亡率的有效手段，在已发表的多个中国专家共识中均有清晰表述。“早筛”和“早诊”的区别在于，前者更强调遗传风险和环境风险的评估和高危人群的鉴别，以及高灵敏检出微小病灶和对阴性人群的准确排除；后者则更强调对怀疑人群的辅助诊断。“早筛”可用于无症状人群，而“早诊”不适宜无症状人群使用。

从评价指标的角度看，“早筛”相对侧重检测方法的灵敏度和阴性预测值（Negative Predictive Value，NPV），即阴性人群中真阴性的比例。“早诊”则侧重检测方法的特异性和阳性预测值（Positive Predictive Value，PPV），即阳性人群中真阳性的比例。

在过去的十多年里，中国恶性肿瘤发病率、死亡率逐步上升，美国恶性肿瘤发病率、死亡率则稳步下降。这其中一个重要原因就是我国对肿瘤的早筛和早诊不足，缺乏有效的筛查和诊断手段，患者确诊时大多已进入中晚期，预后差，导致我国肿瘤的发病率和治疗效果均不及西方发达国家。早期筛查对发病率降低有积极作用，例如，美国推荐 50 岁以上的人群进行肠镜筛查，到 2015 年美国肠镜筛查率已经上升至 60%，过去十多年美国结直肠癌的发病率以每年 3%的速度在下降。早期筛查对死亡率降低亦有积极作用，以中美均高发的乳腺肿瘤为例，中美两国乳腺癌患者确诊时的分期情况存在较大差异，我国的中晚期患者占比高达 61.5%，远高于美国的 36.4%，中国患者的 5 年生存率为 82.0%，也低于美国的 90.9%；另外，从卵巢癌的分期和生存率的相互关系来看，早发现可将患者的整体生存率提高到 90%以上，大大减少生命的损失。

因此，在充分有效且副作用低的肿瘤治疗技术被开发出来之前，早期筛查和早诊早治是提高癌症治疗效果的关键。重心前移，精准筛查，早诊早治，对病人而言不仅能减轻痛苦、改善预后、提高治愈率，同时将大幅降低治疗成本，减轻经济负担；对国家而言也能有效节约医疗卫生资源，减轻肿瘤防控压力。

2. 技术路径

目前，肿瘤早筛的主要技术路线有 5 类：放射影像学，适用肺癌和乳腺癌等，存在设备依赖、通量瓶颈和辐射暴露风险。内窥镜，适用食管癌、胃癌和结直肠癌等消化道肿瘤，存在医生操作要求高、依从度低等问题。血清蛋白学，适用肝癌和前列腺癌等，但灵敏度和特异性均不高。细胞学诊断，适用宫颈癌等，存在癌种较局限的问题。液体活检，适用癌种较广，具有无侵入性、取样和检测便利、高灵敏度和特异、高依从度等优势。

普遍被认为最有潜力和适用性的是液体活检。可作为液体活检分析对象的生物标志物的类型也是非常多样的，包括：循环肿瘤细胞（CTC）、细胞游离 DNA（cfDNA）、循环肿瘤 DNA（ctDNA）、外泌体（Exosome）、胞外 RNA（exRNA）、循环蛋白和代谢产物等。这些分子标志物中相对成熟的是 ctDNA。

根据2021年国家药品监督管理局（National Medical Products Administration，NMPA）医疗器械技术审评中心（器审中心）发布的《结直肠癌筛查产品国内外现状及临床评价要求》，疾病筛查类产品的临床试验设计应针对预期的筛查人群进行前瞻性入组，要评价考核检测试剂的临床灵敏度、特异度、PPV和NPV等指标，特别是灵敏度和NPV是疾病早筛产品非常关注的性能指标，必须达到较高的水平方能作为筛查产品上市。

相比其他液体活检技术，ctDNA的获得相对容易，检测手段也更加成熟，并且ctDNA在检测肿瘤驱动基因突变（含SNV和CNV）以及甲基化方面具有高信号丰度和高信号强度等优势，从而被越来越多地用于早筛检测。

虽然目前尚无对肿瘤早筛产品的检测阳性界值的明确要求，但参考我国首个《肺癌MRD的检测和临床应用共识》中对MRD检测限的要求——从外周血中稳定检出丰度≥0.02%的ctDNA——来看，早筛产品的检出限也至少需达到万分之二的水平才有应用价值。为了达到这个目标，除了大幅增加测序深度外，整个检测的实验（包括试剂盒、仪器、采样和操作等）及分析流程的可靠性和稳定性也非常重要，移液稍有不慎，取样稍有偏差，都有可能错失关键信号。所以，单纯依赖ctDNA突变检测来做肿瘤早筛仍有一定的风险，相比之下，整合ctDNA甲基化检测或成为未来重要的技术趋势。甲基化是针对ctDNA靶向基因组的表观遗传特征来进行分析，相比体细胞突变，甲基化的信号丰度会更高，大量存在于基因组上且呈高密度聚集状态分布，因此也更容易被检测到，一定程度上降低了漏检的风险。除此之外，特异性和溯源性也是肿瘤早筛产品所必须具备的良好要素。只有特异地追溯病灶的起源，才有可能进行更有效的干预。ctDNA甲基化检测在这方面比ctDNA突变检测更有优势。

综上所述，ctDNA突变和甲基化检测成为肿瘤早筛主流技术和产品的关键要素是：较高的灵敏度和特异性，提高了筛查的有效性和安全性。简便的采样和分析方法以及较好的组织溯源性实现了可行的临床推广和干预。以合理的筛查成本相对获益符合卫生经济学规律。

3. 应用前景

肿瘤早筛的应用场景将涵盖医疗机构院内检测，第三方医学检验所收样检测服务，直接触达高危人群健康管理，以及面向普通消费者开展居家便捷检测。现阶段，肿瘤早筛产品尚处于商业化早期，仍以面向院内患者和院外的高危人群为主，且定价也较高，特定癌种早筛约为3500元，泛癌种早筛约为10000元，需患者自费支付。未来，随着社会整体的健康管理水平的提升及医疗保险体系的完善，国家医保和商业保险公司有望为更多有需求的人群提供支付支撑，这将进一步扩大市场空间。

2020年，中国国内第一个用于肠癌无创早筛的产品“常卫清”获得了NMPA的批准上市（注册人名称：杭州诺辉健康科技有限公司），“Clear-C”前瞻性研究结果显示，该产品对肠癌的检测灵敏度为95.5%，对进展期腺瘤的检测灵敏度为63.5%，对结直肠癌的NPV高达99.6%，均优于传统的便隐血检测。“常卫清”的获批意味着肿瘤早筛产品可合规地通过IVD模式向医院或直接向消费端用户销售，其大规模商业化即将成为现实。在此之前，国内同类产品或服务均需通过实验室自检服务（LDT）的形式提供，且功能也仅限于辅助诊断。

除了Cologuard和“常卫清”外，还有更多中美知名企业的早筛产品或项目正在研发或临床试验管线中，可大致分为泛癌检测和单癌检测两大类。这些产品按照检测内容可分为特定癌种早筛和泛癌早筛两大类，单癌早筛的针对性更强，泛癌早筛的适用范围更广，各有所长和应用场景。

单癌早筛方面，目前针对肝癌和结直肠癌的项目最多，主要针对肝癌和结直肠癌的高风险人群：比如年龄在40~75岁，有肝癌或结直肠癌家族史，有肝炎或肝炎病毒携带或有肠道息肉等肝胆肠病史，或已经出现肝脏和肠道症状的人群等。

泛癌种早筛方面亦有不少企业布局，潜在的市场规模相较单癌早筛更广阔，面向所有无症状的人群，目前基于ctDNA突变和甲基化检测的项目最多。泛癌种早筛的难度相对单癌早筛更高，并不等同于单癌早筛的叠加，需经过充分试验验证其总体以及在每一单独癌种筛查中的灵敏度、特异性以及组织溯源能力。提升灵敏度方面，低丰度ctDNA信号的富集和降噪都是较大的挑战，直接影响检测性能，大多数企业会采用超深度靶向测序ctDNA突变、增加ctDNA甲基化信号、过滤“克隆性造血”（Clonal Hematopoiesis of Indeterminate Potential，CHIP）、增加低频纠错流程（如ER-Seq）等方法进行优化。判断癌症组织起源是泛癌早筛的另一大难题。在克服溯源性挑战方面，大多企业会采用两种途径实现，一种是利用组织特异性的甲基化图谱直接溯源，以Grail为典型代表；另一种则是整合循环蛋白标志物辅助肿瘤组织定位，解决溯源问题，以Thrive为典型代表。

（二）肿瘤分子分型和伴随诊断

1. 概述

肿瘤分子分型（Molecular Classification）和伴随诊断（Companion Diagnostics，CDx）是目前肿瘤基因检测市场中最为成熟的应用领域。分子分型是通过 NGS 和其他多组学分析技术，对肿瘤进行分子谱（Profiling）的系统描绘，并根据分子特征谱（Signature）进行肿瘤的精准分类及诊疗研究。伴随诊断是伴随着治疗药物而进行的诊断。与肿瘤早筛旨在发现早期风险或微小病灶的目的不同，肿瘤分子分型和伴随诊断关注的是通过对肿瘤驱动基因变异的检测和特征谱的解析，精确诊断肿瘤亚型并指导对其的精准治疗，强调的是诊断方法的准确度和特异性。

对于同一种癌症类型（以癌灶器官命名）而言，由于肿瘤发病机制极其复杂，通常是多基因多变异驱动，且在不同的发病阶段具有迥异的转录和翻译特征，在遗传学、组织病理学及分子生物学上都具有高度异质性（Heterogeneity），因此需要由基因群或基因簇（Gene Panel）来描述其特征。

另外，由于肿瘤异质性的客观存在，不同患者间在疾病进展、治疗敏感性及预后等方面的差别巨大，深入研究肿瘤分子生物学特征及其与临床表型、疗效和结局的相关性，从传统形态学分型转变到分子分型，可实现“异病同治”或“同病异治”，有利于癌症的精准诊断（分型、分级和分期）、预测和预后、治疗指导、复发监控及药物研发，从而最大化患者的获益。

随着对肿瘤分子机制研究的深入，伴随诊断的理念和技术也日趋成熟，成了肿瘤防治体系的重要一环，利用分子诊断技术了解肿瘤患者基因突变的种类与状态，从而选择最适合的靶向药物和制定个体化治疗方案已成为靶向药物临床使用的必要程序。

靶向药物（Targeted Therapy）是指被赋予了靶向能力的药物或其制剂，出现远在 NGS 时代之前，开启了肿瘤治疗的新模式。靶向的层次是多维度的，既可以是组织层面的，也可以是细胞或分子层面的；既可以是被动的，也可以是主动的。随着生物技术和信息技术的融合，以及药学、分子生物学和生物信息学等学科的快速进步，基于靶点三维结构的精准药物设计成为了药物开发的主要手段。

在靶向药和免疫药的临床实践过程中，如何精准发现可从中获益的患者群并进行精准干预始终是一个十分重要的临床问题。伴随诊断正是在这个临床需求的大背景下孕育而生的。根据 FDA 的官方名词解释，伴随诊断是一类体外诊断试剂和仪器，可为专业医护人员提供与治疗有效性和安全性相关的重要指导信息，帮助病患从治疗中获益并避免潜在的副作用和风险。简而言之，伴随诊断中的“伴随”指的是靶向药和免疫药的治疗，“诊断”指的是基于肿瘤分型研究所发现的疾病标志物。通过标志物的诊断，对患者进行靶向治疗，提高客观缓解率（Objective Response Rate，ORR），这就是伴随诊断的临床意义和核心价值。

根据 Jorgensen 和 Hersom 等 2016 年发表在 *Annals of Translational Medicine* 期刊上的综述文章“Companion Diagnostics—A Tool to Improve Pharmacotherapy”的数据，在过去 20 年全球所批准的主要靶向药和免疫药中，无伴随诊断治疗的药物 ORR 在 6.8%~45%，而有伴随诊断治疗的药物 ORR 可达 41%~80.2%，两者差别显著，说明伴随诊断可以有效提升靶向药和免疫药的治疗有效性。

与之类似，免疫药在不同患者身上也展现出较大的疗效差异。以 PD-1 抑制剂为例，如果不对用药人群进行筛选，不少临床试验的总体样本的 ORR 仅在 20%左右，但在通过 PD-L1、肿瘤变异负荷（Tumor Mutation Burden，TMB）、MSI 等指标筛选出的患者身上，药物的 ORR 有望提高到 40%以上。但与靶向药不同的是，目前对免疫药的伴随诊断尚未形成系统而标准的临床诊疗规范，仍需学界和业界更多的基础研究和临床研究的知识和数据积累，目前无论是 PD-L1、TMB 还是 MSI 都并非是理想的免疫用药的独立伴随诊断标志物，因此探索免疫用药的新型伴随标志物和采用复合型伴随标志物仍会是该领域主要的应用趋势。

2. 技术路径

伴随诊断的技术平台和路径是多样化的。近十年来，发展最快同时也是最为热门的伴随诊断的技术路径主要涵盖两大平台、三大流程和三大组学。两大平台是指 PCR 和 NGS 平台；三大流程是指样品制备流程（包括核酸提取纯化、文库制备和靶向富集等）、上机检测流程（包括华大智造、Illumina 和 Ion Torrent/ThermoFisher 测序平台以及定量 PCR 和数字 PCR 平台等）和生物信息学（Bioinformatics）分析流程（包括数据质控、变异分析和注释解读等）；三大组学是指肿瘤基因组学（变异检测和分析等）、转录组学（基因表达、融合、新转录本检测和分析等）和单细胞组学（稀有克隆变异和演变、肿瘤异质性和微环境检测及分析等）。

随着越来越多的伴随标志物的发现和转化，市场上针对伴随诊断该用PCR还是NGS有过不少讨论。短中期看，PCR和NGS将会处于相辅相成的态势，长期来看，NGS将获得更长足的发展空间。PCR因其普及、简便、快速和低价等特点，在单个或少量特定标志物的检测场景中占有优势；而NGS因其极高的测序通量的优势，可同时进行所有已知或未知的肿瘤标志物平行检测，且对低丰度和罕见突变具有更灵敏的检出能力，还适用于液体活检及病程全周期管理等新兴应用场景中，是未来的主流发展方向。

3. 应用前景

为了管理日益增多的伴随诊断产品及其临床试验，FDA先后四次发布及完善了体外伴随诊断试剂指导原则、与治疗药物联合开发指导原则、一致性评价原则和拓展适应证的指导原则，鼓励伴随诊断产品的研发、注册和跨癌种适应证应用。正是在这样积极的发展和监管的成熟体系下，出现了不少研发制药公司与伴随诊断公司“联姻”的战略合作或商业并购的案例。其中，罗氏制药（Roche）收购Foundation Medicine的案例最具代表性；F1CDx也成为首个FDA批准的跨癌种大基因Panel伴随诊断产品，可检测324个肿瘤相关基因及TMB和MSI，且适用于所有类型的实体瘤。这不仅在肿瘤精准医疗领域实现了重大突破，而且随后被美国CMS保险公司纳入覆盖范围。此外值得一提的是，继F1CDx之后，Foundation Liquid成为首个FDA批准的跨癌种大基因Panel液体活检伴随诊断产品。

虽然伴随诊断产品在某些检测内容和工作流程上与分子分型产品十分相似，但两者在应用场景上还是有明显区别的，比较F1CDx（伴随诊断）和MSK-IMPACT（分子分型）后可以发现这些区别：一是伴随诊断的批准级别高于分子分型，表明其临床应用的有效性和安全性证据更为充分，而分子分型往往处于转化和临床应用的中间，尚需积累更多的临床数据进行自证。二是伴随诊断涵盖了大多数实体瘤已经获批的伴随药物，可指导医生根据检测结果用药，而分子分型的目的更多是给医生提供全面的辅助诊断的依据。

截止到2021年6月，FDA批准的伴随诊断产品已达45个，来自16个伴随诊断公司。从靶点分布看，HER2数量最多，其次是EGFR、ALK、BRAF、KRAS等常见的与肺癌或结直肠癌相关的伴随诊断，再者是PD-L1、BRCA1/2等和近年持续升温的PD-1抑制剂或聚ADP核糖聚合酶抑制剂（Poly ADP-Ribose Polymerase inhibitor，PARPi）等免疫药或靶向药相关的伴随诊断。从适应证来看，乳腺癌、非小细胞肺癌和结直肠癌是最主要的适应证，随着

PARPi 的持续升温，卵巢癌适应证也有所上升。

从技术平台看，PCR、IHC 和 FISH 仍是主流的检测平台，但近四年 NGS 平台发展极快，自 2016 年首款 NGS 伴随诊断产品上市，五年内已有 7 个 NGS 产品获得了 FDA 批准，其中有 3 款是大 Panel 产品，分别是 FoundationOne CDx、Foundation Liquid 和 Guardant360；有 1 款是同源重组修复缺陷（Homologous Recombination Deficiency，HRD）产品 Myriad my Choice。

NMPA 批准的肿瘤伴随诊断试剂共有 18 个，NGS 产品 10 个，PCR 产品 2 个，IHC 产品 5 个（进口），FISH 产品 1 个（进口），与美国市场形成了鲜明的对比，NGS 平台占据了半壁江山，其中 7 个产品通过创新医疗器械通道审批，2 个产品通过优先审评审批。

从适用范围看，用于非小细胞肺癌治疗的伴随诊断试剂最多，其他的癌种涉及尿路上皮癌、结直肠癌、上皮性卵巢癌等。非小细胞肺癌伴随诊断标志物主要集中在 EGFR 基因 19 号外显子缺失、L858R 点突变、T790M 点突变、ALK 基因融合、ROS1 基因融合等，伴随药物主要集中在吉非替尼（Gefitinib）、埃克替尼（Icotinib）、奥希替尼（Osimertinib）、克唑替尼（Crizotinib）等；尿路上皮癌伴随诊断标志物为 PD-L1，伴随药物为替雷利珠单抗（Tislelizumab）；结直肠癌伴随诊断标志物为 KRAS 基因野生型，伴随药物为西妥昔单抗（Cetuximab）；上皮性卵巢癌伴随诊断标志物为 BRCA1 及 BRCA2 基因胚系突变，伴随药物为奥拉帕利（Olaparib）。

4. 发展趋势

肿瘤伴随诊断的发展史就是肿瘤分子分型的研究史。以非小细胞肺癌靶向治疗为例，其伴随诊断经历了从传统病理到分子病理，从小基因 Panel 到大基因 Panel 的发展过程，且新靶点仍在不断涌现。

与此同时，免疫药及其新靶点也同样在快速增长。正如 Nature Reviews Drug Discovery 的文章“Immuno-Oncology Drug Development Goes Global”中所描述的那样，全球处于活跃开发状态的免疫药物从 2017 年的 2030 款增加到 2019 年的 3876 款，增幅达 91%。其中，在研的 ICI 类免疫药的新靶点超过 18 个，T 细胞共刺激型新靶点被公认为是继 PD-1/PD-L1 和 CTLA-4 之后较被看好的抑制性靶点。

随着这些肿瘤分子分型知识的积累和爆发以及如雨后春笋般的伴随诊断产品和靶向药、免疫药的上市，在临床实践中，肿瘤科和病理科医生们往往已经越来越难以掌握如此海量且日新月异的诊疗知识，也难以给出最新的且适合患者的最优的个性化治疗方案了，亟须规范化的临床实践指南。美国国家综合癌症网络（National Comprehensive Cancer Network，NCCN）正是在这样的需求背景下，基于最新的科研和临床证据，逐步发展出一套提升癌症护理品质的临床工具——NCCN 肿瘤临床实践指南（NCCN Guidelines），协助临床医生确定合适且有效的肿瘤筛查、诊断、治疗和监测路线。目前，NCCN 指南不仅覆盖了 60 个癌种的诊疗指南以及包括肺癌、乳腺癌、结直肠癌、卵巢癌、胰腺癌、前列腺癌等在内的遗传咨询和筛查指南，而且还融入了权威和前沿的伴随诊断生物标志物及其靶向和免疫治疗的推荐信息，方便医护人员日常学习和使用。

针对肿瘤新靶点的靶向药物及其伴随标志物的研究和开发是促进伴随诊断试剂行业繁荣的驱动力。另外，除了组织样品检测的“金标准”外，液体活检伴随诊断也将进一步丰富临床终端的应用场景，扩大整个市场的需求和容量，亦是非常重要的行业驱动力。

（三）肿瘤复发监测

1. 概述

肿瘤复发监测属于肿瘤第三级防治。肿瘤复发是指原发部位的肿瘤经系统性治疗缓解或根治后，经过一段时间又在原发病灶所在的组织器官或在远端重新长出肿瘤的情况。肿瘤复发类型主要分为三种：原部位复发，复发肿瘤与原发肿瘤在同一个部位或是非常接近；淋巴引流区复发，复发肿瘤在靠近原发肿瘤部位的淋巴结或淋巴组织内再次生长；远端复发，肿瘤细胞扩散或转移到离原发肿瘤较远的器官或组织上再次生长，或称之为“转移”。

目前，在临床端，几乎所有的癌症患者都需要定期做肿瘤监测和随访：对于早中期患者，在手术、同步放化疗等根治性治疗后，需要监测疾病复发和转移。中晚期患者，在化疗、靶向药、免疫治疗后，需要及时评估疗效，监测耐药情况。对早中期经历手术治疗的患者的监测也许会面临更大的挑战，因为中晚期患者往往进行的是药物治疗，肿瘤一般难以被彻底根除，比较容易通过影像学或传统标志物检测进行跟踪；而早中期患者大多会通过手术根除原发肿瘤再辅以药物治疗，但躲在暗处的残留病灶难以通过传统方法监测，且经过系统治疗的刺激，可能复发的能力更不容小觑。

肿瘤复发的一个最主要的原因是患者体内残存了肿瘤细胞，称为微小残留病灶（Minimal Residual Disease，MRD），而存在 MRD 的原因往往可能是肿瘤细胞尚未得到彻底清除，或是少量肿瘤细胞可耐受治疗而幸存。

MRD 原本是血液肿瘤（例如白血病、淋巴瘤或多发性骨髓瘤）领域的概念，是指癌症治疗后残留在体内的少量癌细胞，其数量可能很少，不会引起任何体征或症状（但它们有可能导致癌症复发），甚至无法通过传统方法检测到，例如在显微镜下观察细胞和/或追踪血液中的异常血清蛋白标志物（肿瘤标志物），但残留细胞的数量确实和患者的预后之间存在很强的关联。

2021 年 4 月，美国纽约州卫生部临床实验室评估项目（CLEP）批准了知名肿瘤检测企业 Guardant Health 的 Guardant Reveal 液体活检产品用于检测和监测早期结直肠癌患者（CRC，Ⅱ和Ⅲ期）的 MRD，这对整个行业来说是一个里程碑事件。

近年来，MRD 的概念被引入到实体瘤领域，针对经手术根治或系统性治疗的患者，通过高灵敏度和特异性的检测技术及时捕捉其体内可能残留的肿瘤细胞的信号以做出有效干预，达到提高患者总生存率的目的。相比于血液瘤，实体瘤的 MRD 检测更具挑战性，一是残留的肿瘤细胞可能非常少，造成病灶信号丰度较低而难以被检出；二是残留的肿瘤细胞的空间分布可能非常不均匀甚至不可及，亦造成病灶信号难以被检出，所以方法学的选择非常关键。

液体活检因其能较好地克服上述两大挑战而被寄予了厚望，MRD 检测也逐渐和 ctDNA 检测联系到了一起。ctDNA 是一种贯穿于整个肿瘤诊疗生命周期的理想标志物，它本身携带了丰富的疾病信息，可作为组织活检的有力补充，还可被高灵敏和特异地检测及分析，因而和 MRD 的检测要求不谋而合。基于 ctDNA 分析的 MRD 检测一经问世，MRD 就有了更丰富的内涵，M 从之前的“Minimal”（微小）或“Measurable”（可测量）的含义，更增添了一层“Molecular”（分子）的含义，即分子残留病灶。

患者在经历了根治术或系统性治疗后，始终可以通过采集外周血提取 ctDNA 进行多重位点的连续突变监测，发现术后的 MRD 或识别肿瘤对药物的反应性。若发现肿瘤发生新的进展，医生还可根据追踪到的突变信息及时做出用药调整，针对崛起的克隆进行靶向干预，避免疾病迅速恶化。这种模式还可循环往复地进行，且周期灵活，如病情稳定则维持治疗，病情恶化则调整方案，使肿瘤治疗逐步变成“慢病管理”。

2. 技术路径

MRD 检测的实验流程和肿瘤早筛及 ctDNA 伴随诊断都有一定的相似性，但位点的选择和技术参数有一些区别。

关于监测位点的选择，目前 MRD 有两种主要的技术路径，分别是“Tumor-Agnostic”（肿瘤不知情分析）和“Tumor-Informed”（肿瘤知情分析）。顾名思义，前者不依赖原发肿瘤组织提供的位点信息来设定检测 Panel，更简便通用，但其在个体上的针对性和有效性有待更多数据验证；而后者需要通过分析原发肿瘤组织给出的变异信息，依赖已建立的信息库和算法，选择最明显的一组位点来进行后续的检测，虽然流程烦琐些，但更为个性化和有针对性，有望提高灵敏度和特异性。

Guardant Reveal 推出的便是典型的基于 Tumor-Agnostic 的液体活检 MRD 检测产品，无须组织活检。在“ctDNA 突变+甲基化”的双维度检测下，MRD 检测的灵敏度高达 91%，特异性高达 100%。“Tumor-Informed”路线的佼佼者当属 Natera。在 MRD 领域，Natera 是国外第一家发布商业化 ctDNA MRD 产品的公司，以定制每个病人特异性肿瘤克隆突变为技术主线推出个性化 MRD，是目前已经开展临床试验覆盖瘤种最丰富的 MRD 技术，在欧洲获评首个 CE 认证液态活检产品，在美国该产品获得了 3 项 FDA 的“突破性医疗器械”认证。2021 年 6 月底，华大基因在与 Natera 达成战略合作两年后，完成了 Signatera 在 MGI 测序平台上的应用，联合 Natera 发布的 MRD 监测产品 Signatera（中文名“华见微”）正式面向中国市场上市，这项合作意味着中国药企和临床医生可通过华大基因获得 Signatera 技术服务，更好地开展临床研究和新药研发。

除 Guardant Reveal 和 Natera Signatera 之外，还有更多的 MRD 产品已在该领域群雄逐鹿。各家均在原 NGS 大 Panel 的基础上，进一步针对 MRD 的检测要求进行了灵敏度和特异性的优化。优化的思路主要可以概括为两点——“增信号”和“排干扰”：增加全血对照，去除意义不明的克隆性造血信号（如 Natera，CAPP-Seq）；增加个性化肿瘤对照以及最大化可跟踪的高分子特征数，提高针对性和准确性（如 Natera 和 Archer Dx）；增加测序深度或者增加 Panel 基因数（广度），减少漏检信号（如 MRDetect）；增加独特分子标签技术（Unique Molecular Identifier，UMI）的应用，减少干扰（几乎已成标配）；整合突变和甲基化信号，提高信号的强度和特异性。

MRD 检测的技术参数要求比伴随诊断严格许多，和肿瘤早筛相似，即解决“微小病灶”的检测难题，只不过 MRD 的微小病灶是“残留”的，而早筛的微小病灶是“早期”的。因此，MRD 的技术路线逐渐与肿瘤早筛趋同，大多采用深度 ctDNA 突变检测或甲基化检测，抑或是两者的结合。其中，引入甲基化会是将来重要的产品发展方向，原因是甲基化信号强度较高，特异性好，具有组织溯源性，且成本可控，可以较好弥补 ctDNA 突变的不足，Grail、Guardant Health 和燃石医学均已采用了这样的产品研发策略。

3. 应用前景

在 MRD 之前，针对实体肿瘤围手术期患者的术后监测和辅助治疗几乎是一片空白，MRD 应用的成熟则很好地填补了这部分未被满足的医疗需求。MRD 检测目前仍处于商业化早期阶段，有许多临床研究仍在进行中，近年来主要的 ctDNA MRD 在实体瘤领域的临床研究，证明了其监测复发的能力及准确性。见图 2-11。

此外，复发监测应用也具备一定的重复消费的属性，虽然受众远不及早筛，也略少于用药指导，但其价格却远高于后两者。现阶段，我国肿瘤复发监测市场才刚刚起步，使用场景仍会以第三方医学检验所提供检测服务（LDT 模式）为主，且需患者自费。未来，商业保险公司有望为更多有需求的人群提供支付支撑，这将进一步扩大市场空间，使更多患者从中获益。

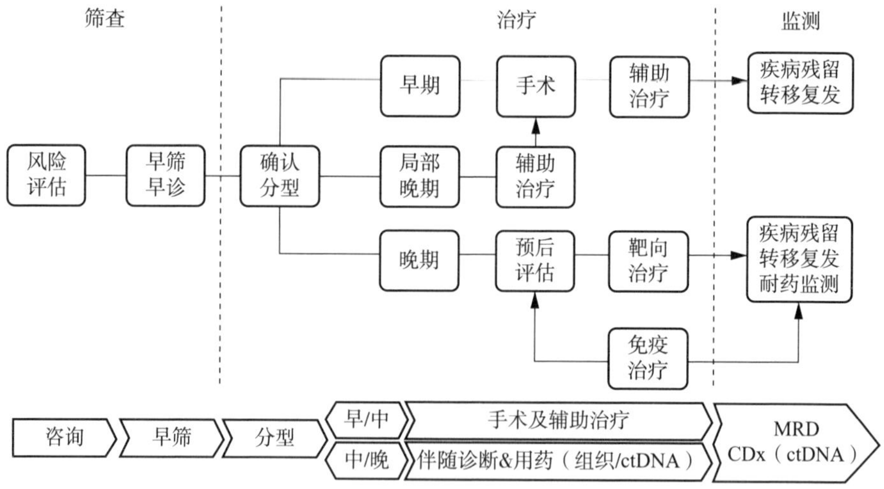

图 2-11　MRD 技术在肿瘤全生命周期管理中的应用

资料来源：基因慧

四、行业发展趋势

（一）行业面临的痛点

1. 数据解读人才匮乏

数据解读是肿瘤基因及分子检测的最后一个环节，检测数据与临床应用的结合解读需要技术与临床更加密切合作，单基因突变、多基因突变等情况，导致报告内容解读更加复杂；生物信息分析、报告解读，尤其是二代测序的数据分析需要更专业的人员参与。

解读检测数据对人才的要求很高，不仅需要有扎实的医学专业知识，还需要有一定的临床经验，并对生物信息数据分析有深入的了解，因此需提升项目参与者的基因数据分析和解读能力。目前在临床端急需能结合多学科的人才，以确保解读的准确性，希望国家加速二代测序报告分析软件的审批，厂家及时进行数据库的更新，临床医生进行前沿进展的学习及深入的科学研究，实现 NGS 报告解读专业化、自动化。

2. 存在数据孤岛

基因大数据已经在临床中发挥越来越多的作用，但目前大数据领域存在数据孤岛问题，其价值不能充分应用于临床。此外，国内目前还没有如美国的 CLINVAR 一样的权威公共数据库。目前，我们用的都是国外的数据库，由于网络、收费等原因，国外数据库使用起来费时、费用高，而且缺少中国人的数据。有些检测，如积累了一定数量中国人群的数据，可以从中发现新的位点突变；但仅依靠国外公共的数据库，可能无法发现一些中国人特有的突变，这需要解读经验的长期积累和数据库的建立和完善。

3. 质控和检测的规范性标准缺失

基因检测是一项较为复杂的技术，DNA 降解和测序深度不足等可能造成遗漏真实存在的基因突变（假阴性），而样本污染或生物信息学流程缺陷等可能检出本来不存在的变异（假阳性），这二者都会造成错误的用药及预后指导。对于整个行业而言，在技术端缺乏标准化的流程和国内外的共识，急需行业标准的建立和实验室的规范化管理，以指导临床端的解读。

目前高通量基因测序临床应用获批难，尤其是肿瘤基因检测领域，其投入大、周期长、更新快，导致无证检测乱象丛生及有证试剂无法适应临床需求的两难困境。目前国内已获批的肿瘤 NGS 试剂盒也因基因位点设计不同、测序深度不同、生信分析流程不同、质控标准不同，造成业内结果难以统一。

国内的HRD，检测方法没有统一的标准，检测过程中如果没有完善的质控流程，不能保证检测结果的准确性，对临床的方案制定必将产生关键性的影响。首先是适应证不规范，包括“从不检测（检测不足）”和“所有都检测（过度检测）”两个极端，这会严重影响患者的诊断方式和诊断结果。其次是检测技术不规范，包括选择未经专业认证的检测机构或检测方法，这些可能都是制约基因检测进一步应用临床的瓶颈。

4. 基因检测尚未纳入医保体系

基因检测价格仍是阻碍先进技术普及的重要障碍，目前基因检测的终端价格不一，肿瘤基因检测一次费用在3000~30000元，对于已获NMPA批准的肺癌检测来说，普遍的收费在8000~9000元/人份。高通量测序技术在多地属于自主定价项目，难以形成标准的方式，导致医疗服务定价及收费问题突出，新技术临床准入缓慢。部分成熟的、对疾病诊疗有重大价值的基因检测项目，尚未纳入我国医保体系，导致患者医疗负担重。

5. 技术突破缺乏临床验证数据

技术创新是基因检测行业发展和临床转化能否成功的一个关键因素，肿瘤基因检测的目的也是满足临床需求、解决医学健康实际问题，只有突破了技术壁垒，才能更好地实现由研发端到临床端应用的转化。目前液体活检的应用仍然有一些技术问题有待克服，各家机构通过基因突变检测、甲基化检测、生化检测等的单组学或者多种组学的技术方案进行应用探索和产品开发，需要更多临床试验数据支持，并在科学性、有效性基础上解决可及性问题。

新技术走向临床应用，需通过更多的临床研究数据支持、出台更多的政策规范业内标准，从临床验证层面来看，以伴随诊断为例，仍有一些靶基因的检测缺乏大规模前瞻临床数据的支持，因此检测方案上的创新和升级都需要在临床实践中验证。

6. 市场渗透率有待提升

在伴随诊断领域，目前虽然检测技术较为成熟，但是在市场渗透率方面，远远不如欧美地区。根据兴业证券数据，在2019年，中国仅有6.4%的晚期癌症患者和被建议进行癌症基因分型检测的癌症患者采用NGS癌症伴随诊断检测，而美国这一比例达到23.5%。抗癌药物尤其是靶向药物的伴随诊断市场增长空间仍然较大。由于国外上游高通量测序技术起步较早，长期处于市场主导地位，目前我国大部分肿瘤基因检测是依托于国外测序平台，核心技术自主、成本控制和供应链稳定存在诸多不确定性。产品在研发层面与临床端应用层面的断档，使得行业发展不完善，但随着国家持续加大对科技创新的投入，国内自主检测平台技术开发和商业化已经取得一定程度的进步。

（二）行业发展趋势

1. 预防关卡前移，助力实现全民健康

随着政策支持和技术成熟，未来应用的重点将更侧重于肿瘤预防。目前中国肿瘤发生和死亡病例均位居全球第一，随着老龄化加剧，未来我国在肿瘤防控方面将迎来不小的压力。国家癌症中心数据显示，我国癌症 5 年生存率在近十年来已经从 30.9%上升到 40.5%，提高了将近 10 个百分点，但是与发达国家的 5 年生存率还有一些差距。

通过发达国家的经验来看，肿瘤筛查、诊疗水平提高、风险因素控制等防控手段对肿瘤发生率和死亡率降低起到重要作用。适当的肿瘤早筛是实现早诊早治的基础，将有助于患者减轻痛苦、改善预后，甚至提高治愈率。

近年来，政府多次强调把保障人民健康放在优先发展的战略位置，提出“加快推动从以治病为中心转变为以人民健康为中心”“坚持预防为主，防治结合”等。国家也鼓励地方将癌症筛查纳入政府民生项目措施，以便扩大癌症筛查覆盖范围。从优化服务供给和引导服务需求双向同时发力，推进癌症筛查和早诊早治工作向纵深发展，早筛将会是肿瘤基因检测的一个趋势。目前各企业对于肿瘤早筛相关产品的研发与布局处于早期探索阶段，相对于“拥挤”的肿瘤个体化治疗领域，肿瘤早筛尚处于“蓝海”市场。

精准诊疗针对的目标人群多是有症状患者，而“健康中国 2030”的国家战略，是以基层为重点，从预防出发，将诊断关口前移，从源头上预防和控制重大疾病，实现从以治病为中心向以健康为中心的转变，把人民健康放在优先发展战略地位。因此，随着甲基化技术、超深度测序、高效纠错的生物信息算法的广泛应用，在保证产品灵敏性和特异性的前提下，推动分子检测技术在临床肿瘤应用中朝着全面健康的方向发展。

2. 跨学科跨平台多领域开展合作

一流科研机构、大学和一流企业之间有着广阔的合作空间，双方必须在深入推进创新发展中创新体制机制，发挥大学和企业各自的优势，推动协同创新，使双方的资源得到最佳的互补和配置，打通基础研究和应用研究的链条；行业协会可以组织撰写相关的专家共识、行业标准等，并通过联合检测机构开展前瞻性的临床试验来验证其产品的可靠性；政府和行政管理部门可以通过临床试验等，制定标准并加以验证。预计未来肿瘤基因及分子检测行业会加速建立行业标准，推动医疗进程的同质化、检测及数据分析标准化，推广和践行“MTB 模式”。

3. 行业趋向规范化发展

随着精准医学在中国进一步普及，行业政策法规不断完善，不具备能力且不符合法规的机构将退出市场。虽然相当数量的检测机构通过销售团队扩张、加大销售及研发投入来提升市场份额，但大部分开展的模式不可持续。具有良好的运营效率和良性的商业模式，并掌握核心技术，进行规范化检测的机构将不断加大自身优势，并通过专家共识和行业规范的深度参与来加大行业影响力，头部企业将会更加集中。

精准检测是精准治疗的前提，目前已取得初步的阶段性的进展，尤其针对中晚期肺癌和肠癌已有获批的 NGS 检测试剂盒。但由于基因检测属于新兴行业，目前还处于一个待规范的阶段。未来，科研机构、企业、技术监督评价机构合作会共同促进其规范、透明、合理开展。在质量保证、标准建立以及基础数据库、参比基因组、数据解读专家审核机制、监管制度等方面开拓创新，形成共赢，共同推进行业的有序可持续发展。

4. 检测新技术助力实现精准诊疗

肿瘤基因及分子检测是一个由科学发现和技术发明引领的新产业，新技术正在快速影响和改变着肿瘤的临床诊疗思维和路径，技术的进步有助于通过发现更多的靶点和突变基因位点来指导靶向药的使用，并寻找新的治疗策略以及建立新的标志物。

液体活检是检测技术发展的趋势。相较于传统组织活检，液体活检具有无创取样、动态监测、高敏感度等优势，可应用于肿瘤的早筛、辅助诊断、用药指导及预后监测中，能实现肿瘤患者全方位动态监测。虽然目前离技术的突破、检测准确性以及标准的制定还有很长的一段路要走，但其在伴随诊断和药物监控方面的双重优势，仍将有力推进液体活检的发展。2020 年，结合高通量测序技术和液体活检技术的两款泛肿瘤基因检测产品获得 FDA 批准上市；2021 年，NCCN 结直肠癌指南中新增了基于 ctDNA 的液体活检用于复发风险评估和提供预后预测信息的内容，表明基于 ctDNA 的液体活检技术在临床中的应用已开始逐渐获得认可。

多组学检测是另一个未来的发展趋势。传统分子检测技术，多是针对组织或血液 DNA 样本进行相关的研究，而随着技术的不断发展与创新，单细胞检测技术、转录组、质谱等多组学检测技术的涌现与成熟，揭示肿瘤内分子作用机制、加速药物的研发进程，必将推动肿瘤临床诊疗迈上新的台阶。

未来的竞争归根到底是大数据挖掘能力的竞争。一方面，癌症的精准诊疗正在加速发展，临床还有大量的需求未被满足，二代测序技术可以为每个患者进行个体化的复发监测、预后评价和治疗指导，直到患者的全程管理，提升临床获益的可能。另一方面，如果能够把每个患者的治疗过程进行数字化和结构化，通过对基因检测形成的大数据进行结构化整合和全面分析，将个例治疗扩展为可复制的创新治疗策略，那么将对癌症治疗起到重要推动作用。

5. 逐步实现智能化与自动化检测

分子检测，尤其二代测序的流程、解读都很复杂，NGS 一体化解决方案将样本检测到报告产出做成全流程支撑。为了保证检测过程有证可查、有证可依，可实现 NGS 检测项目在院内进行，患者院内缴费减少医患纠纷、样本院内检测方便全流程质控、院内出具报告缩短检测周期，更重要的是保证患者信息安全。

当医院组建 NGS 检测平台的时候，引进设备的方向应是一体化支撑、一站式服务，并能跟医院管理系统做对接。让每一家医院的病理科、检验科能够自主开展 NGS 检测，并实现高质量的 NGS 基因检测，要求 NGS 测序技术能够达到全流程自动化、缩短检测周期和报告时间、降低 NGS 检测对实验室建设的复杂要求，唯有如此才能让 NGS 技术广泛应用，更好地服务医院、服务患者和服务社会。在目前的 NGS 解决方案上，有些地方还有完善的空间，比如整个测序时长，未来可通过引入人工智能技术，让二代测序在病理科的应用越来越智能化、自动化。

6. 检测成本下降促使应用可及性提高

检测价格与检测技术的成熟、检测人群的扩展有关，检测技术的成熟、检测规模增大可以降低检测收费。肿瘤基因检测成本涉及试剂、实验室运营、研发、数据分析、存储计算等费用，毛利率并不高。随着中国医疗改革的推进与落实，基因检测的价格不断下降并有望进入医保；合适的价格可以提高产品的可及性，基因检测渗透率也将进一步提升。在产业上游，华大率先打破国外在测序技术上的垄断局面，拥有自主核心技术的高通量测序平台，基于该系列测序平台自主研发的肺癌基因检测试剂盒及软件已经于 2019 年获批上市，与自动化分析系统搭配使用，实现肿瘤基因检测国产自主和规模自动化，推动领先技术应用的惠民普及。

国家政策的支持也在一定程度上促进行业的发展并提高市场渗透率。国家卫健委印发《新型抗肿瘤药物临床应用指导原则（2020 年版）》，对新型抗肿瘤药物临床应用进行监督，同时还需要加速 NGS 项目的院内检测及纳入医保报销范围，提高患者的接受度，增加市场渗透率。

第二节　医疗器械

新冠肺炎疫情催化了全球医疗器械市场布局的更新迭代，随着市场需求不断攀升和政策环境持续优化，医疗器械行业实现产值高速增长，规模不断扩大。

一、行业发展现状

（一）全球医疗器械行业市场

突如其来的新冠肺炎疫情席卷全球，致使个人防护产品、快速诊断试剂、呼吸机以及其他关键医疗器械产品的需求增加，产值增速回弹，引起市场波动。数据显示，2020 年全球医疗器械行业规模达到 4586 亿美元，同比增长 1.48%。2021 年，全球医疗器械行业高速增长，规模达 5326 亿美元，同比增长 16.14%，预计疫情趋于稳定之后将回归至 5.71%的年复合增长率，2027 年全球规模将增至 7432 亿美元。见图 2-12。

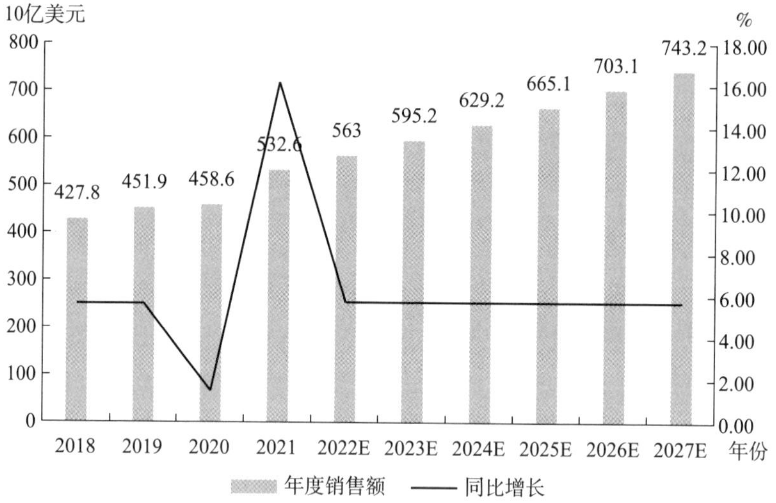

图 2-12　2018—2027 年全球医疗器械市场趋势

数据来源：Modor Intelligence The Business Research Company，艾媒数据，深圳市医疗器械行业协会

2021 年，在细分全球医疗器械市场中，医学影像、体外诊断和心血管器械

仍维持前三，市场占比分别为13.8%、13.5%、11.7%。由于2021年常规诊疗、体检、手术量的复苏，医学影像、心血管和骨科产品份额快速提升。此外，由于新冠肺炎疫情的持续，各国推广使用新冠自测试剂，加之全球已注射超过100亿疫苗，使得体外诊断的份额保持在较高位置，药物注输的份额较2020年大幅提升。2020年、2021年全球医疗器械细分领域市场份额见图2-13、图2-14。

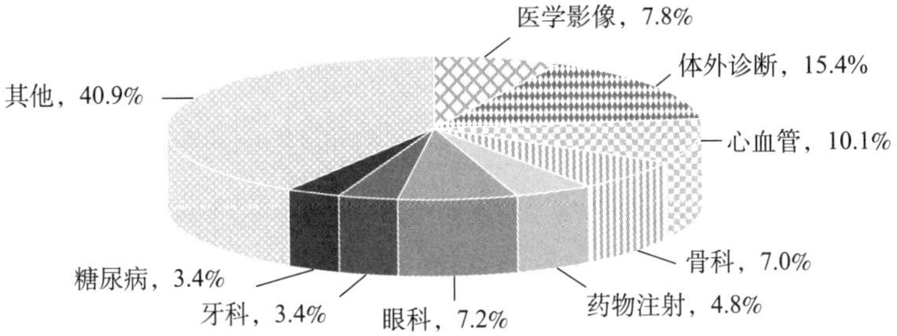

图2-13　2020年全球医疗器械细分领域市场份额

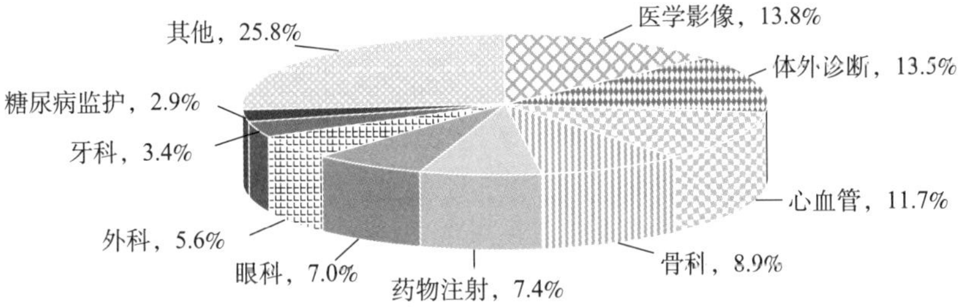

图2-14　2021年全球医疗器械细分领域市场份额

（二）我国医疗器械行业市场

1. 规模增速回归常态呈现正增长

2021年，我国医疗器械行业规模达到9630亿元，增长13.29%，2011—2021年复合增长率20.68%，我国也成为仅次于美国的全球第二大医疗器械市场。由于2020年全球面对突发新冠肺炎疫情的需求，我国医疗器械行业超速增长35.24%。2021年随着疫情常态化，产值仍呈现增长，但增速回落至疫情前水平。见图2-15。

2. 供给需求调整，常规医疗回暖

面对新冠肺炎疫情，我国坚持“动态清零”方针。疫情应对需求仍是重要主线，体外诊断产品的需求依然旺盛，成为细分市场第一大板块，占比

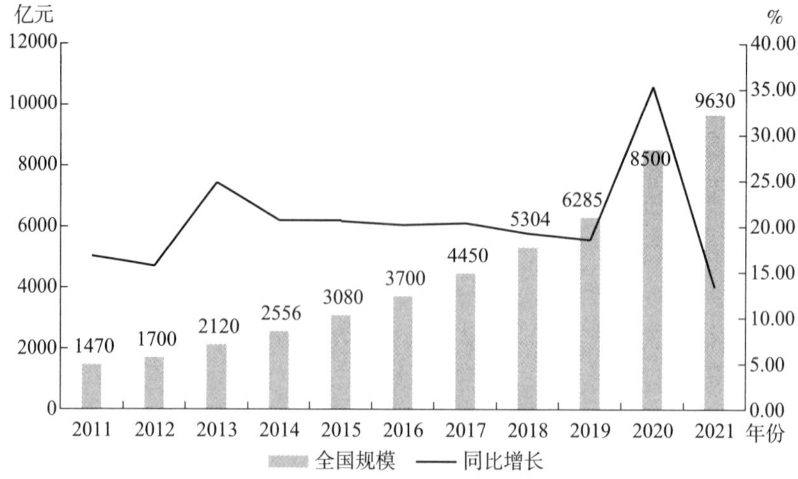

图 2-15　2011—2021 年全国医疗器械产业规模

数据来源：艾媒数据，德勤咨询，前瞻产业研究院等

13.9%。疫情的持续也加速了人工智能医学影像等先进技术的进步，同时随着疫情常态化，医疗服务趋于正常，受疫情压制的超声、X 光等医学影像常规业务市场需求逐步恢复，成为我国医疗器械市场第二大板块，占比 13.2%。疫情催化之下，互联网医疗发展迅猛，互联网诊疗逐渐被很多人接受，未来互联网医疗的发展仍然存在较大的空间，医疗信息化市场份额也提升至 8.6%，“互联网+医疗健康”纵深发展或将提前 3~5 年实现。随着新冠疫苗接种适用范围相继铺开，药物注输用产品需求量持续放大，药物注输板块迅速提升，占比 3.5%。随着防疫常态化，前期紧缺的口罩、防护服等低值耗材需求逐渐减缓，相关的重症监护和其他治疗设备需求也较 2020 年有不同程度的降低。见图 2-16。

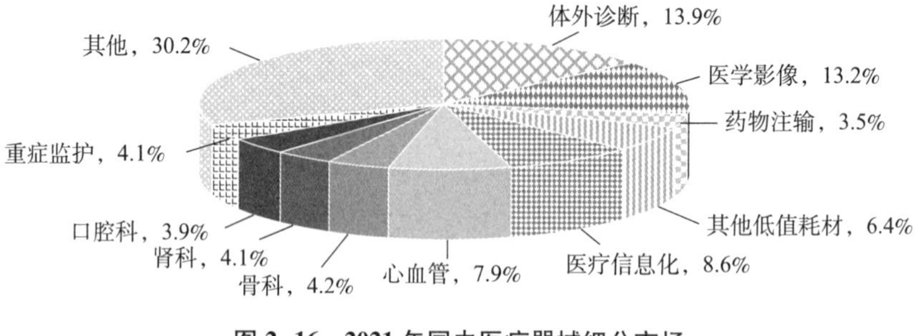

图 2-16　2021 年国内医疗器械细分市场

数据来源：深圳市医疗器械行业协会

3. 国产创新器械崛起，逐步实现国产替代

外有政策因素对国产化产生需求从而推动进程，国家鼓励优先采购国产设备、带量采购降低高素质国产产品的准入壁垒，按疾病诊断相关分组付费（DRGs）和按病种分值付费（DIP）对医院的成本管控能力提出更高的要求。内有企业自身驱动因素对国产化的推动，企业不断加大研发投入增强创新力，调整商业模式扩宽产品管线和自身市场份额，过去主要依赖进口的医疗器械产品已经基本实现国产化，国产替代也逐步从中低端市场走向高端市场。近年来，国家药品监督管理局批准注册二类、三类医疗器械产品数量除了2020年受突发疫情影响，每年获批的产品数量是比较稳定的，整体处于上升状态。

政策的大浪淘沙倒逼国产医疗器械厂商提升自主研发、创新发展能力，努力钻研新技术，迎合新需求，最终使得国产医疗器械行业向高端制造升级，逐步打破进口企业在高端器械领域的垄断地位，最终完成国产化替代并走上国际舞台。比较值得关注的是境内第三类医疗器械产品和进口第二类医疗器械产品。随着国内创新医疗器械企业的崛起，国产器械不断取得突破，大量创新医疗器械进入审批程序，其中不乏第二、三类医疗器械产品，以往被国外企业垄断的第二、三类医疗器械开始逐渐国产化，直接导致了境内第三类医疗器械的增长和进口第二类医疗器械下降。见图 2-17 和图 2-18。

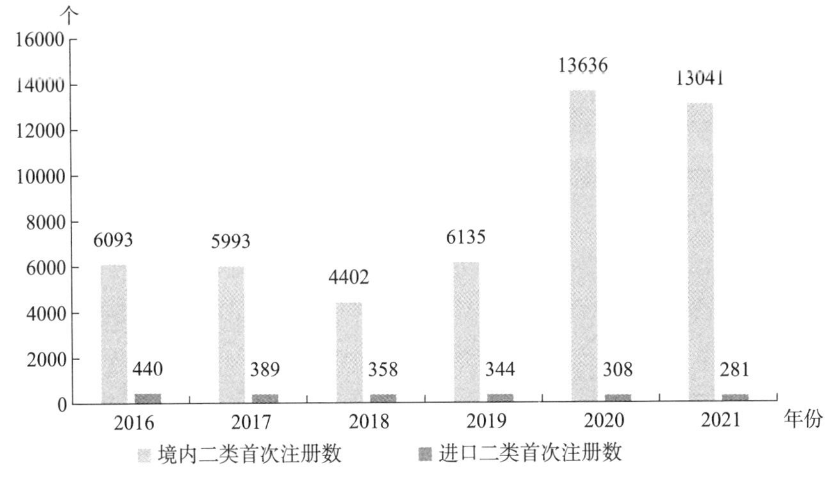

图 2-17 2016—2021 年国家批准注册第二类医疗器械情况

数据来源：国家药品监督管理局

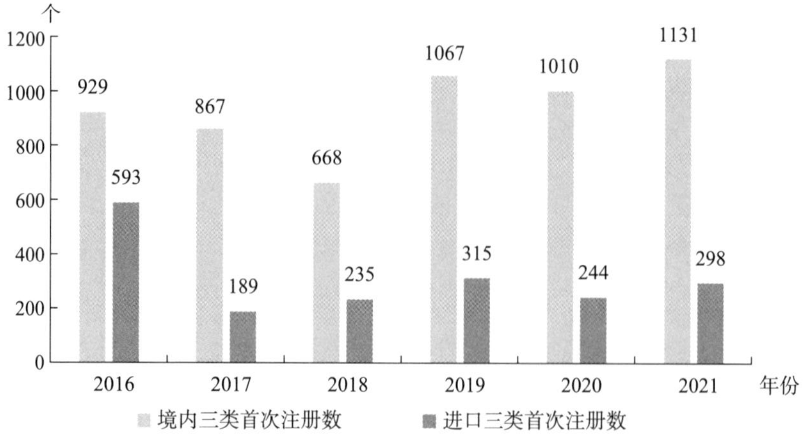

图 2-18 2016—2021 年国家批准注册第三类医疗器械情况

数据来源：国家药品监督管理局

4. 经济发达省市创新产品全国领先

自 2014 年创新医疗器械审查特别程序开始实施以来，已有 357 件三类创新医疗器械产品进入审查通道。2021 年进入三类创新医疗器械产品特别审批程序项目数量共 60 件，同比增长 13.2%，其中，广东、上海、浙江的批准注册产品数量及省域优势品类数量名列前茅。可以认为，这些地区拥有更佳的医疗器械资源，具有实现国产替代的优越条件。见图 2-19。截至 2021 年底，国家药品监督管理局共批准 127 个境内创新医疗器械产品上市，不少产品在全球范围内实现了技术“无人区”的突破。2021 年，有 32 个境内创新医疗产品获批上市，近三年获批数量呈现逐年上升态势，广东、北京、江苏、上海等省市排名全国前四，四省市获批量占 2021 获批总量的 81.25%。见图 2-20。

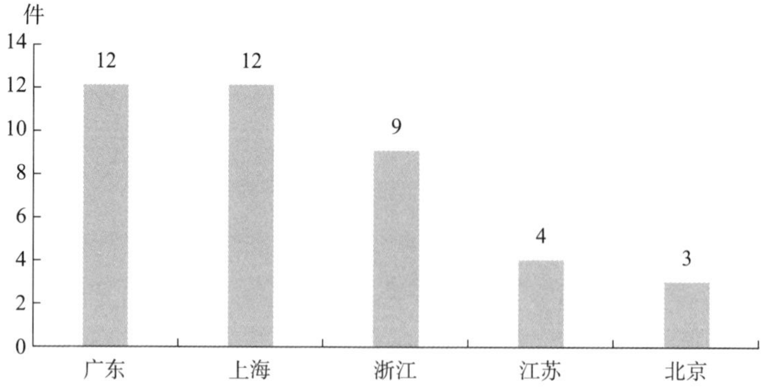

图 2-19 2021 年进入三类创新医疗器械审查通道产品数前五省市

数据来源：国家药品监督管理局

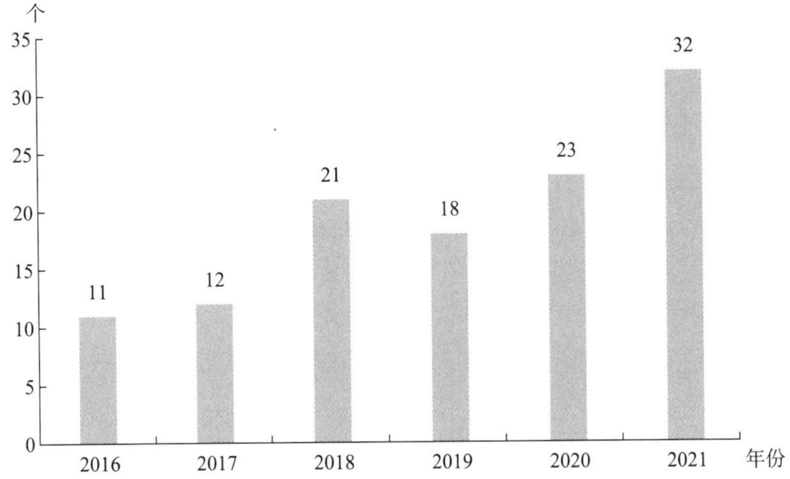

图 2-20　2016—2021 年全国获批上市三类医疗器械创新产品数

数据来源：国家药品监督管理局

(三) 深圳医疗器械行业市场

2021 年，深圳医疗器械行业在新冠肺炎疫情冲击和外需回落的双重影响下市场规模回调。据统计，2021 年深圳医疗器械行业生产总值为 772.49 亿元，较 2020 年的 831.19 亿元同比降低 7.06%。去除疫情防控带来的短期需求和产能释放因素，2011—2021 年复合增长率为 15.38%，仍超过疫情前水平。见图 2-21。

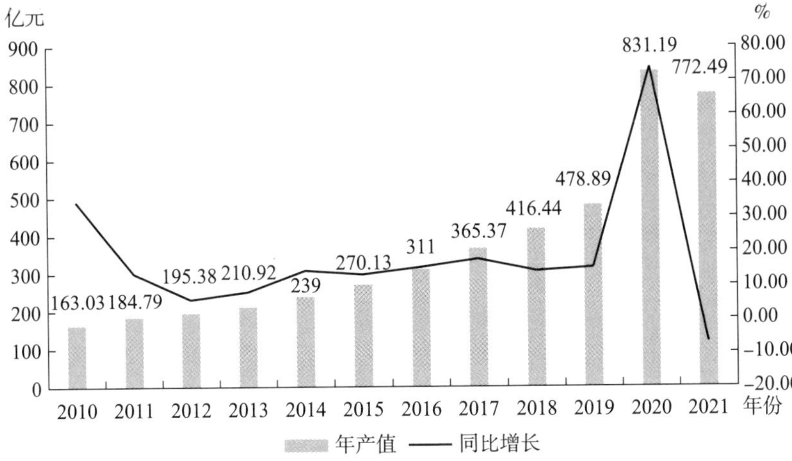

图 2-21　2010—2021 年深圳市医疗器械行业生产总值

数据来源：深圳市医疗器械行业协会

新冠肺炎疫情之前，深圳医疗器械行业产值规模全国占比长期稳定在7%~8%，2020年疫情期间由于新冠疫情短期需求的拉动，占比跃升至9.71%，2021年深圳产值全国占比再次回稳至8.02%。见图2-22。

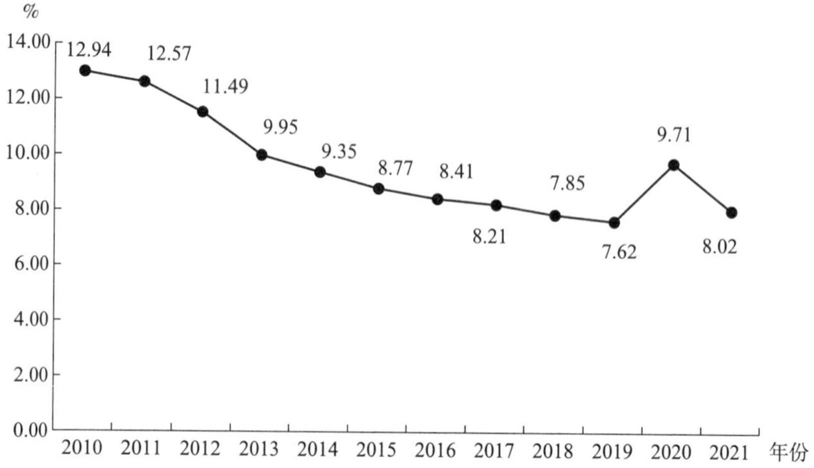

图2-22　2011—2021年深圳市医疗器械行业的全国占有率

数据来源：深圳市医疗器械行业协会，德勤咨询，中国医药物资协会等

产业高端化比例不断提高。从2009年深圳逐步推进生物技术、生命健康产业高质量发展以来，深圳医疗器械产业结构不断优化，高性能医疗器械比重逐步提升，产业高端化已取得一定成效。深圳医疗器械企业根据其主营业务分为医学影像、体外诊断等18个细分领域。其中，高性能医疗器械2021年产值规模达573.94亿元，占比74.03%。见表2-6。

表2-6　2021年深圳医疗器械行业细分领域产值规模

细分领域	2021年产值（亿元）	细分领域	2021年产值（亿元）
医学影像	156.73	眼科	4.25
体外诊断	208.08	牙科	25.06
心血管	9.42	体温、血压、心电、血氧等诊察器械	58.38
骨科	1.17	其他低值医用耗材	69.05
监护、心电、诊察设备	116.83	药物注输、管路类器械	16.18
手术治疗设备	4.63	康复器械	4.74
急救、呼吸、麻醉	53.01	物理治疗设备	17.13
其他高值医用耗材	15.75	消毒、手术室等医院设备	3.3

续表

细分领域	2021 年产值（亿元）	细分领域	2021 年产值（亿元）
医疗信息化	8.32	其他	0.48

深圳市医疗器械行业目前已形成多中心制度区（带），其中龙华区、龙岗区、宝安区规模增速迅速。深圳市各区医疗器械行业产值分布中，南山区一直位居各区产业规模之首，2021 年产值达 3643047.73 万元，占全市产值比重的 47.16%。南山区、坪山区、宝安区、龙岗区、龙华区的产值规模合占全市的 89.24%；福田区、罗湖区、盐田区、大鹏新区体量较小。从各区产值增速来看，光明区产业推进速度较快，是唯一产值占比持续增长的区域，产值占比 8.46%。见表 2-7。

表 2-7　2021 年深圳各区医疗器械产值比重

区域	总产值（万元）	占比（%）
南山区	3643047.73	47.16
坪山区	866724.73	11.22
宝安区	849846.48	11.00
龙岗区	777529.01	10.07
龙华区	756635.82	9.79
光明区	653776.01	8.46
福田区	60912.83	0.79
罗湖区	73650.96	0.95
盐田区	10548.90	0.14
大鹏新区	32261.90	0.42

数据来源：深圳市医疗器械行业协会

企业数量大幅增长。2020 年深圳医疗器械行业新增生产企业 275 家，其中仅取得一类产品生产备案的企业 149 家，二类资质的企业 115 家，三类企业 11 家。根据深圳市市场监督管理局统计，截至 2021 年底，深圳市共有取得一类医疗器械生产备案及二、三类医疗器械生产许可证的企业 1394 家，其中取得一类产品生产备案的企业 512 家，二类资质的企业 752 家，获得三类资质的企业 130 家，分别较上年增长 243%、553%、1081%。

2021 年受全球疫情和国内集采政策等外部环境影响，市场格局发生变化，企业品牌影响与规模效应更为明显，深圳产业集中度不断增加，龙头企业做大做强。2021 年深圳规模 10 亿元以上企业 11 家，产值占全市产值比例达 55.77%；亿元以上企业 95 家，产值占比高达 87.32%，亿元规模企业数量在各大城市中处于领先地位，逐年持续提升。

具有竞争力和创新力的企业比例较高，产业创新聚集度高。截至 2021 年底，深圳医疗器械行业共有 536 家国家高新技术企业，占比 38.45%。其中，宝安区国家高新技术企业 104 家，数量最多。南山区高新技术企业占比最高，共计 97 家，占比 52.4%，紧随其后。大鹏新区由于国际生物谷的定位，高新技术企业占本区行业企业数量比重最高，达到 60%，但总体企业基数较小。见图 2-23。

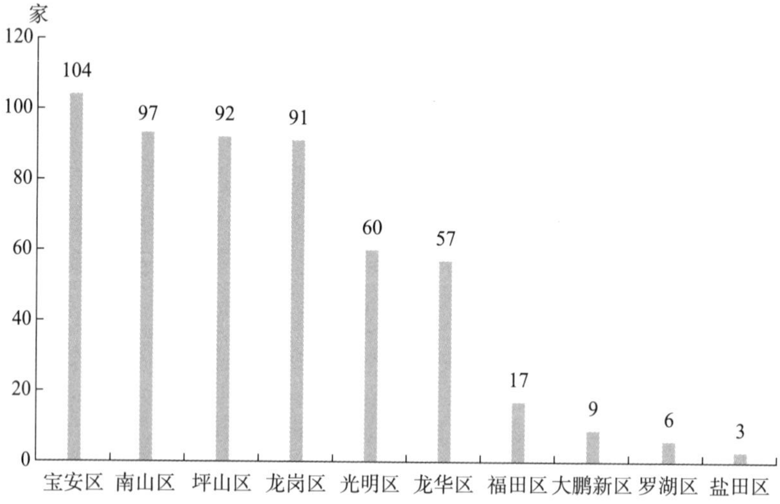

图 2-23　2021 年深圳各区医疗器械高新技术企业数量

数据来源：深圳市医疗器械行业协会

截至 2021 年底，深圳医疗器械行业在关键领域补短板、填补国内国际空白等方面发挥了积极作用，助力深圳制造业转型升级和经济高质量发展，现拥有工信部“小巨人”企业 19 家，省级专精特新企业 41 家，省级生物医药产业重点企业 4 家，省级生物医药产业创新医疗器械重点项目企业 2 家。此外，深圳医疗器械行业还涌现了一批快速成长、产值规模超 3000 万元且 3 年内增长率超过 80%（年复合增长率在 34%以上）的创新型潜力企业，共计 73 家，南山区、宝安区、龙岗区、光明区、坪山区分别以 16 家、15 家、11 家、11 家、10 家排名前五，占全市总数的 86.30%。

深圳医疗器械企业积极走出国门，布局全球。目前，深圳已经有多家企业在境外设立研发中心、生产基地等，开展新产品研发和产品生产相关工作。统计数据显示，深圳共有 52 家医疗器械企业在境外（含港澳台）设有办事处，办事处总数达到 2041 个，分布在东南亚、南美、欧洲等国家和地区，负责产品推广与售后支持。2021 年深圳医疗器械出口额翻倍增长的企业达到 54 家，出口额超亿元企业共 42 家，合计出口额 261. 34 亿元，占全球医疗器械总出口额的 85. 87%。

二、行业发展特点

美国、欧洲、日本等发达国家和地区的医疗器械产业发展时间早，居民生活水平高，对医疗器械产品的技术水平和质量要求较高，市场需求以最新产品的升级换代为主，市场规模庞大，需求增长稳定。欧盟医疗器械委员会统计数据显示，这些发达国家和地区共占据全球医疗器械市场超八成的份额。其中，美国是全球最大的医疗器械生产国和消费国，消费量占全球的 40% 以上。中国、印度等亚洲国家，以及墨西哥、巴西等拉美国家，俄罗斯等东欧国家的医疗电子设备市场发展较快，设备普及和升级换代的需求同时大量存在，常规医疗电子设备普及率逐渐快速提升，高端医疗电子设备产品市场需求量也保持快速增长。全球及中国医疗器械市场的快速发展，给中国本土的医疗器械制造企业提供了良好的发展环境，中国医疗器械产业已初步建成了专业门类齐全、产业链条完善、产业基础雄厚的产业体系。

（一）市场需求推动产值持续增长

经济的发展、医疗保险制度的完善、医疗服务体系的改革、群众医疗需求的不断提高，必将推动医疗器械消费的持续增加。随着新医改政策的不断深化，以及分级诊疗制度的试点与推行，农村乡（镇）卫生医疗机构将成为医疗器械潜力巨大的市场。人口老龄化和生活水平的日益提高，将推动体外诊断、骨科、康复等医疗器械产业的快速发展。在市场需求的刺激和经济持续稳定增长的背景下，中国的医疗器械产业还将处于快速发展期。

1. 经济发展加速带动医疗服务需求升级

经济的快速发展，导致健康服务需求的整体增加。医疗服务市场的逐步开放，使国内外资本投资医疗服务的速度加快，从而直接导致医疗器械市场需求的增加。随着人民生活水平的不断提高，医疗器械会越来越先进，其产品结构会不断调整，功能更加多样化，市场容量会不断扩大。在发达国家，医疗设备及器械行业与制药业的产值大体相当，而在我国，前者产值约为后者的20%，这种比例的严重失调预示着我国医疗器械行业还有巨大的发展空间。

2. 医院信息化趋势引发需求增长

随着计算机和网络技术的发展，医疗领域的信息化和网络化是今后医院管理的发展趋势，这个趋势会引发对影像化、数字化等高精尖医疗设备的需求增长。医院信息系统的普遍建立又使得医院有了进一步以医学影像存档与通信系统为核心的临床信息系统的要求，占全部医疗信息90%以上的医疗影像信息的处理更是今后医院信息化的核心所在，医院信息化趋势给医疗器械生产企业带来了巨大的市场空间。据推算，我国医学影像存档与通信系统市场的总需求达212亿元，如果考虑到由此衍生出的高档影像设备以及附属设备市场，预计市场容量将突破300亿元。

3. 国家政策变化带来需求增长

近年来，国家有关部门通过对医保药品实行集中招标采购制度，逐步降低了医院对药品收入的依赖程度。对医院而言，如果没有药品收入的支撑，单纯依靠财政补贴很难生存，在这种情况下，通过改造医院软硬件条件，提高医疗服务收入是医院减少药品收入依赖程度的重要途径。随着医改的深入，医疗体制逐步理顺，医院的医疗服务性收入将逐步成为主角，由此产生的对中高档医疗设备的需求将构成医疗器械行业发展的持续动力。

4. 一次性器械与常规设备需求持续增长

我国是14亿人口的大国，且已步入老龄化社会；同时我国经济正处于提速发展状态，人民生活水平在进一步提高，对医疗保健水平的要求也在不断提升，大多数人民对医疗成本的支付能力也在不断加强，因此，对于一次性医疗器械及常规医疗设备的需求在“质”和“量”两方面都会有较快增长。

（二）创新驱动行业健康增长

1. 坚持立法先行，护航创新

立善法于天下，则天下治；立善法于一国，则一国治。针对鼓励医疗器械行业高质量发展做好顶层设计。自2021年6月1日起，我国实施的新版《医疗器械监督管理条例》明确，国家制定医疗器械产业规划和政策，将医疗器械创新纳入发展重点，对创新医疗器械予以优先审评审批，支持创新医疗器械临床推广和应用，推动医疗器械高质量发展；国家完善医疗器械创新体系，支持医疗器械的基础研究和应用研究，促进医疗器械新技术的推广和应用，增加了实验室自建、医疗器械紧急使用制度等内容，其他如附件条件批准上市、拓展性临床试验、医疗器械网络销售监管等方面的规定也以新增条款的方式纳入条例，全力助推我国医疗器械产业创新发展。2021 年 12 月，国家药监局联合国家发展改革委、科技部、工信部、国家卫生健康委、市场监管总局、国家医保局和国家中医药管理局印发《“十四五”国家药品安全及促进高质量发展规划》，明确提出“支持药品、医疗器械、疫苗等领域的创新发展，推动关键核心技术攻关，促推解决产业创新发展的‘卡脖子’问题，提升产业整体水平”的要求，为推动产业高质量发展提供了规划保障。

近年来，国家药监局积极配合国家重点区域发展战略，鼓励京津冀、长三角、粤港澳大湾区、海南自贸港等地区结合本地产业优势和国家支持政策，发展医疗器械优势产业，支持研发创新。

2. 创新审批模式，高质量发展

近年来，国家药监局先后发布《医疗器械附条件批准上市指导原则》《医疗器械注册自检管理规定》《医疗器械临床评价技术指导原则》《免于临床评价医疗器械目录》《医疗器械拓展性临床试验管理规定（试行）》《医疗器械监督管理条例》等配套规范性文件，将《医疗器械监督管理条例》有关科学审查的要求逐一落实。

一是针对创新和临床急需医疗器械设置特别和优先审批程序。《医疗器械注册与备案管理办法》明确提出创新产品注册程序、优先注册程序、应急注册程序。《创新医疗器械特别审查程序》对具有我国发明专利，技术上属于国内首创、国际领先水平，且具有显著临床应用价值的医疗器械设置特别审批通道，规定了创新医疗器械范围、申请程序、审查程序、审查原则、沟通要求，并明确对创新医疗器械的许可事项变更予以优先办理。

二是针对医疗器械注册人、备案人制度落实全面细化实施要求。《医疗器械监督管理条例》将注册人、备案人制度作为法规的基本制度，明确医疗器械注册人、备案人依法承担的责任。《医疗器械注册与备案管理办法》《医疗器械生产监督管理办法》等规章对有关注册人责任和义务、注册人制度下注册人与受托生产企业间责任划分、监管部门之间责任划分与监管工作的衔接进行了规定。国家药监局还发布了《医疗器械委托生产质量协议编制指南》《关于加强医疗器械跨区域委托生产协同监管工作的意见》等文件，对跨区域委托生产质量协议要求、注册、生产、经营、使用医疗器械全生命周期协同监管方式和具体操作要求进行细化规定，确保注册人制度全面实施，进一步创新监管，落实主体责任，优化资源配置，释放产业活力。

三是针对加快医疗器械上市步伐科学设置灵活的审查要求。根据《医疗器械监督管理条例》，企业可以自行检测；科学设置临床评价要求，优化临床试验要求，减少开展临床试验数量；鼓励进口创新医疗器械上市，对进口创新医疗器械可以不提交注册申请人所在国（地区）主管部门准许该医疗器械上市销售的证明文件；细化附条件批准要求，鼓励用于治疗严重危及生命且尚无有效治疗手段的医疗器械尽快附条件批准上市；明确拓展性临床试验要求，满足特定患者临床救治急需；允许医疗机构自制试剂，进一步满足特定患者诊断需求。

此外，国家药监局还持续推进医疗器械注册技术审查指导原则制修订工作。截至目前，已发布医疗器械注册技术审查指导原则490余项，涵盖有源医疗器械、无源医疗器械、体外诊断试剂等各类医疗器械，包括真实世界数据用于医疗器械临床评价、医疗器械安全和性能的基本原则、医疗器械通用名称命名、医疗器械附条件批准上市等各通用领域，有效指导注册申请人申报注册，并统一、规范各地技术审查要求，为科学审查提供技术依据。

3. 技术创新驱动行业健康成长

为促进医疗器械产业创新发展，针对科学发展与协同创新，推动监管科学行动计划，为推进医疗器械行业技术创新提供了良好的平台与基础。2019年，国家药监局启动中国药品监管科学行动计划，认定9家医疗器械监管科学研究基地，制定医疗器械监管新工具、新方法、新标准和相关报告35项，加快推动医疗器械治理体系和能力现代化；认定2批共29家国家药监局医疗器械重点实验室；牵头建立由技术单位、科研院所、医疗机构和学术团体组成的人工智能医疗器械、医用生物材料技术创新合作平台，促进产学研用融合发展，聚焦人工智能医疗器械、生物材料领域关键技术，推进重大技术突破和成果转化应用。

我国医疗器械领域的重大产品不断取得突破，创新成果密集涌现，取得了一系列“自主原创”“从无到有”和“从低到高”的重要突破，一批数字化、智能化、便携式的创新医疗器械产品应用到基层医疗机构，中国医疗器械领域自主创新的内生动力、创新活力显著增强，2021年共批准35个创新产品和 19 个优先产品上市。此外，国务院办公厅《关于全面加强药品监管能力建设的实施意见》提出跟踪国际监管法规，紧密结合我国监管实践，高度注重成果转化，2021 年 3 月施行的《医疗器械临床使用管理办法》和 10 月施行的《医疗器械注册自检管理规定》均通过多种举措缩短了创新成果转化的路径。国内医疗器械行业正在逐步形成以企业为主体，以市场为导向，产、学、研、用相结合的技术创新体系，产业集聚度不断提高，国际竞争力持续提升，医疗器械产业创新高质量发展格局初步成形，医疗器械国产化将进入大发展的崭新局面。

三、行业发展趋势

（一）疫情与数字化驱动医疗服务变革

持续的新冠肺炎疫情驱动医疗器械市场、销售、培训、服务等快速转变为线上模式。2021 年全球最大的医疗展会——德国杜塞尔多夫“国际医院及医疗设备展览会”创新性采用“线上+线下”双线参展模式。许多研究也表明：临床医生和销售代表都偏好虚拟交互，其能够保持客户数据连贯性，从而增进客户关系，提高客户满意度。这不仅为临床医生及医疗机构提供了更多选择与便捷，而且提高了制造商的效率。毫无疑问，为医院与医生提供特定的免费支持性服务将会持续存在（例如复杂手术支持和设备使用培训）。然而，虚拟交互将给那些原本不是数字创新“先行者”的医疗器械制造商带来压力，推动他们建立一个以客户为中心的数字营销系统，以满足客户销售、培训、服务、库存管理等一系列的需求。

（二）人口老龄化迫使医疗需求持续放量

根据第七次全国人口普查数据，2010—2020 年我国的总人口年平均增长率下降 0.04%，60 岁及以上人口为 2.6 亿，占 18.70%（其中 65 岁及以上占 13.50%），人口老龄化程度进一步加深，我国未来一段时期将持续面临人口长期均衡发展的压力。老龄化将带来诸多社会形态的改变，如退休年龄推迟、劳动力成本上升、养老保健和医疗需求增加、医保基金运营压力增大等。因此，老龄化社会是未来 30 年整个医疗健康产业的发展大背景，能够提高医疗系统运行效率、提高人群健康水平，有性价比的医疗器械产品将持续拥有广阔的市场需求。

老年健康服务体系逐步形成，居家护理成热点。“健康中国 2030”规划中提出的老年健康服务体系针对老年疾病的预防、治疗和照护都提出了明确的任务和量化指标。为了实现这些目标，不仅相关老年病医疗服务机构和科室服务容量会增加，到2022年全国二级及以上综合医院中将有50%设立老年医学科，学科建设将突飞猛进。除了综合医院，“银发经济”也有望在传统的大医院市场之外开拓需求。一方面，服务于基层医疗机构的护理人员数量在过去5年中增长超过50%，社区医疗机构将在医疗服务中重点覆盖老年患者、康复护理、长期照护的需求；另一方面，“互联网+护理服务”等新业态也有望发展，同时逐步解决收费和医保支付等问题。因此，医疗器械企业不妨从人群全生命周期的角度更全面地审视自己的产品和服务价值，从诊断、治疗向早诊早治和综合预防拓展，打造以人为本的解决方案或服务模式。

（三）医疗新基建步入高质量发展阶段

我国正逐步通过医疗新基建改变我国医疗资源发展不充分与不均衡的现状，以应对新冠疫情与老龄化的双重影响。疫情常态化带来的ICU病房、传染病医院、发热门诊、方舱医院等方面的医疗新基建需求，进一步推进公立医院高质量发展。2021年6月国务院办公厅发布《关于推动公立医院高质量发展的意见》，提出公立医院驶入依靠科研产出、成果转化的高质量发展轨道。以公立医院为主的医疗体系即将释放更大的医工转化潜能，推动我国医疗器械产业进步。医疗新基建初期的建设可直接拉动监护类等产品的需求，而新基建后期的医院高质量发展可对其他国产化率较低的设备带来需求，如内窥镜、影像设备等。

（四）智能化转型成为必然

分级诊疗、医疗资源下沉已是大势所趋，所带来的不仅是患者的分流，更是对医疗机构的重新定位和分工，从国家到地区的四级医疗卫生服务体系已具雏形。未来，区域、省域内医疗服务技术能力有望获得进一步提升，同时，远程医疗、服务共享将助力优秀医疗资源下沉，这要求医疗器械能满足更多、更高的复合性，实现从单个医疗器械制造品牌向物联网生态品牌的转变。从而推动医疗器械行业进行智能化、数字化转型，逐步将数字技术融入产品创新。

中国的数字经济发展已走在全球前列。预计到2025年，数字经济的核心产业将贡献我国GDP的超过10%。近年来，国家药监局、卫健委还出台了一系列针对医疗器械软件、人工智能和深度学习产品的注册审批和监管政策，以明确这些新型产品的界定和监管。“人工智能+医疗”也成为未来医院信息化的建设方向。病案信息更完整、医疗设备更智能、远程医疗助力分级诊疗、医学影像辅助判读、临床辅助诊断等应用，将借助大数据和人工智能，提升监管能力和医疗机构的服务水平。国务院办公厅发布的《关于推动公立医院高质量发展的意见》中再次强调推动云计算、大数据、物联网、区块链、5G等新一代信息技术与医疗服务深度融合。随着政府和公立医疗机构的更主动接入，医疗服务将更加以人为本，提升便捷化和智能化水平，在线医疗的监管和运营体系也将逐步完善。

同时，数字医疗产品的开发和监管也在不断推进，目前已经形成医疗大数据、互联网医院、AI 辅助诊疗、基因科技等多个创新领域。2021 年中国国际数字经济博览会上发布了中国数字医疗独角兽企业榜单，共有 29 家医疗器械和医疗服务独角兽上榜，深圳华大智造、碳云智造也进入该榜单。

（五）高值替代势在必行

随着“十四五”规划的实施，对国产医疗器械产品的支持力度持续增长，国产医疗器械也正在逐步实现低值向高值替代、诊断向治疗替代、通用向专用替代、整机向核心部件替代。目前国内低值耗材基本完成国产替代，高值耗材的球囊、吻合器和体外诊断行业也都进入了国产替代的黄金时期。

同时，DRG 试点进入深水区，《深化医疗服务价格改革试点方案》也于深改委第十九次会议上审议通过。该方案依然强调“控总量、调结构”的原则，因此有望看到，手术机器人、AI 辅助诊断、NGS 基因检测等高端服务项目在部分省份逐步尝试定价甚至医保。因此，医疗器械企业在准入环节中应不仅关注产品本身，对于新兴的、技术含量较高的科技创新产品或医疗服务项目的准入和价值阐释也需要关注，从而提高整体医疗服务的可及性。

（六）带量采购常态化

近年来，药品和高值医用耗材集中带量采购改革不断推进，用市场化机制挤压价格虚高的同时，也促进了国内医药产品研发和质量提升。2021 年，全国各地的耗材带量采购已经覆盖了骨科、血管介入、眼科等领域，产品降价均较为明显；心脏支架、关节等植入性耗材带量采购相继落地，八省二区种植牙的集中带量采购正式开展；截至 2021 年底，累计节约医保和患者支出

2600 亿元。

当前，国家医保局正在研究完善医药集中采购平台挂网机制，旨在降低企业相关成本，助力新的医疗器械顺利参与市场交易。集中带量采购重点将部分临床用量较大、临床使用较成熟、采购金额较高、市场竞争较充分的医用耗材纳入采购范围。对于创新医疗器械而言，由于临床使用尚未成熟、使用量暂时难以预估，尚难以实施带量方式。在集中带量采购过程中，将着力完善以市场为主导的价格形成机制，既要反映产品价值和供求关系，也综合考虑其同类医疗器械价格、临床疗效、健康收益和国际同类产品使用情况等因素，根据临床使用特征、市场竞争格局和中选企业数量等因素合理确定带量比例，在集中带量采购之外留出一定市场，为创新产品开拓市场提供空间。

随着国家药品和高值医用耗材价格信息平台的建成，借助医药供给侧改革的成效和相关信息化建设成果，已经具备了把药品、高值医用耗材集中采购制度化、常态化的技术条件和管理水平，市场规模大、竞争充分的耗材集采将是常态化的趋势。“带量采购、招采合一”能让企业进行面对面的质量竞争、价格竞争，在刚需市场下实现企业的规模化发展，也将带来更高挑战。未来，创新医疗器械获批上市后的入院以及招标流程将更有效率，从而帮助相关企业更快实现商业化，扩展市场空间。医疗器械行业企业在今后集采报量规则设计中，需充分考虑常规产品与创新产品的不同临床需求，为创新产品的使用与推广提供更多机会。

第三节　特殊食品

根据《中华人民共和国食品安全法》和《中华人民共和国食品安全法实施条例》，特殊食品主要包括保健食品、特殊医学用途配方食品（含特殊医学用途婴儿配方食品）、婴幼儿配方乳粉产品。这三类食品作为重要的营养健康产品，对保障特定人群身体健康和生命安全、推进健康中国建设有着极其重要的作用。随着公众对健康的追求日益增长，提高免疫力、改善睡眠、加强营养等健康需求增加，消费者对特殊食品的需求也愈加旺盛。

一、保健食品

（一）行业发展概况

近年来，全球消费者保健品行业规模持续增长，美国市场规模在全球处于领先地位，市场较为成熟，我国市场虽起步较晚于发达国家，但目前处于快速发展的阶段。据 Euromonitor 数据统计，截至 2021 年全球消费者保健品行业规模已达 2732. 42 亿美元。其中美国市场规模为 852. 98 亿美元，占全球市场的 31. 22%，位列全球第一。

2021 年我国保健食品市场规模为 485. 36 亿美元，占全球市场的 17. 76%，位列第二。预计 2025 年，我国消费者保健食品行业规模有望达到 624. 01 亿美元且保持超 6%的行业增长水平持续向阳发展。

据进出口数据，2021 年我国营养保健食品进出口金额相比 2016 年增长率为 237. 0%，相比 2008 年增长近 12 倍。

具体来说，在进口方面，随着消费意识的改变，中国目前已成为营养保健食品的主要消费国之一，越来越多的国际品牌、国外产品进入中国市场，且进口金额呈现逐年增长趋势，2021 年进口金额为 51. 8 亿美元。从进口市场来看，美国、澳大利亚、德国、印度尼西亚和日本是 2021 年营养保健食品的前五大进口来源国，进口金额分别为 10. 3 亿美元、7. 5 亿美元、4. 7 亿美元、4. 0 亿美元和 3. 2 亿美元，市场集中度相对较高，前五大市场份额占据了整个进口的半壁江山。2021 年美国再次超越澳大利亚，时隔三年再次成为中国营养保健食品的第一大进口来源国。见图 2-24。

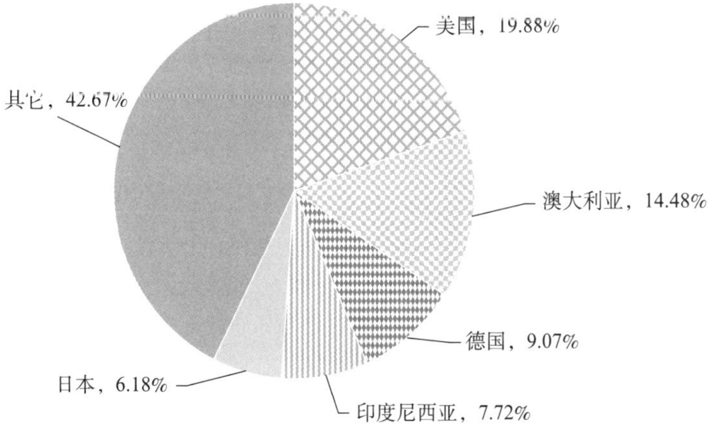

图 2-24 2021 年我国营养保健食品进口市场情况

数据来源：中国医药保健食品进出口商会

出口方面，中国的营养保健食品的出口依然呈现增长的态势。其中美国、中国香港及日本为前三大出口市场，出口额分别为 4. 4 亿美元、3. 6 亿美元和

1.2亿美元，占比分别为17%、14%和5%。从市场发展潜力看，美国、泰国、英国和德国出口金额具较大增长。见图2-25。

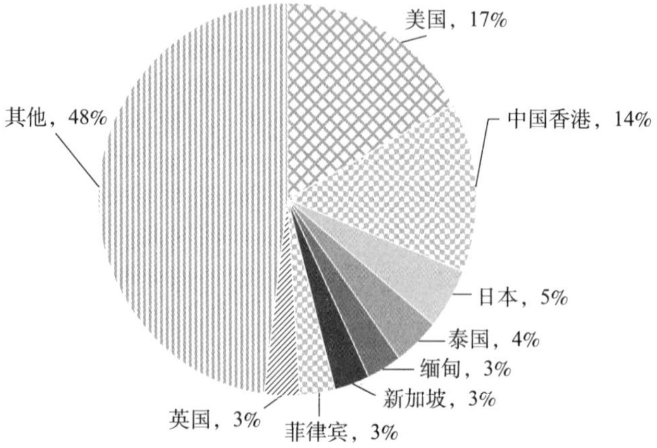

图2-25　2021年我国营养保健食品出口市场情况

数据来源：中国医药保健食品进出口商会

（二）行业发展特点

1. 保健食品注册数量增加

2021年保健食品备案产品总数为2373款，其中进口保健食品备案产品有42款，国产保健食品备案产品有2331款。见图2-26。

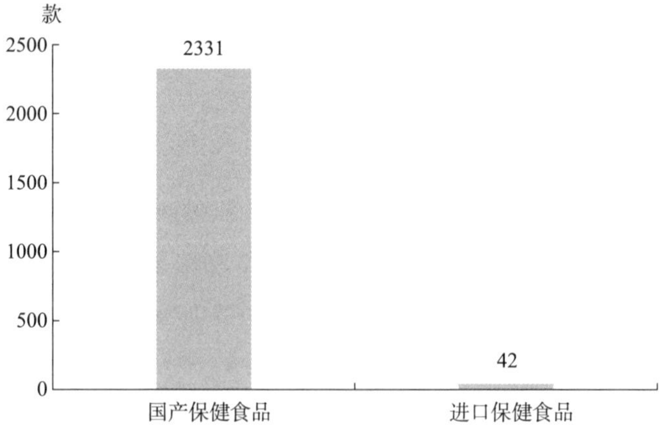

图2-26　2021年中国保健食品备案情况

资料来源：国家市场监督管理总局

2021年国产保健食品备案主要集中在华东、华南沿海地区。山东省和广东省分别以 806 款和 439 款备案产品分列第一和第二位。见图 2-27。

获得进口保健食品备案的国家/地区有美国、加拿大、日本、澳大利亚、丹麦、新西兰、德国、韩国，并且在 42 款进口备案产品中，有 14 款产品的备案申请人为美国企业。见图 2-28。

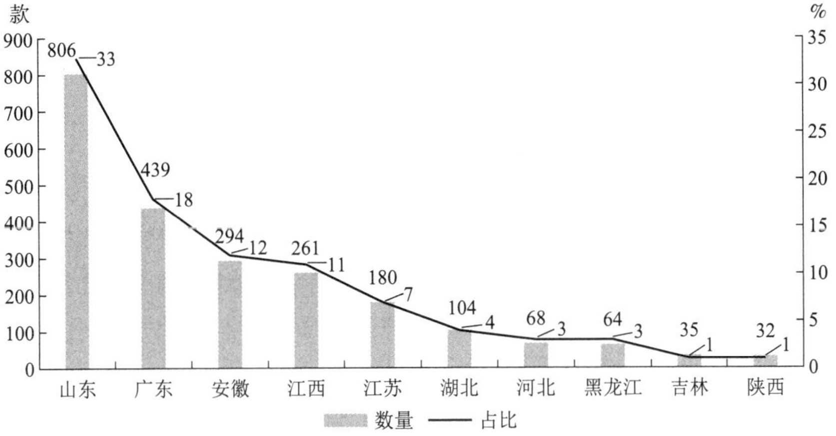

图 2-27　2021 年各省份保健食品备案情况

资料来源：国家市场监督管理总局

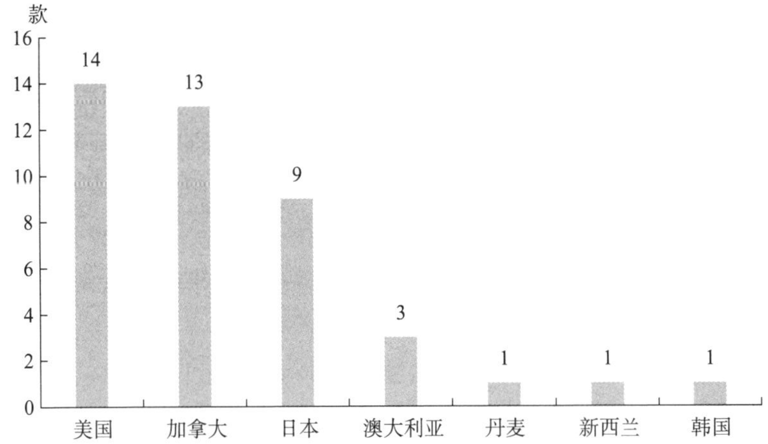

图 2-28　2021 年进口保健食品备案情况

资料来源：国家市场监督管理总局

共有 400 家企业获得保健食品备案凭证，排名前十的企业分别为：威海百合生物技术股份有限公司、华润圣海健康科技有限公司、威海南波湾生物技术有限公司、山东养怡蓓医药科技有限公司、深圳芙莱特营养与健康有限公司、安徽万花草保健品有限公司、安徽全康药业有限公司、江西皓宇生物科技有限公司、威海紫光生物科技开发有限公司、健码制药（广东）有限公司。其中威海百合生物技术股份有限公司获得240款保健食品备案凭证，排名第一，华润圣海健康科技有限公司获得79款保健食品备案凭证，排名第二。上述10个企业的备案产品数量如图2-29所示。

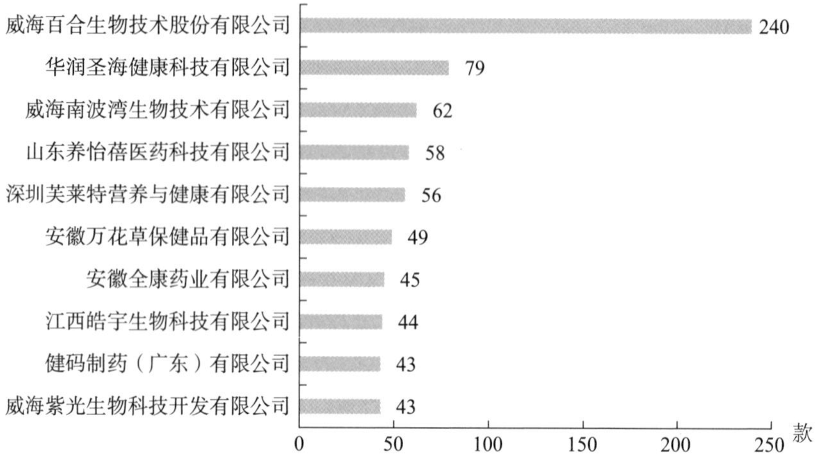

图2-29 国产保健食品备案数量排名前十的企业

资料来源：国家市场监督管理总局

2. 保健食品注册剂型多元化

从备案产品的种类来看，国产备案的保健食品可分为功能性产品和营养素补充剂的产品。功能类产品指的是以《辅酶Q10等五种保健食品原料目录》中的物料为原料的保健食品，有288款，相对应的保健功能涉及增强免疫力、辅助降血脂、改善睡眠和抗氧化；营养素补充剂的产品共有2167款。

在功能性保健食品中，以破壁灵芝孢子粉为原料的产品最多，有81款，占功能类保健食品总数的28%；其次为以辅酶Q10为原料的产品，有75款，占功能类保健食品总数的26%；排在第三位的是以鱼油为原料的产品，占功能类保健食品总数的24%。见图2-30。

（备注：以褪黑素为原料的产品统计，包含褪黑素+维生素B6的产品）

营养素补充剂的产品，按照补充营养素的种类数量，又可分为补充单一营养素的产品、补充两种营养素的产品以及补充多种营养素的产品。其中，补充单一营养素的产品最多，有940款，可达到营养素补充剂产品总数的44%，其次为补充多种营养素的产品，有722款，可达到营养素补充剂产品总数的33%。见图2-31。

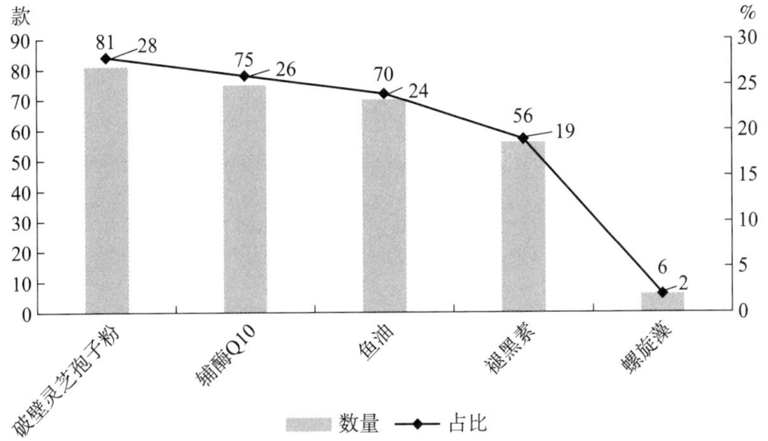

图 2-30 功能类保健食品使用原料情况统计

资料来源：国家市场监督管理总局

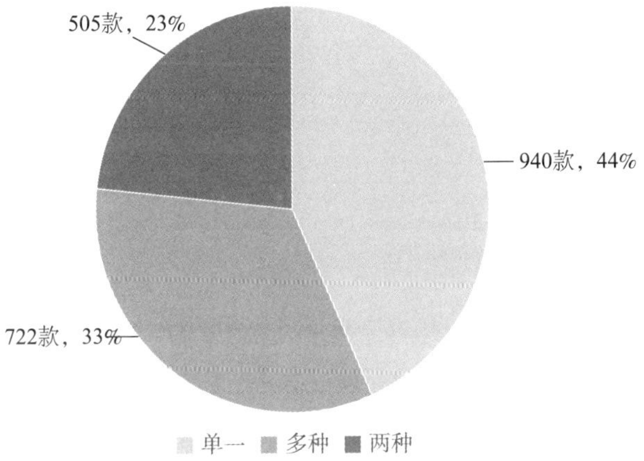

图 2-31 补充营养素种数的国产保健食品备案统计

资料来源：国家市场监督管理总局

其中，在补充单一营养素的产品中，通过统计分析，可知补充维生素 C 的产品有 406 款，居第一位；补充维生素 E 的产品有 113 款，居于第二位；其次为补充钙的产品，有 98 款。见图 2-32。

在补充两种营养素的产品中，以补充钙+维生素 D 的产品最多，有 206 款；其次为补充维生素 A+维生素 D 的产品，有 56 款；补充钙+锌的产品排在第三位，有 44 款。见图 2-33。

从产品剂型来看，在获得国产保健食品备案凭证的 2455 款产品中，片剂的产品最多，有 1274 款，占总数的 52.0%；其次是软胶囊的产品，有 650

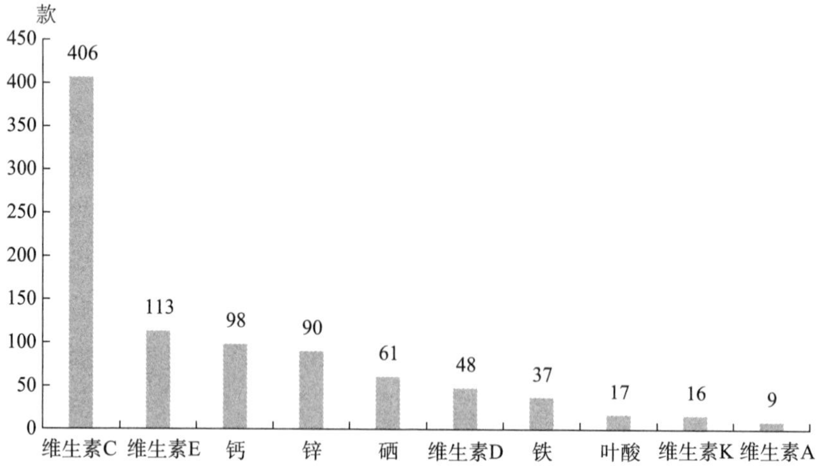

图 2-32　单一营养素补充剂产品排名前十的营养素

资料来源：国家市场监督管理总局

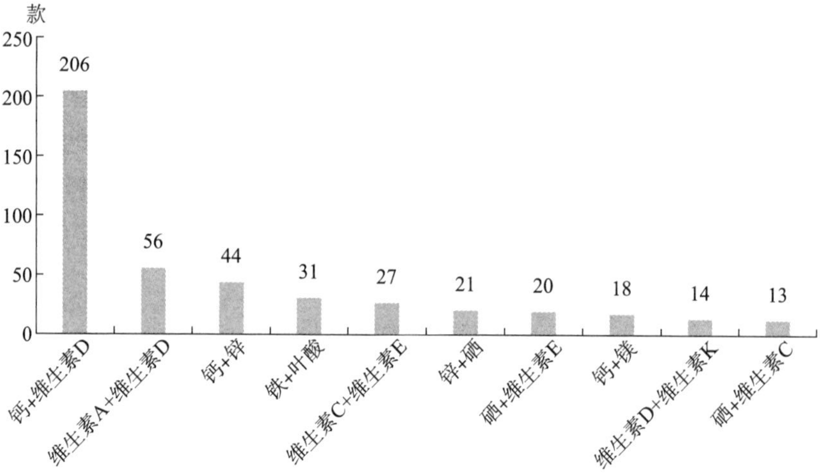

图 2-33　两种营养素补充剂产品排名前十的营养素

资料来源：国家市场监督管理总局

款，占总数的 26.4%；口服液的产品排在第三位，共 190 款（包含 49 款滴剂），占总数的 7.7%。相比于进口备案的保健食品，其剂型更加丰富，颗粒、粉剂和凝胶糖果均有获得备案凭证的产品。见图 2-34。

2021 年进口保健食品备案产品中，片剂的产品最多，有 25 款，占全年进口备案产品数量的 60%。其次为口服液产品，有 13 款（包含 1 款滴剂产品），占全年进口备案产品数量的 31%。其他为软胶囊（3 款）、硬胶囊（1 款）。

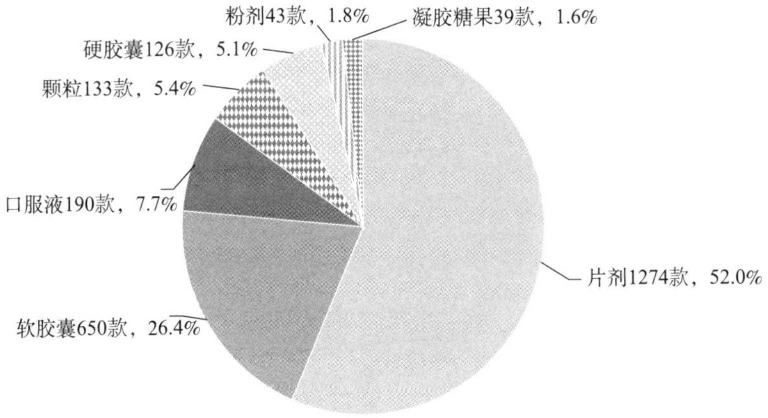

图 2-34 不同剂型的国产保健食品备案数量统计

资料来源：国家市场监督管理总局

根据《保健食品备案产品剂型及技术要求（2021 年版）》，补充维生素矿物质产品在备案时可以选用 7 种产品剂型（或食品形态），包括片剂、硬胶囊、软胶囊、口服溶液、颗粒剂、凝胶糖果和粉剂。2021 年无颗粒剂、凝胶糖果和粉剂的进口产品获得备案凭证。见图 2-35。

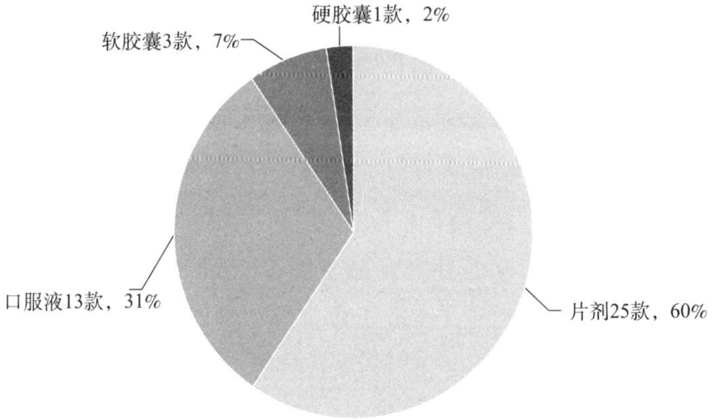

图 2-35 不同剂型的进口保健食品备案数量统计

资料来源：国家市场监督管理总局

从产品补充营养素的种类数量来看，42 款产品中补充多种营养素的产品占多数，有 21 款，达到全年进口备案产品数量的 50%。其次是补充两种营养素的产品，有 12 款，占全年进口备案产品数量的 29%。补充单一营养素的产品数量比补充两种营养素的产品数量略少。见图 2-36。

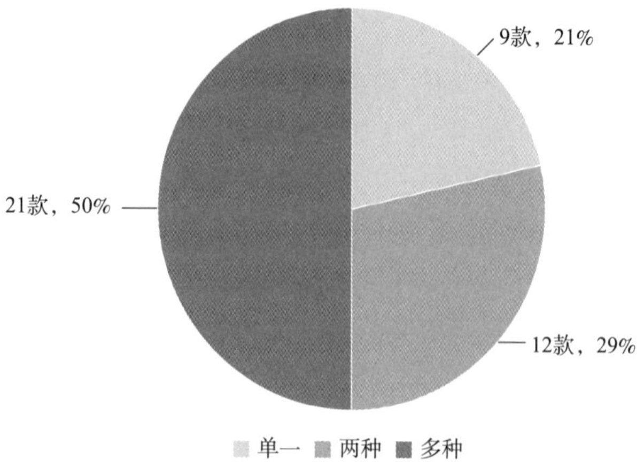

图 2-36　不同营养素种类的进口保健食品备案统计

资料来源：国家市场监督管理总局

3. 保健食品呈现“零食化”趋势

保健食品呈现“零食化”趋势。在产品包装上，出现了像零食一样便携式的小包装设计，有助于消费者即时补充营养，如小份独立包装的花茶、阿胶糕、补铁口服液等。在产品形态上，果冻型、糖果等形态呈爆发式增长，如益生菌软糖、胶原蛋白果冻等产品，既保持了口感，又方便携带和饮用，而且时尚新颖，成为年轻人选择膳食营养补充剂的新方向。

年轻人正在成为购买保健食品的新生力量，而对保健品的消费需求又同中老年群体迥然不同，年轻消费者对“健康”与“美丽”的追求，让养生走向“快消化”，他们排斥像吃药一样吃保健品，而是喜欢既像零食一样好吃又便捷，又具备保健功能的营养补充食品。保健产品中的维生素、褪黑素、鱼油等营养成分纷纷被做成软糖，连玻尿酸、烟酰胺等美容成分也能口服食用。

新消费领域下保健食品的产品形态正在摆脱胶囊和片药的形式，饮料、软糖、果冻、奶昔类型的营养补充食品占据了较大的市场份额，这一现象正是保健品零食化发展的趋势的征兆之一。

4. 研发力成为核心关键

近年来，部分保健食品头部企业纷纷加码科研。如汤臣倍健已针对免疫调节、眼健康、骨健康、心血管健康等领域加大研发投入；同时与国内外权威营养健康机构，就“新功能、新原料、新技术”展开创新性研发，关注预防类保健需求、轻功能零食化产品，多线并行进行创新科研，成为下半场的行业亮点；

完美企业成立了“完美生命健康科技研究院”，实现“产、学、研、用”一体化，致力于开展前沿科技研究，带动创新产业链；无限极与诺贝尔奖获得者霍夫曼团队、英国剑桥大学、中科院上海药物研究所等全球一流科研机构合作，形成了“一个中心、多个科研平台、多方科研权威支持”的科研体系；安利近年也在加大安利亚洲科创中心的新投资建设，成立植物研究中心。

“研发力”成为保健食品企业继市场经营、广告宣传后的攻擂高地。营销的浪潮退去，终将是有能力者留到最后的角逐场。

（三）行业发展趋势

1. 国家政策推动行业创新

2021年初，市场监管总局发布《辅酶Q10等五种保健食品原料备案产品剂型及技术要求》，辅酶Q10等五种保健食品原料目录将正式实施。同年12月20日，《保健食品原料目录营养素补充剂》等三个征求稿公开征求意见，拟将6种原料纳入保健食品原料目录。这些规定的施行，使得企业在备案产品的原料选择等方面获得更多的空间。随着更多原料更快速地被纳入备案制原料名单，保健食品市场上的产品会愈加多元化，在企业受益的同时也进一步激发了市场活力。同时，随着消费者“预防为主”的健康意识进一步增强，保健食品从传统的满足维生素、矿物质补充需求，逐渐演化出机能平衡、运动营养、口服美容等细分功能，成为市场新宠。未来，保健食品行业发展趋势将逐步实现品种功能丰富化、消费群体多元化、需求个性化，满足消费者对风味与健康的双重追求。

2. 保持强监管态势

国家市场监管总局正式发布《保健食品标注警示用语指南》（以下简称《指南》）和《保健食品原料目录与保健功能目录管理办法》（以下简称《办法》），政策的出台旨在推动和促进保健食品产业健康发展，将给保健食品消费带来里程碑式的影响。

针对恶意混淆保健食品和药品的问题，2019年国家市场监管总局发布了《指南》，旨在指导保健食品警示用语标注，使消费者更易于区分保健食品与普通食品、药品，引导消费者理性消费。根据《指南》规定，保健食品标签应设置警示用语区及警示用语。警示用语区位于最小销售包装包装物（容器）的主要展示版面，所占面积不应小于其所在版面的20%。保健食品经营者在经营保健食品的场所、网络平台等显要位置标注“保健食品不是药物，不能代替药物治疗疾病”等消费提示信息，引导消费者理性消费。一系列有力的措施，显示了国家治理保健食品乱象的决心，也意味着在更为严格和规范化的政策监管下，推动和促进保健食品产业健康发展。

3. 销售渠道加快转型

近年来，保健食品渠道体系发生变革，会销渠道逐渐衰落，直销渠道则在政策变化的影响和新渠道的冲击下，占比有所减少，但仍是保健食品销售的主要模式，不过直销模式有一定的门槛，需要商务部颁发的直销许可牌照方可经营。商务部直销行业管理系统显示，目前国内仅有 89 张直销牌照。据欧睿数据，保健食品的直销渠道占比从 2015 年的 39%降至 2020 年的 25%，电商渠道占比则从 18%增至 40%。在直销政策收紧的形势下，一些企业不得不调整思路，瞄准线上渠道。

保健食品创新营销在 2021 年继续崭露头角，各个品牌纷纷向私域流量、直播等方向转型。各类新平台也被保健品企业利用了起来，如抖音、快手、京东、天猫等平台。2021 年康宝莱、汤臣倍健、无限极等企业纷纷加码线上平台，深化数字化转型。与公域流量相比，私域流量接入的是原有的保健食品消费人群，成交量、转换率更高，客单价也更高，消费者教育更容易。企业对各平台的有效利用也将有利于整个保健食品行业的蓬勃发展。除线上渠道外，同仁堂、小仙炖等企业发力线下，开启“第三空间”来联结新一代。公开资料显示，此前同仁堂在北京打造了健康饮食+医馆+体检+社交文娱的复合功能体“知嘛健康”，推出枸杞拿铁等养生咖啡。2021 年小仙炖则推出首家沉浸式中式滋补体验店。

数字化转型是保健食品企业打造竞争力的必然选择。从外部看，在数字化转型大潮中，如果不进行数字化转型，保健食品企业或将会落后于时代。从内部看，数字化转型可以捕获新的市场机会，尝试新的商业模式，在未来商业市场中提前占位。数字经济时代，保健食品企业核心竞争能力从过去传统的“制造产品能力”变成了“服务能力+数字化能力+制造产品能力”。

对于保健食品企业未来的发展方向，保健食品企业要具备开展技术研发创新的能力，加快研发设计向协同化、动态化、众创化转型；要具备生产方式变革的能力，加快产品销售向智能化、柔性化和服务化转变。同时，企业要具备组织管理再造的能力，加快组织管理向扁平化、创客化、自组织拓展；还要具备跨界合作的能力，推动创新体系由链条式价值链向能够实时互动、多方参与的灵活价值网络演进。

二、特殊医学用途配方食品

（一）行业发展概况

从全球情况来看，特殊医学用途配方食品（简称“特医食品”）行业呈现蓬勃发展之势。2013 年，有报道称全球特殊医学用途配方食品的市场规模为 560 亿~640 亿元，每年以 6%的速率增长。其中，北美市场规模为 270 亿~300 亿元，增速为 3%；欧洲市场规模为 130 亿~150 亿元，增速为 5%；日本市场规模为 100 亿~120 亿元，增速为 7%；而我国特殊医学用途配方食品市场仍处于早期发展阶段，当时规模仅相当于全球的 1%。

特殊医学用途配方食品的应用非常广泛，且有很长的使用历史。全球产品市场上的特殊医学用途配方食品约有 705 款，分人群来看，0~1 岁婴儿特膳产品 39 款，1~10 岁儿童 170 款，10 岁以上 469 款，其中 17 款适用于老年人。国外相关产品种类繁多，能够满足不同疾病或特定医学状况下人群的治疗/辅助治疗和（或）营养需求，其中欧美市场上特殊医学用途配方食品的种类比较丰富，全球占比也是最高的，某品牌上市的特殊医学用途配方食品种类达 300 个，而且特殊医学用途配方食品的发展基于临床实践向精准化（个性化）方向发展，提高了特殊医学用途配方食品的临床应用效果。

近年来，我国针对国民健康与营养作出重要部署，先后发布《“健康中国 2030”规划纲要》和《国民营养计划（2017—2030 年）》。在此背景下，我国特殊医学用途配方食品市场发展加快，市场提升空间巨大。从消费意愿看，消费者对于特殊医学用途配方食品的安全性十分重视。从消费能力看，随着我国中产阶级崛起，其消费和财富在总人口中的占比迅速扩大。作为社会阶级结构的“中流砥柱”，中产阶级人数众多，且具有较强消费水平，是能够消费特殊医学用途配方食品的潜在人群。

艾媒咨询数据显示，我国特医食品行业市场规模从 2016 年的 25.9 亿元增至 2020 年的 77.2 亿元，扩大了约两倍，预计 2021 年市场规模达到 100 亿元。随着政策的加持，更多的科研投入和更多产品进入市场，人们对特殊医学用途配方食品逐步了解，医疗机构使用更加规范，特殊医学用途配方食品行业将成为下一个蓝海。

（二）行业发展特点

1. 产品获批数量持续增加

在国家的重视与政策的完善下，特殊医学用途配方食品总体的产品数量与多样性会持续快速增加。截至目前，共计 85 款特医食品获批，国产 56 款，进口 29 款，国产产品注册数量已经超过进口产品。在已批准的 85 款产品中，有 65 款产品的剂型为粉状，其余 20 款为液态产品。

从产品类型来看，如图 2-37 所示，已获批产品中有 37 款为特殊医学用途婴儿配方食品，占到了总数的 44%；27 款为非全营养配方食品，占到了总数的 32%；20 款为全营养配方食品，1 款为特定全营养配方食品。

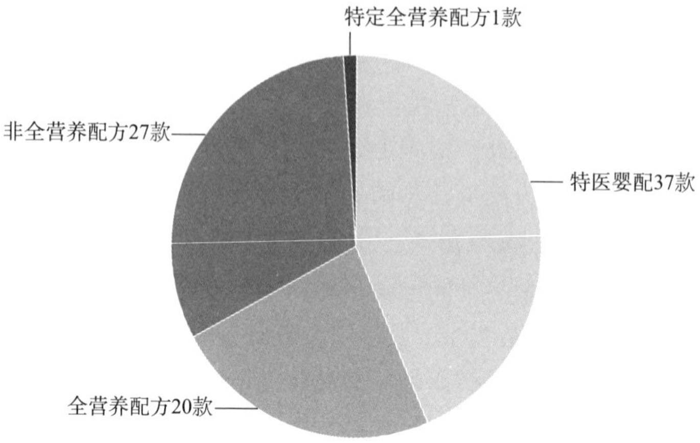

图 2-37　各类特殊医学用途配方产品获批数量

资料来源：国家市场监督管理总局

2. 非全营养配方食品占比加大

自 2017 年第一款特殊医学用途婴儿配方食品注册成功后，特医食品注册大门正式打开。特殊医学用途婴儿配方食品由刚开始的独占鳌头，后续逐渐被全营养配方食品和非全营养配方食品陆续超越，到 2021 年注册占比已下降到 21%，但其高起步得益于普通婴儿配方食品行业背景的成熟，潜力不容小觑。非全营养配方食品和全营养配方食品均是 2018 年开始起步，其中全营养配方食品注册进程较快，并于 2020 年达到特医食品注册量的 50%，但 2021 年其注册占比明显下降。非全营养配方食品的注册占比于 2020 年和 2021 年增长较快，其中 2021 年已达到 67%，远高于特殊医学用途婴儿配方食品和全营养配方食品，并陆续新增了首款脂肪组件和特定全营养配方食品，特医食品的类型在逐渐丰富。

3. 越来越多的品牌企业进入特医食品领域

按企业来看，目前共有 37 家企业获得特医食品注册，获得注册证书的国内企业达到30家，雀巢（NESTLE）仍以共计12款产品成为在华获批产品数量最多的企业，且首款特定全营养配方食品的获批也是雀巢率先攻破，雀巢由最开始的特医婴配食品逐渐向全营养配方食品及特定全营养配方食品拓展。据统计，从2020年开始，获批产品共42款，仅2款产品为境外企业注册，境内注册企业和产品持续增多，早已远超境外企业并占据了主导地位，期待国内企业早日攻破特定全营养配方食品。特医食品的注册企业中有8家药企也加入特医市场，未来可能会吸引更多其他企业的投入。面对巨大的特医市场需求，我国特医食品有较大的发展空间，对企业来说是机遇亦是挑战。见图2-38。

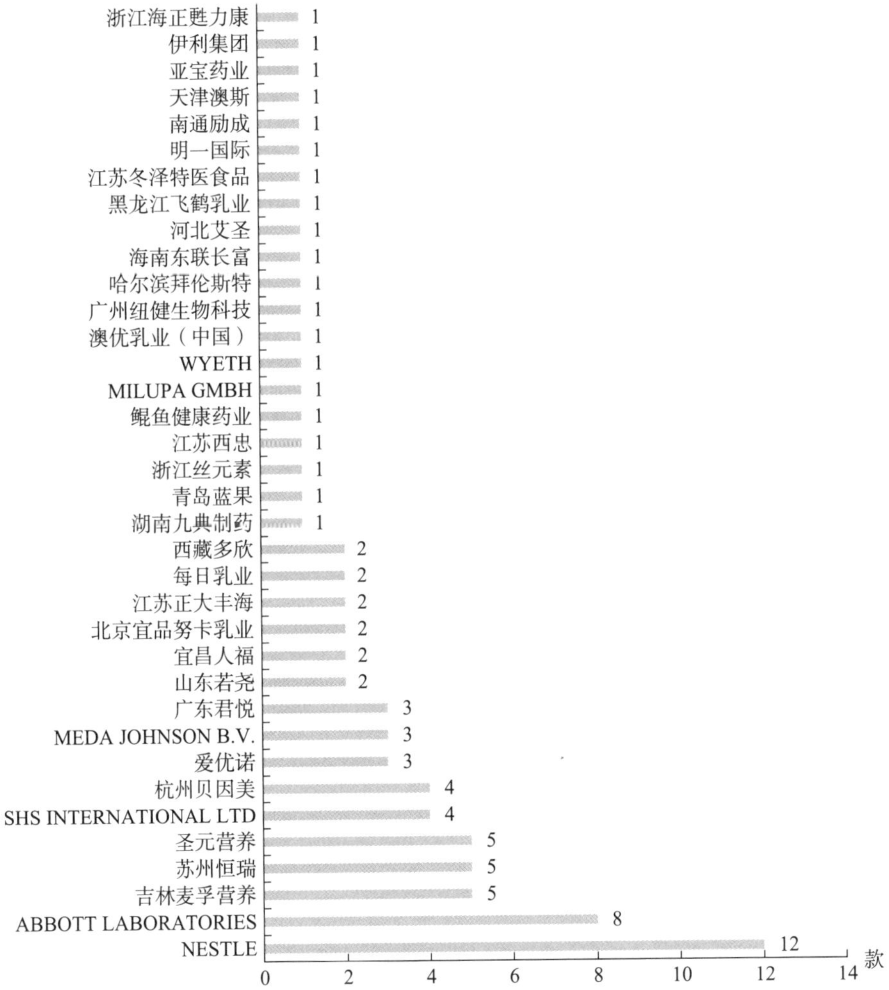

图2-38 各企业获批特医食品的数量

资料来源：国家市场监督管理总局

4. 产品科研投入有待提高

当前我国在特殊医学用途配方食品方面的研发以及积累的科研数据比较缺乏，现有的基础理论、循证研究与工艺技术研究存在不足，产品研发大多采用国外数据或者健康人群数据。国内企业特殊医学用途配方食品的研发多数仍处于学习模仿阶段，缺少特殊医学用途配方食品的基础研究和临床有效性试验方面的积累。食品加工领域涉足特殊医学用途配方食品行业缺少特医方面专业科研人员和经验，特殊医学用途配方食品的开发往往仅考虑到了受众的营养需求，加工产品的品质还有待改进，这些将影响患者对产品的态度，也在一定程度上影响了特殊医学用途配方食品的推广与应用。

（三）行业发展趋势

当下我国特医食品作为新兴的行业，正面临政策导向与市场需求的双因素驱动。从政策背景看，国务院办公厅印发并实施了的《国民营养计划（2017—2030年）》强调“推动特殊医学用途配方食品和治疗膳食的规范化应用”，为行业发展提供了政策支持。从市场需求看，我国至少还有70%的特医食品需求没有得到满足。如慢性病患者基数不断扩大，高血压、糖尿病、心脑血管疾病等慢性非传染性疾病的发生率、死亡率不断上升，加之我国人口老龄化日趋严重。据报道，60岁以上老年人的营养不良率为6.1%，住院老年患者营养不良患病率高达40%~60%。

行业标准不断完善。随着我国特殊医学用途配方食品行业相关政策的出台，行业开始逐步规范。当前我国特殊医学用途配方食品的国家标准还远落后于美国、欧盟、澳大利亚和新西兰等国家和地区。虽然近年来我国发布了一系列关于特殊医学用途配方食品的标准，正逐渐与国际和发达国家接轨，但标准规范仍处于摸索阶段。长远来看，为促进特医食品行业健康发展，制定各具体细分疾病与用途的行业开发研究标准或者指南，以完善市场运行机制，对我国特殊医学用途配方食品行业的发展将是一个利好因素。未来，特殊医学用途配方食品行业政策法规将趋于稳定，更加规范，并与国际接轨。

三、婴幼儿配方食品

（一）行业发展概况

美国婴儿食品市场近年来规模一直较为稳定，约60亿美元；南美洲具有潜力巨大的婴幼儿食品市场；欧洲规模稳定甚至小幅下降的市场，奶粉销售增长较快。从全球看，大卖场依旧是核心销售渠道，专业零售店其次，电商在亚洲市场发展较快。在发达国家，婴幼儿食品的主要销售渠道依然是大卖场，基本占据70%左右的份额，专业零售店（主要是药品和化妆品店）销售占其次，电商比重几乎可忽略。

发展中国家，专业零售店的比重有所提高，但核心仍是卖场和超市，大部分地区的电商渠道销售很小。不过亚洲国家如日本、中国、印度等，电商的比重比其他地区高，且成熟的婴幼儿食品市场通常具有很高的行业集中度；在美国，仅市场前三品牌就已占据90%以上的婴幼儿奶粉市场份额。

全球婴幼儿食品行业处于稳步成长期。调查数据显示，全球每年有1.3亿新生儿出生，婴幼儿食品市场拥有巨大的发展空间，2018年全球婴幼儿食品需求规模为225.7亿美元，同比增长8.35%。未来几年，全球婴幼儿食品市场仍有较大的市场发展空间。

随着食品行业的发展，我国对于婴幼儿配方食品相关政策法规在不断地补充与修订。近年来，随着中国监管机构的改革，其职能也在调整。政策的变化对于婴幼儿配方食品企业既是机遇又是挑战，为婴幼儿配方乳粉各品牌创造了更广阔的市场空间和前所未有的发展机遇。

面对不断变化和竞争日益激烈的食品饮料市场，品牌需要不断创新才能脱颖而出。模拟母乳组成是开发婴幼儿配方乳粉的中心法则，在未来研发过程中，母乳相似性、产品合规性以及营养安全性将是婴幼儿配方乳粉研发的重点。随着社会经济生活水平的提高和消费者对健康、营养需求的不断提升，婴幼儿配方乳粉消费升级趋势明显。随着“三胎政策”的开放以及婴幼儿摄食奶粉时间的普遍延长，婴幼儿配方乳粉市场将进一步扩大。

1. 生产企业注册情况

截至2021年12月31日，国家市场监督管理总局共批准172家生产工厂的451个系列1392款（含已注销的48款）婴幼儿配方产品配方通过注册。其中包括境内的119家工厂的1063款配方，境外的53家工厂的329款配方。

2021年通过注册的配方数量为41款。通过近5年批准配方数量分析，2017年是配方批准量的高峰期，占已批准产品的67%，主要原因为注册过渡期截止到2017年底。由于每个生产企业原则上不得注册超过3种配方系列9款产品配方，2018年后，婴配乳粉的新产品注册数量逐年减少。自2018年以来，获得注册的国产配方产品占比逐年升高，其中2021年国产配方产品占比已升至85.4%。见图2-39。

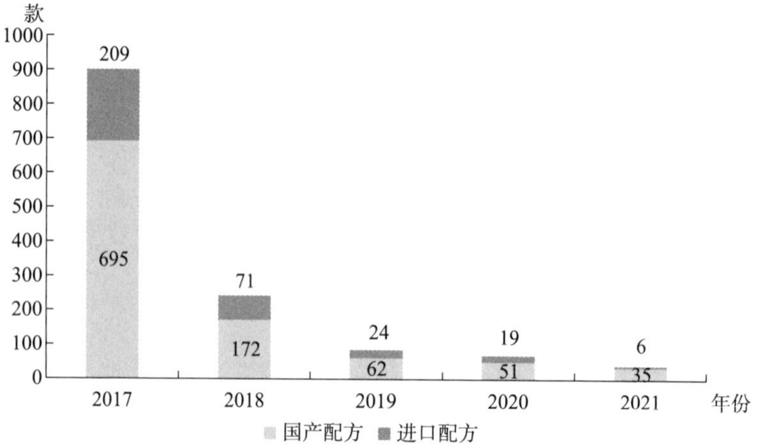

图2-39 2017—2021年批准的产品数量

资料来源：国家市场监督管理总局

2. 获批配方产品类型

产品动物性来源：获批的婴配产品配方中，牛奶粉共1059个（78.8%），其中有6个是牦牛奶粉，羊奶粉共285个（21.2%）。近年来，羊奶粉越来越受到关注，获批注册羊奶粉中，以国产产品为主，占比88%。见图2-40。

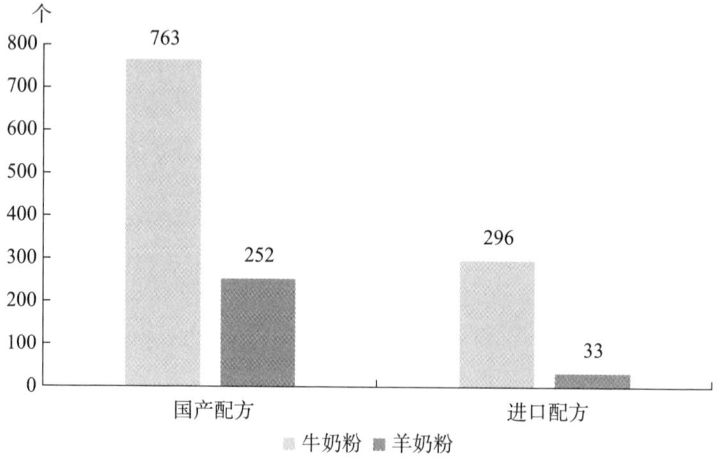

图2-40 动物源性奶粉获批情况

资料来源：国家市场监督管理总局

3. 获批配方生产工艺

目前获批配方中，以干湿法复合工艺生产的产品居多，有 572 个配方；干法工艺生产的有 423 个配方，其中以基粉为原料进行干法生产的［生产工艺为“干湿法复合工艺（干法部分）”］有 91 个配方；湿法工艺生产的有 349 个配方。2020 年开始，可申报的工艺类型中去掉了“干湿法复合工艺（干法部分）”，调整为“干法工艺、湿法工艺、干湿法复合工艺”这三种工艺类型，与生产许可工作保持了一致。另外，与 2020 年相比，2021 年干湿法复合工艺、干法工艺产品略有增加，湿法工艺产品略有下降。见图 2-41。

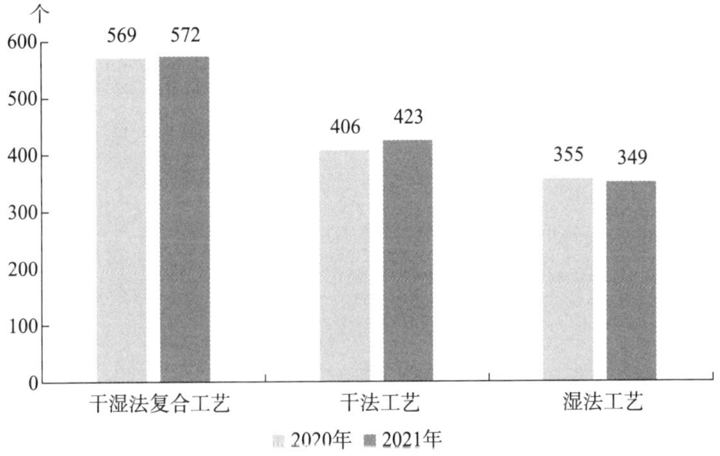

图 2-41　获批配方的生产工艺情况

资料来源：国家市场监督管理总局

（二）行业发展特点

1. 行业标准逐步建立

2021 年 3 月，国家卫健委、市场监管总局联合印发 2021 年第 3 号公告，发布 50 项新食品安全国家标准和 4 项修改单，其中包含《婴儿配方食品》（GB 10765—2021）、《较大婴儿配方食品》（GB 10766—2021）、《幼儿配方食品》（GB 10767—2021）等 3 项营养与特殊膳食食品标准。制定修订并实施婴幼儿配方食品系列标准，是保障婴幼儿配方食品安全性、营养充足性的重要手段，是指导和规范食品生产企业科学生产的技术要求，是监管部门开展监管执法的重要依据。

2021 年 4 月 1 日，国家市场监督管理总局发布《市场监管总局关于印发

2021年立法工作计划的通知》，其中包含了《婴幼儿配方乳粉产品配方注册管理办法》，即不久将迎来新的注册管理办法。这些法规既为企业指明了方向，也是企业需要应对的挑战。

由于新国标的发布，新一轮的配方注册也会相应严格，对企业的研发能力、生产能力、检验能力等都提出了更高的要求。

2. 行业研发创新崭露头角

“十三五”以来，中国疾病预防控制中心营养与健康所的研究团队开展了一系列母乳科学领域的系统性研究，针对我国母乳科学研究领域“母乳成分数据不系统不完善、国产婴配原辅料自主生产技术不足、婴儿配方食品的市场供给和人民对健康的需求不相匹配等”方面存在的问题，探索产学研医一体化的国产婴儿配方食品创制途径，修订婴儿配方食品国家标准，实现了部分国产乳基配料的产业化，创制基于中国特征的母乳组分的新一代国产婴儿配方食品和特需乳制品，提升了中国婴儿配方食品的竞争力。

其中，中国疾病预防控制中心营养与健康所承担“十三五”国家重点研发计划“基于我国母乳组分的特需乳制品创制及共性关键技术研究”，该项目制定了完整的工艺要求，提高生产管理控制水平。加强新一代婴儿配方食品的创制，一是婴儿配方奶粉的创制，根据中国母乳成分数据，完成了牛乳基婴幼儿配方奶粉、羊乳基婴幼儿奶粉和牦牛乳基婴幼儿奶粉的配方设计、试制和生产，产生了较好的经济效益；二是特殊医学用途婴儿配方食品的创制，开发6款特殊医学用途婴儿配方食品，打破了国外相关特医产品的垄断，在国内临床领域得到了广泛运用。

该项目形成了一系列婴儿配方食品原辅料和特需乳制品基料制备技术，部分技术已经实现转化生产。项目聚焦大宗乳基配料、特殊功能性蛋白配料、婴幼儿特需乳制品基料以及功能性脂质、功能性低聚糖的生产，研制了20项婴儿配方食品原辅料加工生产关键技术，为婴儿配方食品的自主生产奠定了技术基础，初步解决了婴幼儿食品关键功能基料的“卡脖子”问题。

（三）行业发展趋势

1. 技术创新不断加强

婴幼儿配方奶粉作为婴幼儿最主要的非母乳营养来源，是哺育期婴幼儿的主要辅助食物或唯一食物来源，婴幼儿配方奶粉的营养结构能否模拟母乳营养组分是决定其营养品质的关键。因此，开展母乳研究探索母乳的奥秘，同时基于母乳研究的相关数据，指导婴幼儿配方食品的研究与开发，对开发出能够满足婴幼儿成长过程中营养需求的产品具有极为重要的意义。为更好地适应中国婴幼儿的营养健康需求，《中共中央国务院关于深化改革加强食品安全工作的意见》《国民营养计划（2017—2030 年）》等文件中均明确提出要加强标准引领和创新驱动，加快修订完善婴幼儿配方乳粉食品安全国家标准。

同时，从母乳营养素的成分、类别和相对含量，到功能性营养素活性和结构的研究，业内企业对母乳研究已经进入一个新时代、新阶段，已不仅仅局限于细胞实验、动物实验和体外实验，也会更关注临床的验证以及大队列跟踪调查研究。据了解，已有更多企业开始探索打造多渠道专业母婴营养知识平台，定期开展学术研讨、专家讲座等学术活动和成立科研基金，推进我国母婴营养研究发展。

2. 产品多元化、高端化、有机化

近年来，婴幼儿配方羊乳粉、有机婴幼儿配方乳粉等细分领域市场都在崛起，国内外一线品牌纷纷强化布局。随着婴幼儿配方牛乳分市场竞争格局逐渐稳定，细分市场带来差异化创新。尼尔森数据显示，2019 年上半年，中国婴幼儿配方食品市场总体同比增长 9.4%，而婴幼儿配方羊乳粉增速高达 30.8%；有机婴幼儿配方乳粉 2018 年实现了 46.8%的增长。但是这两个细分品类受原料资源的制约，有机乳清蛋白及羊乳蛋白资源匮乏，短期内还无法与市场需求相匹配。对于婴幼儿配方羊乳粉来说，需要 5~10 年的时间从奶羊牧场建设、奶羊繁殖、羊奶膜分离技术开发应用等方面实现突破，形成可持续发展。对于有机婴幼儿配方乳粉来说，也需要 3~5 年的时间解决有机乳清原料供应问题。未来配方升级、产品细分将成为婴幼儿配方食品行业新的发展方向。

现如今，婴幼儿配方食品的结构逐渐向“高端化”“有机化”发展，已出现明显上升趋势。在政策、生产、品控、检测等方面层层加持下，产品质量显著提升，消费者对产品的信心也处在历史高位。有机食品所占的比例逐年攀升，中国本土品牌也在积极扩大有机产品种类。2013—2018 年，婴幼儿奶粉和婴幼儿辅食品类中有机产品的比例逐年攀升，2017—2018 年比 2013—2014 年同期增长了 122%，在婴儿辅食领域，有机辅食上升得更为明显。国际品牌积极向中国市场推出有机婴幼儿辅食品牌或产品线，有机食品的市场占有率从 2015 年的 4.4%上升到 2018 年的 16.3%。在消费能力提升、育婴知识渗透、辅食多元化、个性化等多重利好因素的推动下，国内婴幼儿食品呈现高速增长，显示出市场存在巨大的增量空间。不过婴幼儿配方食品行业仍要保持创新精神，包括在产品、技术等层面不断夯实产品品质，并且持续精益求精，以高品质呵护孩子们的未来。

随着婴幼儿辅食市场的激烈竞争和优胜劣汰，市场销售由最初主要是国外品牌的局面，逐步转为国产品牌不断崛起。根据前瞻产业研究院整理的数据，《中国婴幼儿辅食市场品牌影响力指数排名》的统计数据显示，虽然位于前5名的仍是跨国公司的品牌，但在《婴幼儿辅助食品生产许可审查细则》（2017版）等新政策法规发布实施后，行业加速优胜劣汰前十大品牌中的国产企业，国内品牌通过差异化和品牌化建立起品牌的良好形象，逐渐获得了较高的市场占有率。值得关注的是，排名前10的国产品牌企业中并没有生产大省江西省和广东省。

第四节　养生保健服务

突如其来的新冠肺炎疫情，使社会和群众对“治未病”的认知度、认同度和欢迎程度不断提高，公民健康文化素养逐步提升。养生保健是中国传统文化的重要组成部分，以中医为核心的养生保健行业传承千年，已成为中国特色的文化载体，对中国人民的健康发挥了重要作用。随着经济消费能力增强，观念意识转变，民众对健康养生保健服务的需求呈现多样化倾向，大众对养生保健服务的需求不断上升。

一、行业发展概况

（一）国外养生保健服务行业现状

以中医为核心的养生保健，与人的健康息息相关，虽然世界各国不一定有养生保健行业这个概念，但因为人民健康的刚性需要，这个行业及产业实际上一直处于蓬勃发展之态势。

1. 欧美国家重视针灸

美国政府专门成立了补充医学（包括中医药）研究机构，即美国国家补充和替代医学中心，该中心2005年的研究经费超过1.2亿美元。美国国家补充和替代医学中心在美国各大学成立了数十个补充医学研究中心，资助了大量包括中医药在内的补充医学临床研究项目。当中的研究项目多与针灸相关，近年各中心对中医药相关的研究也明显增加，并聘请中医专家加入研究计划。例如马里兰大学医学院研究中心在进行中药及针灸治疗骨性关节炎和自身免疫性关节炎的研究；哈佛大学医学院合作中心也在进行中药针灸用于戒毒和戒酒的相关研究。

法国政府为了鼓励与促进本国中医师在针灸治疗领域的研究，特别成立了“针灸专门委员会”。目前法国的注册针灸师已经突破万人大关，针灸专业培训学校有 10 余所。

针灸是中医药在英国发展的先锋，也是最为英国社会熟悉和认可的中医治疗手段。因此其发展情况也被作为英国中医药发展的重要指标加以研究。由于地理位置和气候因素的差异，针灸在英国的主治病种与国内大不相同，常见疾病有：风湿性关节炎、颈肩腰腿痛、更年期综合征、针刺戒烟等；国内常见的脑卒中后遗症及周围性面瘫则很少见。英国对针具的质量和消毒要求比较严格，进针要求快而不痛，一般进针后不采取较重的手法进行补泻，且多数只针不灸或少灸，针法被简单化，不施手法。针灸疗法自然，无毒副作用，具有广泛的适应证，得到了英国患者的广泛接受。

2. 亚太地区以足疗/按摩为主

近年来，日本、韩国、泰国的足疗/按摩市场均保持两位数的持续稳定增长。其中在日本和韩国，现代西医的神经反射理论和中医足疗经络疗法相结合，使足疗/按摩迎来发展新时机；日本更在盛唐时期就受中国足疗文化影响，在消费习惯培养和消费力上相对领先，市场体量也更大。泰国泰式按摩是古代招待皇族的最高礼节，国家层面也大力推动泰式按摩/SPA 业务推广，与旅游业融合发展。

特别是泰式水疗按摩融合东、西方的水疗特色，又以传统的泰式按摩见长，在西方香熏按摩的基础上加入泰式香料，形成自己独特的 SPA 风格。SPA 是泰国旅游业的一大特色，约占泰国旅游收入的 50%，全国现有保健 SPA 经营场所近千家，位居亚洲第一，光顾泰国 SPA 的客人中，80%是外国人，其中日本顾客最多，其次是欧洲顾客。最受欢迎的服务分别是泰式按摩、香精油按摩和治疗按摩。

为了振兴服务业，增加国家收入，泰国卫生部已制定政策，将国内 SPA 业服务标准提高到国际水平，使之具备国际竞争力。为此，在软件方面，卫生部将要求服务员至少掌握 2 门外语，以方便与客人沟通，即除英语外，还要懂日语或德语等；在硬件上，各SPA经营场所使用的相关器具和用品都必须达到严格的安全标准。预计今后SPA行业每年将给泰国带来约150亿泰铢的收入。

（二）我国养生保健服务行业现状

1. 政策环境推动行业发展

一直以来，我国政府对中医养生保健服务行业在我国卫生事业发展中的作用都是大力肯定与支持的。良好的政策环境为行业发展指明了方向，提供了政策支持和保障，对当前“双循环”格局形势下刺激内需、促进就业、拉动消费意义重大。

2009年，国务院下发《关于扶持和促进中医药事业发展的若干意见》，明确指出，要“充分发挥中医预防保健特色优势，积极发展中医预防保健服务，制定中医预防保健服务机构、人员准入条件和服务规范，加强引导和管理，鼓励社会力量兴办中医预防保健服务机构”。发展中医养生保健服务行业既是促进经济社会发展的需要，也是发展中医药事业的客观要求。

2013年，国务院《关于促进健康服务业发展的若干意见》中，将中医养生保健列为现代健康服务业的重要领域，推动社会医疗机构开展中医预防保健服务，鼓励和支持有资质的中医师开展坐堂诊疗服务，提供养生保健咨询和调理等服务。中医养生保健服务行业已然成为政府重视的民生产业之一。

2015年，国务院办公厅印发《中医药健康服务发展规划（2015—2020）》（国办发〔2015〕32号），支持中医养生保健机构发展，规范中医养生保健服务，开展中医特色健康管理，大力发展中医养生保健服务。

2016年2月，国务院发布了《中医药发展战略规划纲要（2016—2030年）》（国发〔2016〕15号），认为中医药（含民族医药）强调整体把握健康状态，注重个体化，突出治未病，临床疗效确切，治疗方式灵活，养生保健作用突出，是我国独具特色的健康服务资源。中医药健康服务是运用中医药理念、方法、技术维护和增进人民群众身心健康的活动，主要包括中医药养生、保健、医疗、康复服务，涉及健康养老、中医药文化、健康旅游等相关服务。提出要充分发挥中医药特色优势，加快发展中医药健康服务，是全面发展中医药事业的必然要求，是促进健康服务业发展的重要任务，对于深化医药卫生体制改革、提升全民健康素质、转变经济发展方式具有重要意义。

2016 年 10 月，《“健康中国”2030 规划纲要》发布，把健康中国建设上升为国家战略。其中提到发展中医养生保健治未病服务，实施中医治未病健康工程，将中医药优势与健康管理结合，探索健康文化、健康管理、健康保险融为一体的中医健康保障模式。鼓励社会力量举办规范的中医养生保健机构，加快养生保健服务发展。拓展中医医院服务领域，为群众提供中医健康咨询评估、干预调理、随访管理等治未病服务。鼓励中医医疗机构、中医医师为中医养生保健机构提供保健咨询和调理等技术支持。

2018 年，国家中医药管理局起草了《中医养生保健服务规范（试行）》（征求意见稿），促进和规范中医养生保健服务发展。

2019 年，国务院办公厅印发《关于促进中医药传承创新发展的意见》，其中内容主要包括：健全中医药服务体系；发挥中医药在维护和促进人民健康中的独特作用；大力推动中药质量提升和产业高质量发展；加强中医药人才队伍建设；促进中医药传承与开放创新发展；改革完善中医药管理体制机制。

2021 年，国务院印发《关于加快中医药特色发展若干政策措施的通知》，提到鼓励和支持有经验的社会力量兴办连锁经营的名医堂，突出特色和品牌提供一流中医药服务。

2009—2021 年养生保健服务行业相关政策见表 2-8。

表 2-8　2009—2021 年养生保健服务行业相关政策（节选）

年份	政策	主要内容
2009	《关于扶持和促进中医药事业发展的若干意见》	充分发挥中医预防保健特色优势，积极发展中医预防保健服务，制定中医预防保健服务机构、人员准入条件和服务规范，加强引导和管理，鼓励社会力量兴办中医预防保健服务机构
2013	《关于促进健康服务业发展的若干意见》	将中医养生保健列为现代健康服务业的重要领域，推动社会医疗机构开展中医预防保健服务
2015	《中医药健康服务发展规划（2015—2020 年）》	支持中医养生保健机构发展，规范中医养生保健服务，开展中医特色健康管理
2016	《中医药发展战略规划纲要（2016—2030 年）》	提出要充分发挥中医药特色优势，加快发展中医药健康服务，是全面发展中医药事业的必然要求

续表

年份	政策	主要内容
2016	《"健康中国"2030规划》	鼓励社会力量举办规范的中医养生保健机构，加快养生保健服务发展
2018	《中医养生保健服务规范（试行）》	促进和规范中医养生保健服务发展
2019	《关于促进中医药传承创新发展的意见》	健全中医药服务体系；发挥中医药在维护和促进人民健康中的独特作用；促进中医药传承与开放创新发展
2021	《关于加快中医药特色发展若干政策措施的通知》	提到鼓励和支持有经验的社会力量兴办连锁经营的名医堂，突出特色和品牌，提供一流中医药服务

资料来源：根据公开资料整理

2. 民生需求旺盛促进行业发展加速

我国悠久的历史和文化，造就了一批爱好温泉、足疗、推拿、艾灸、刮痧、拔罐等传统保健项目的拥趸。人口老龄化、亚健康状态与气候环境变化为养生保健行业创造了广阔发展空间。特别是亚健康人群增多，世界上处于真正健康状态的人只占5%，被诊断患有疾病的人占20%，其余75%的人全部处于亚健康状态。在我国约有15%的人是健康的，15%的人呈疾病状态，其余70%的人全呈亚健康状态，亚健康人数超过9亿，这些构成了健康服务行业潜在的高需求人群。另外，根据2020年第七次全国人口普查，我国60岁及以上人口为2.64亿人，占全国总人口的18.70%，已经远远超过联合国老龄化社会的传统标准（60岁以上老人占总人口的10%），即将进入深度老年社会。

在健康刚性的需求下，养生保健服务业快速发展对各地经济发展、人民文化生活的丰富以及人民生活质量的提高起着重要的推动作用。特别在一些经济不发达地区，劳动密集型产业、服务业对促进就业、拉动需求具有积极作用。公开数据显示，养生保健服务业吸纳的就业人员达1000多万。

当下，养生保健作为现代服务业已成为一个新兴的朝阳产业，正处于快速发展的上升态势。根据大众点评收录数据统计，温泉洗浴人均花费高达142.7元。其中上海、北京、广东、江苏、云南的人均健康养生成本排在全国前列。上海的健康养生成本最高，每次人均消费高达611.4元，北京排名第二，人均健康养生成本为407.6元，远远超过健康养生人均成本272.9元的第三名广东省。

据初步统计，目前全国与养生保健相关的企业至少在20万家以上，根据美团点评三层四面模型估算数据，2018年仅足疗/按摩行业商户数量就达20万，总订单量35亿单，平均每日订单量达958.9万单，总交易额（GMV）达5000亿元。

3. 行业布局多集中在经济发达区域

数据显示，我国养生保健服务商户主要集中在东南部地区，其中广东、山东、江苏这三个省份商户数量最多，均在2万左右，四川、浙江紧随其后。从分布密度来看，以北京、上海这两个直辖市分布最集中，平均每万人拥有的商户数量分别达3.57家、2.65家。浙江省不仅在数量上处于全国领先位置，在分布密度上也基本与上海持平，竞争较为激烈。

具体到各城市来看，商户数量排名前十的城市均属于一线、新一线城市，这些区域经济发达、人口密集，消费力更强。其中，以“慢生活”闻名的成都市，以及作为“富侨系”品牌发源地的重庆市占据前四中的两席，与北京、上海组成足疗/按摩界的“一线城市”，成都商户数量更是领跑全国。见表2-9。

表2-9 城市数量养生保健服务商户数排名

排名	城市	商户数量（家）
1	成都	7778
2	北京	7742
3	上海	6410
4	重庆	6342
5	深圳	5310
6	广州	4726
7	武汉	3887
8	杭州	3848
9	西安	3827
10	郑州	3747

数据来源：美团点评大数据

从商户数量增长来看，在一线/新一线城市中，青岛增长最快，从2018年的1831家增长到2019年的3620家，增长近一倍，素有“脚都”之称的长沙紧随其后，而广东省的东莞、广州、深圳三个城市增速均位列前十，表现出“大体量、高增长”的特点。见图 2-42。

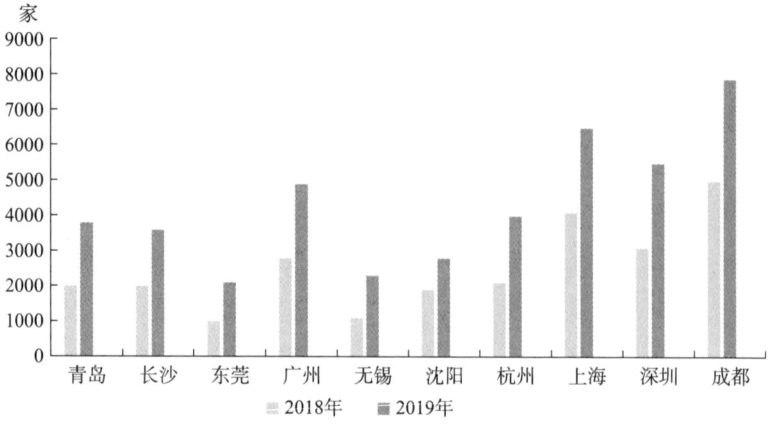

图 2-42　一线/新一线城市商户增长数量前十

4. 服务模式综合化

整体来看，我国养生保健服务以足疗类为主，商户又以单店为主，占比超过 90%，整体市场分散度较高，其中，一线城市连锁店数量高于整体（见图 2-43）。业务类型中足浴类占比达 45. 4%，其次中式调理类因具有深厚的历史文化和广泛的受众基础，占比接近 1/3。一线城市按摩 SPA 综合类占比明显高于总体，超过中式调理类成为第二大业态。见图 2-44。

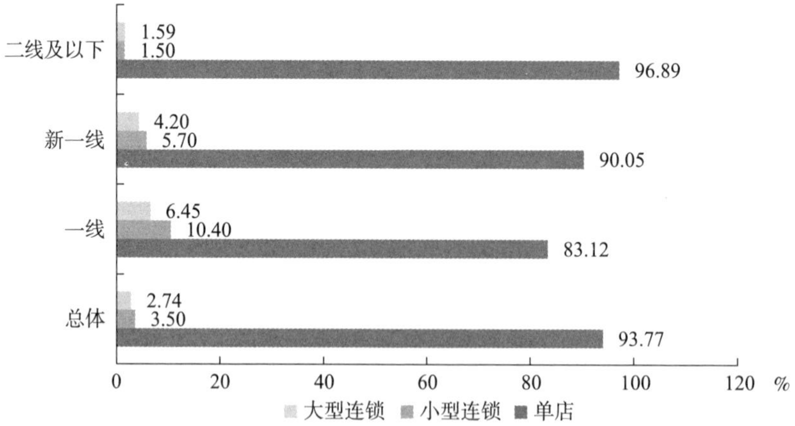

图 2-43　我国商户规模分布情况

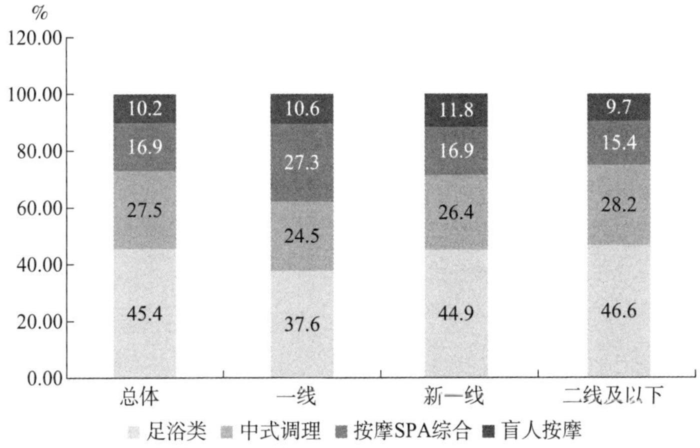

图 2-44　我国商户业务类型分布情况

足浴店群众基础广泛，综合型 SPA 馆深受一线城市消费者欢迎。数据显示，受众广泛、消费平价的足浴遍布全国，43.8%消费者日常最常去的门店类型为足浴门店；27.6%消费者日常去的门店为按摩 SPA 综合类。其中，一线城市相较于其他城市的用户，更偏好按摩 SPA 综合类商户，更注重服务品质与体验。见图 2-45。

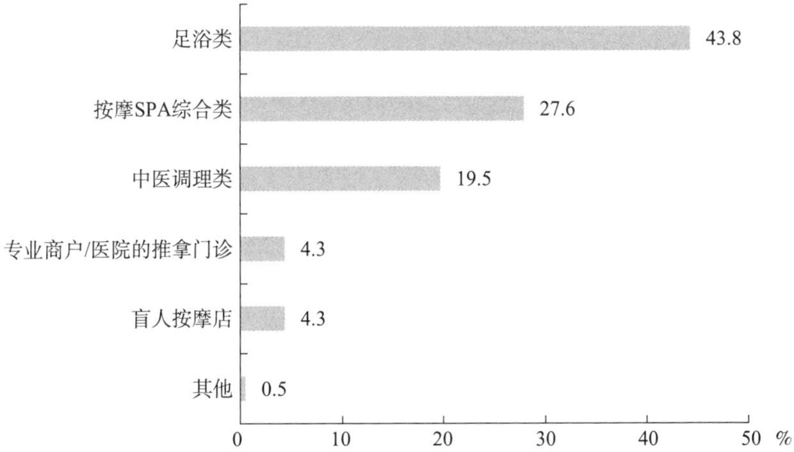

图 2-45　一线城市消费者最常去的门店类型

5. 市场需求多元化

我国幅员辽阔，不同地域有着不同的喜好与特色。数据显示，传统与经典的“足浴”“中式按摩”“中医推拿”是最受消费者喜爱的项目前三位（见图 2-46）。不同地区对足疗/按摩项目偏好存在差异，其中西南、华北、华东地区的消费者相较于全国用户，在一些特色项目上表现独特偏好。譬如西南人民偏爱“技术流”，华北人民喜爱网红手法，华东人民追求异域风情。

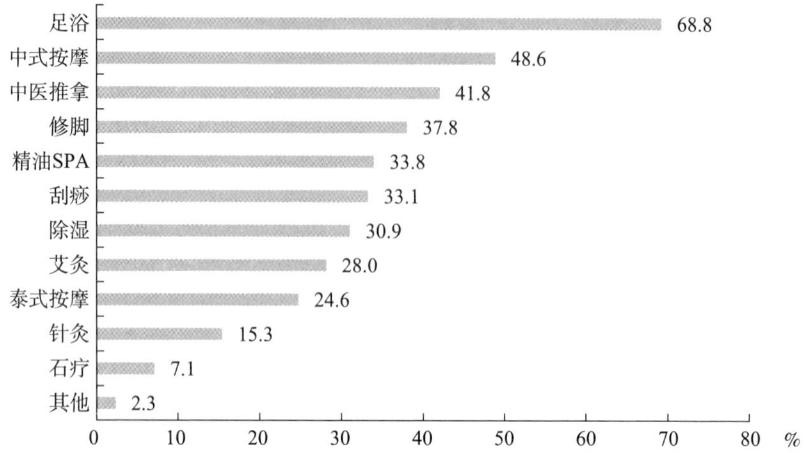

图 2-46　消费者最常消费项目

足浴/按摩不仅是为了缓解疲劳或治疗病痛，休闲娱乐甚至商务宴请也成为新的消费驱动力。不同年龄/性别/地区的用户在商户类型、服务项目、技术选择等方面呈现不同偏好。消费需求呈现多元且细分的状态，更需要足疗/按摩商户的精细化运营。

调查显示，消费者的消费主要是为了缓解疲劳、放松身心；与此同时，也有 29.1%用户是为了消遣娱乐，有 12.9%消费者是为了商务会谈；且男性因为娱乐消遣或商务会谈而选择消费的比例更高。以足疗/按摩为主的养生保健服务已经突破原有局限，融入更多消费场景，呈现决策更快、目的多元的“轻消费”状态。见图 2-47。

数据显示，近八成用户都非常关注“睡眠健康”；偏好上男女有别：男性更关注肝脏护理，女性更关注纤体瘦身与内分泌健康。见图 2-48。

6. 消费群体年轻化

互联网时代让健康变得无处不在。根据数据统计，通过互联网关注健康养生的人群中月度活跃用户超过 1000 万人。从性别来看，男性在健康养生上的重视程度远高于女性。男性占比为 62.1%，女性为 37.9%，其中女性用户对养生的关注度更高，会采取多种多样的养生方式。见图 2-49。

从年龄来看，养生这件事引起了越来越多年轻人的关注，18 岁至 35 岁群体占据了八成。其中，25 岁至 30 岁的用户占比为 38.6%，30 岁至 35 岁用户

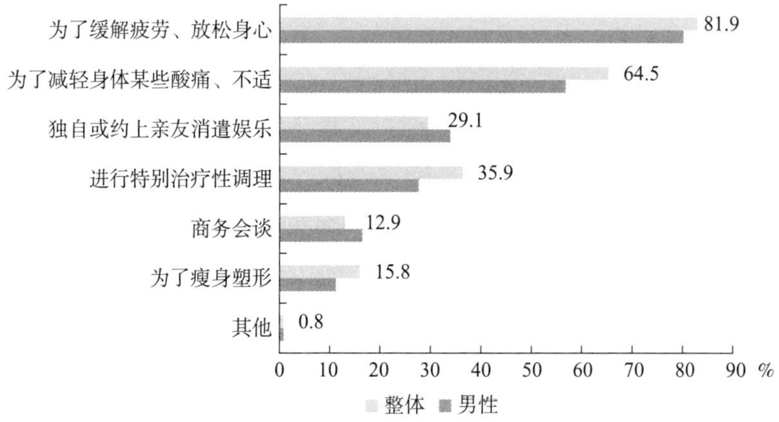

图 2-47 消费者的消费目的类型

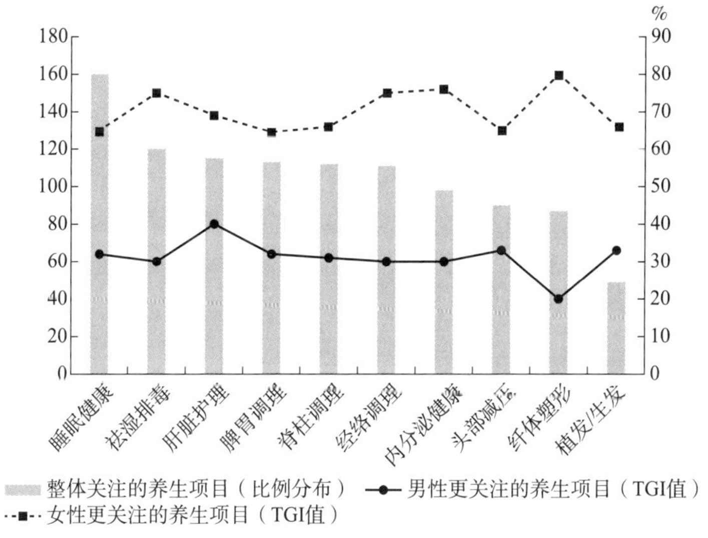

图 2-48 消费者关注的养身项目

占比为 16.9%，20 岁至 25 岁用户占比为 24.8%。数据充分显示出健康养生不仅仅是年长人士的专利，越来越多的年轻人在关注自身的健康问题，并付诸实际行动。见图 2-50。

从整体来看，消费者单次消费金额集中在 100~300 元，属于中低档消费水准。但对比单次消费金额平均值与单次可接受的最高消费金额平均值来看，“80 后”“90 后”以及“00 后”有着非常大的上升空间，其中“90 后”可接受的金额平均值最高，达到 320 元。现如今，年轻人已经成为足疗/按摩服务

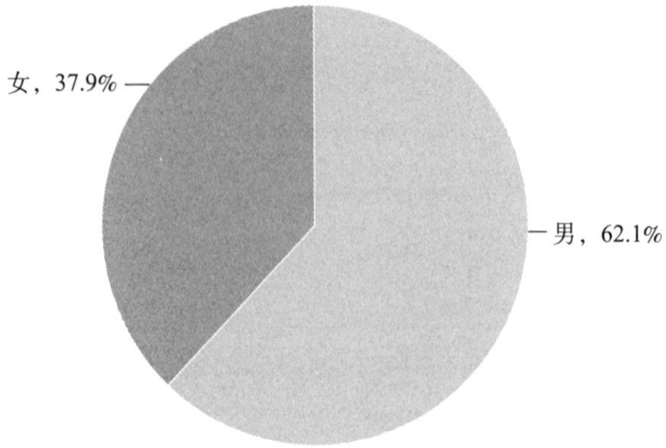

图 2-49　消费者性别分布

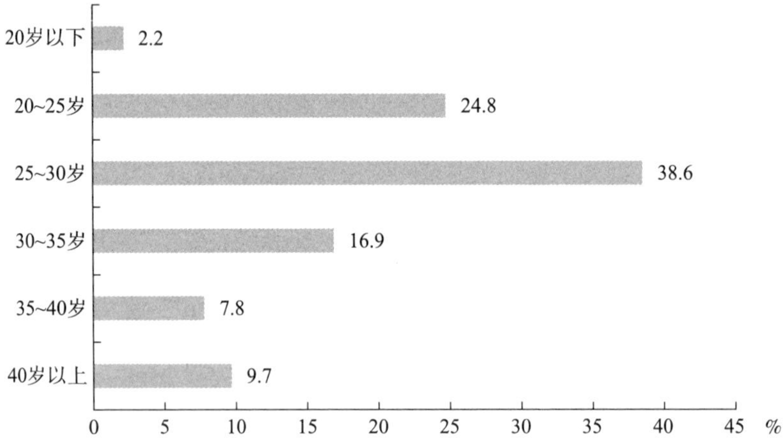

图 2-50　消费者年龄分布

的主要消费群体，随着消费客单价提升，足疗/按摩行业也迎来更为广阔的市场发展。见图 2-51。

互联网化是当下健康养生消费者特征。大部分足疗/按摩用户主要通过线上平台发现和评估门店，线上如拼团等营销活动成为促进交易的重要手段；并且，是否支持预约也会一定程度上影响商户客流量，人们的消费决策及消费过程越来越互联网化，成为这个时代最鲜明的消费印记。

（三）我国养生保健服务行业特色城市

1. 湖南长沙市

号称“脚都”的长沙，享有我国中部“休闲之都”的美誉。长沙洗浴中

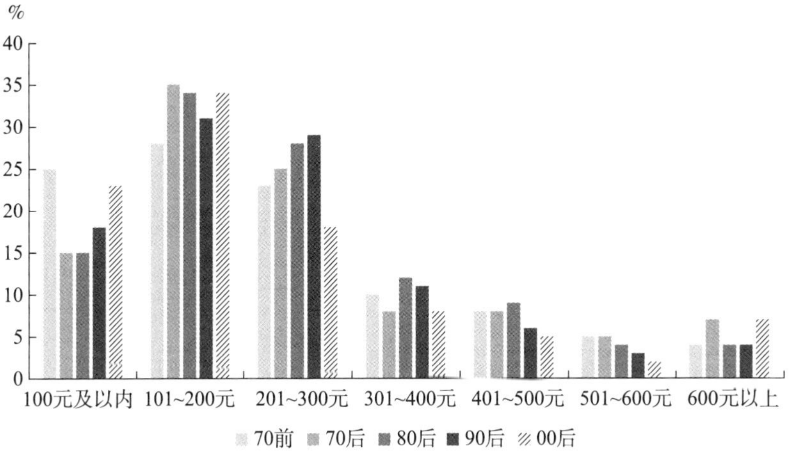

图 2-51 不同年龄消费者的单次消费金额

心开始蓬勃发展于20世纪30年代，当时长沙已经有了十多家大型澡堂。进入90年代，足浴从沿海城市传入长沙，适逢一些四川和江浙来的专业“足浴人才”也逐渐涌入这座城市，洗浴文化在长沙迎来春天。随着足浴店越开越多，街边小店逐渐演变成了洗脚城和养生会所这样高大上的休闲场所。

经过近20年发展，足浴行业不再仅仅是“洗脚”，也逐渐转型升级到“健康养生”领域。长沙的足浴业也相继涌现了诸如颐而康、天之道、和毅足道、见康道莱等企业，他们从创业起，即倡导“纯绿色”正规养生按摩，而这股“清流”也逐渐影响着整个行业轨迹。从洗脚到洗浴，从洗浴到水疗，壮大了整个长沙行业的基础。湖南省共有3万多家足浴按摩企业，从业人员逾80万，年营业额约200亿元。仅在2012年，长沙全市就有大小洗浴休闲网点约1.5万家，从业人员20余万人，全行业年营业额达80亿元以上。

行业自律发展。随着人们休闲、保健需求日益增长，湖南省足浴按摩行业发展迅速，为了规范行业发展，2009年长沙率先解决标准问题，成立了全国首个足浴按摩行业协会，几万家足浴按摩企业开始统一规范。湖南省足浴按摩行业协会制定和实施《湖南省足浴按摩行业自律公约》，举办和参与“中华足道国际峰会”“中国足部反射疗法研究会年会”等大型行业活动，加快行业的影响力。

政策保障护航行业发展。2014年湖南省发布《关于促进健康服务业发展的意见》，明确了全面发展中医药医疗保健服务，并提到将健康服务业纳入服务业引导资金支持范围并加大支持力度，设立健康产业服务基金，支持健康服务机构市场直接融资。2016 年湖南省发布《关于加快发展生活性服务业促进消费结构升级的实施意见》，其中提到积极发展健康服务产业集群、养老产业集群，打造一批国内领先、国际一流的健康养老服务品牌。加快发展中医医疗、中医养生保健服务业，实施中医药“走出去”战略。

长沙市政府多年来出台多项扶持现代服务业的政策支持行业发展。

自 2019 年起长沙人力资源和社会保障局就开展创新创业带动就业项目给予优先扶持，出台了创新创业带动就业项目申报工作的明细实施规则。这一扶持政策对于服务业创业来说，是一项政策利好。2020 年长沙市政府办公厅关于支持总部经济发展的若干意见，更是激励了更多服务业总部经济进驻长沙。

为了更好促进服务业发展，2021 年长沙市人民政府办公厅印发《长沙市“十四五”现代服务业发展规划（2021—2025 年)》，其中提到对服务业产业结构持续升级。生产性服务业功能显著增强，生活性服务业品质明显提升，科技服务、金融、文化创意、节能环保、健康养老等服务质效显著提升。新技术、新产业、新模式、新业态不断涌现，产业融合程度持续加深，高附加值服务业进一步集聚。到 2025 年，生产性服务业增加值占服务业增加值的 65%以上，生活性服务业增加值年均增速 9%左右，服务业高端化特征凸显。引进和培育国内外服务业龙头企业，形成一批全省一流、全国知名的服务品牌，大力推进服务业标准化、品牌化建设。到 2025 年，新引进和培育 60 家左右知名服务业企业，建成 20 个左右省级以上服务业示范集聚区。

2. 四川成都市

早在 2007 年，四川省政府出台加快发展生产性服务业、民生性服务业和服务外包三个政策性文件，成立全省促进服务业发展工作协调组，加快服务业发展成为各级政府一项重要工作。但是，与工业相比，服务业增长仍然缓慢，且增幅差距有扩大趋势。近几年来，成都市服务业占 GDP 比重都在 35%左右，休闲保健行业是服务业中的主要组成部分，虽然休闲保健服务业产值在 GDP 中所占比例的具体数据缺乏，但不影响本行业在国民经济中的重要地位。

目前成都地区集休闲、娱乐、餐饮、保健、健身和美容等多功能为一体的养生保健企业在急剧增加，经营规模不断扩大，现代服务经营理念得到了丰富与发展，养生保健连锁企业也开始出现，工商部门和卫生部门的统计数字显示，截至 2011 年底，成都地区休闲保健类企业机构超过 3000 家；在养生保健企业10强中，已经采取了连锁经营的方式，其品牌连锁经营企业门店约有80多家。

成都市政府大力支持行业发展，最早于2009年颁发了《成都市人民政府关于加快服务业发展若干政策的意见》，文件中明确规定了成都未来将大力发展服务行业，政府将进一步加大对服务性行业的投资及发展力度。在有关保健行业的实施条例中成都政府曾在2002年推出了《成都市保健按摩行业管理暂行规定》，进一步加强了成都保健服务行业的规范化发展，对促进成都保健服务行业发展具有重要的意义。2016年四川大力发展中医养生保健服务“治未病”，鼓励社会力量举办规范性中医养生保健机构，培育一批技术成熟、信誉良好的知名中医养生保健服务集团或连锁机构。支持公立中医医疗机构发挥资源优势，与社会资本联合举办以中医养生保健为主的养生中心、疗养院等，并鼓励社会力量举办规范性中医养生保健机构。据了解，社会公众可以享受到中医特色健康体检。四川将建立全省中医健康管理信息平台，指导健康体检机构规范开展中医健康管理业务，并制定个性化中医健康干预方案。在2016年11月印发《四川省中医药健康服务发展规划（2016—2020年）》推进中医药服务的发展。

3. 重庆市

据统计，重庆有接近9000家的泰式按摩店，从业人数多达20万人，相关产业链共涉及50多万人，在全国率先实现了产业化，且经营规模不断扩大。除了传统的按摩店，现在越来越多的日式泡汤、泰式按摩等形式丰富、国际化的店面涌入重庆市场。当前重庆市拥有规模以上保健服务企业3800多家，吸收就业人员15万人，年营业收入达到10.3亿元。全市有两万多家保健按摩门店，相关产业链带动从业人员达50万人，形成产值上百亿元，在全国率先实现了产业化。足疗是其中的重头戏。但知名品牌少，杂牌生态构建起了重庆足疗产业的大半壁江山。

为了有效引导行业发展，2003年，重庆市成立了市保健按摩行业协会，在引导行业自律、促进企业共同进步方面起到了重要作用，行业管理不断加强。为了规范企业经营，行业协会在行业发展方面作了大量工作，组织企业制定了暂行标准，细化了服务程序，有效地提升了行业的整体素质，维护了行业的整体发展。

自2014年起，重庆出台具体措施促进健康服务业发展，提出扶持一批健康保障服务企业，加大政策对行业的保障。引导社会力量投资兴办中医医疗、预防保健服务机构。鼓励企业开发中医药保健产品，开展药浴、药膳、保健按摩、康复理疗等传统养生保健服务项目。2016 年重庆市发布《关于加快发展生活性服务业促进消费结构升级的实施意见》，提到引导投资兴办中医医疗、中医养生保健机构，鼓励开发中医药保健产品，全面发展中医药医疗保健服务。加快健全生活性服务领域行业规范、标准体系，推行服务质量认证制度，提升服务质量保障水平。

（四）深圳养生保健服务行业发展现状

深圳是一座年轻的城市，但随着城市的建设与发展，也面临着老龄人口增加，高血压、糖尿病等慢性疾病急剧增加的情况，对中医养生保健服务的需求也迅速增长。在市政府各项健康政策的引导和鼓励下，深圳的养生保健服务机构如雨后春笋般涌现，按摩、推拿、刮痧、拔罐、艾灸等行业迅速发展，表现为几乎所有的住宅小区都有养生保健服务机构，都开展多种中医养生保健服务，成为居民日常健康生活的重要一部分。

1. 行业供给市场分析

（1）企业分布区域。

根据国家中医药管理局对中医养生保健服务的定义标准，深圳符合中医养生保健服务范围的非医疗市场主体达到 9000 多家（内含个体工商户）。深圳市民消费养生保健服务量每月 2 次及以上频率达到 40.86%；72.28%的市民消费养生保健服务的主要目的是日常保健。预计深圳养生保健服务市场潜在规模达到 1005 亿元。

深圳养生保健企业整体来说企业规模普遍偏小，个体工商户占领半壁江山，占企业总数的 90.43%，成为中医养生保健服务行业的主力军。据调查统计，养生保健服务企业成立时间普遍集中在 2~5 年。成立时间为 2~5 年的企业占到 50.00%，成立时间为 5 年以上的企业占 42.86%，一年以下的占比 7.14%。见图 2-52。

养生保健行业是一个典型的服务业，与城市的发展程度密切相关。通过对深圳各辖区当前中医养生保健服务行业企业进行统计分析，发现各区企业分布有明显差异。龙岗区的中医养生保健服务企业最多，占全市总数的 21.75%；宝安区的企业居次，占企业总数的 21.38%；罗湖区总数占全市总数的 14.76%；福田区的中医养生保健服务企业有 1556 家，占企业总

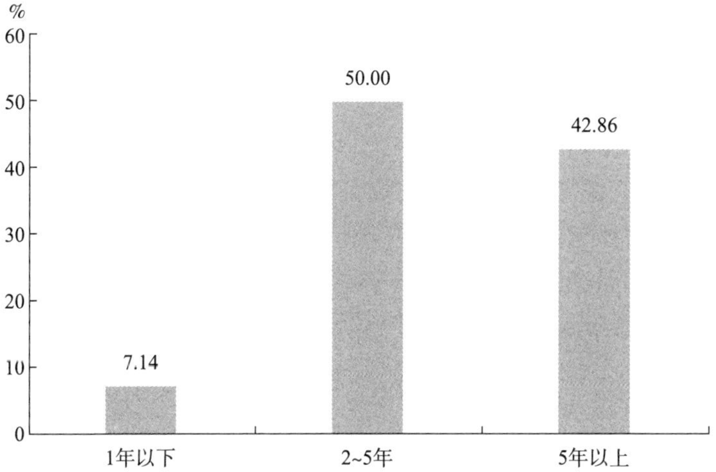

图 2-52　深圳养生保健行业企业成立的时间情况

数的 16.13%；南山区企业占企业总数的 11.76%；龙华区的企业也不少，占企业总数的 7.86%；企业数量相对较少的是光明区、坪山区、盐田区、大鹏新区，企业数量占比分别为 2.12%、1.50%、2.20%和 0.54%。见图 2-53。

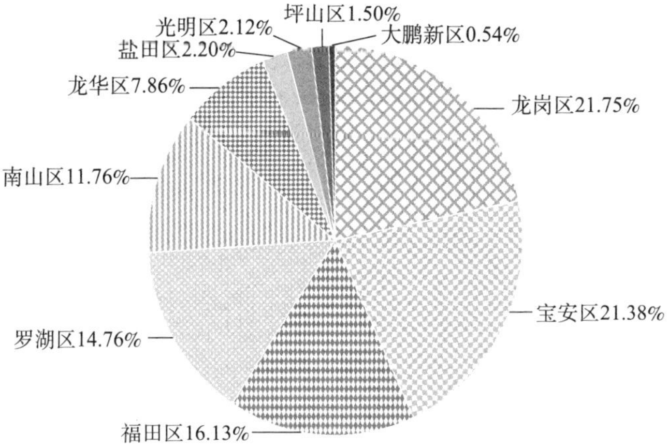

图 2-53　深圳市养生保健行业企业分布情况

（2）服务项目。

企业服务项目多样化。企业在注册申请时营业范围以美容、洗浴、按摩、养生咨询为主，实际调查发现，企业经营中除常见的艾灸、按摩、刮痧、药膳等服务外，还开展美容、面部护理、艾草泡脚、拔罐、耳穴、中药减肥、乳腺疏通、皮肤护理、经络疏通、手部护理、肩颈疏通、祛斑等服务项目。见图 2-54。

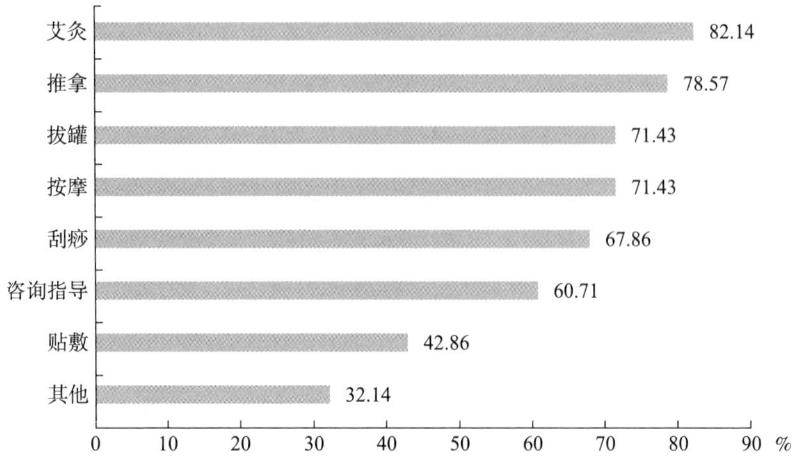

图 2-54　深圳养生保健服务企业主要开展项目

（3）企业营收情况。

从企业近三年年均营业额分布来看，年均营业额在 120 万元以下的企业最多，占总数的 46.43%；年均营业额在 120 万～360 万元的企业占 21.43%，年均营业额在 360 万～600 万元占 14.29%，年均营业额在 600 万元以上仅占 25%。总的来说，行业水平集中度还不高。见图 2-55。

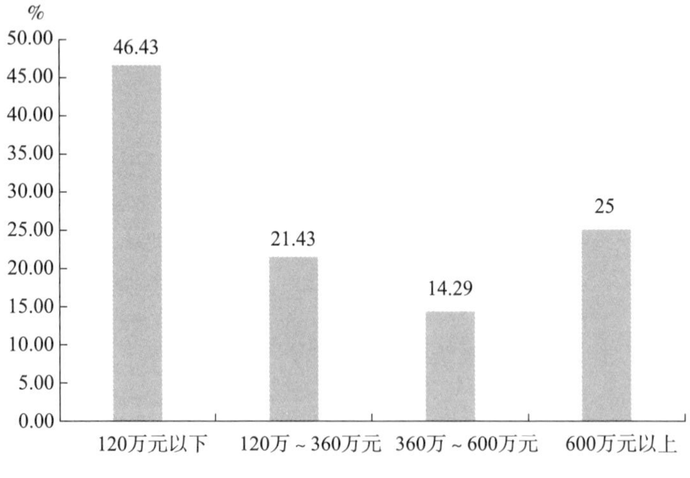

图 2-55　深圳养生保健服务企业年均营业额

（4）经营方式。

调研数据显示，82.14%的养生保健服务行业企业门店以直营为主，其次是连锁经营和连锁加盟，均占比28.57%。见图2-56。

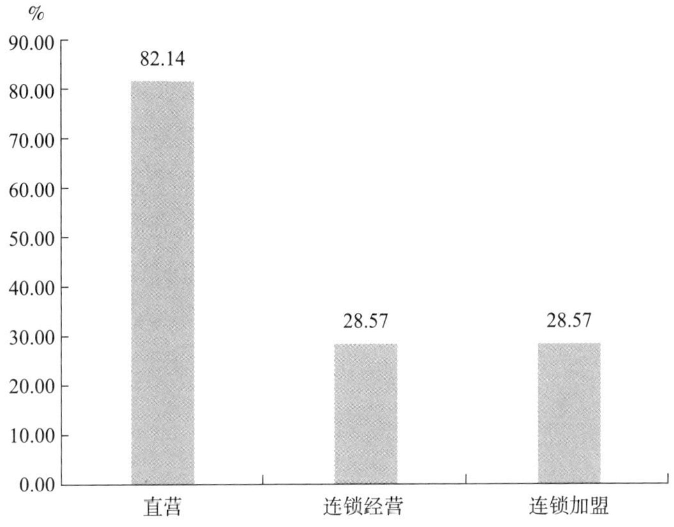

图2-56　深圳养生保健企业门店经营情况

（5）年均客流量。

据调查统计，大部分养生保健服务企业年均接待客户人次10万次以下，占比68%；21.43%的养生保健服务企业年均接待客户人次在20万以上；10.57%的养生保健服务企业年均接待客户人次在10万~20万人次。见图2-57。

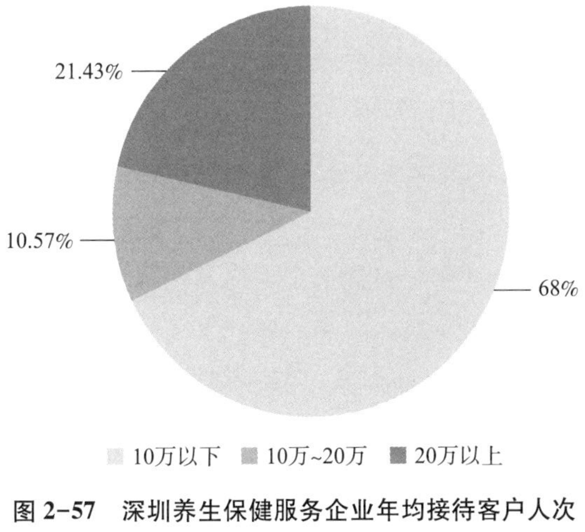

图2-57　深圳养生保健服务企业年均接待客户人次

（6）经营竞争压力。

调研数据显示，在企业经营中面对的主要困难在于人员流动性。其中有64. 29%企业认为员工流动大是重要问题；有 60. 71%的企业觉得是难挖掘客户；有 46. 43%的企业觉得是客源不稳定，顾客流失大；28. 57%的企业认为是服务跟不上客户需求；25. 00%的企业认为是企业内部管理不规范问题；21. 43%的企业认为企业缺乏有特色有疗效的服务项目；17. 86%企业认为政府部门的监管方式在一定程度上约束了行业的可持续发展。见图 2-58。

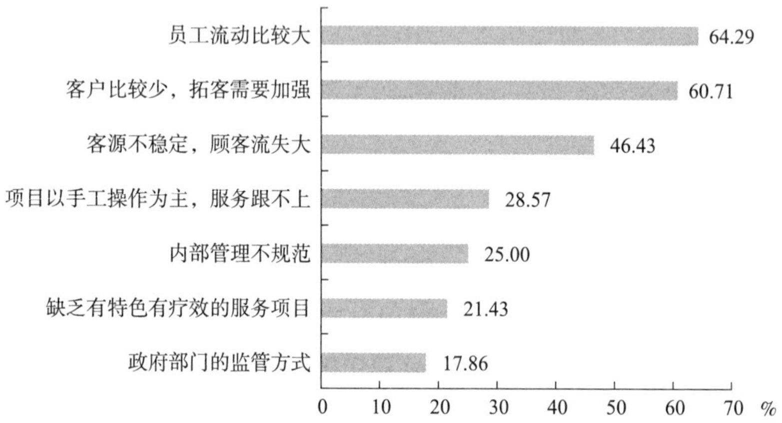

图 2-58　深圳养生保健服务企业遇到的困难

养生服务行业有着巨大的潜在市场，这使得众多投资者纷纷将目光投向了中药养生行业。经过市场调研，企业主体类型发生变化，进军中医养生保健服务行业的企业由个体工商户、私营或民营企业逐渐向股份制企业、外商投资企业等多种类型转变。随着养生保健市场受到的关注越来越多，来自不少地产界、美容界的企业“跨界”，向养生保健服务行业进军，企业之间的竞争日益加剧。

据调查统计，养生保健服务企业在自身经营过程中，面对的竞争压力有57. 14%认为以市场推广困境最高；46. 43%企业认为服务模式在市场需求上受到抑制；35. 71%的企业面临经营成本增加或流动资金不足的压力；35. 71%企业认为行业多元化品牌的崛起，以及当前养生市场，产品服务上具有较强的同质性，同时营销手段也大同小异，形成多种品牌同抢一块蛋糕的现象。见图 2-59。

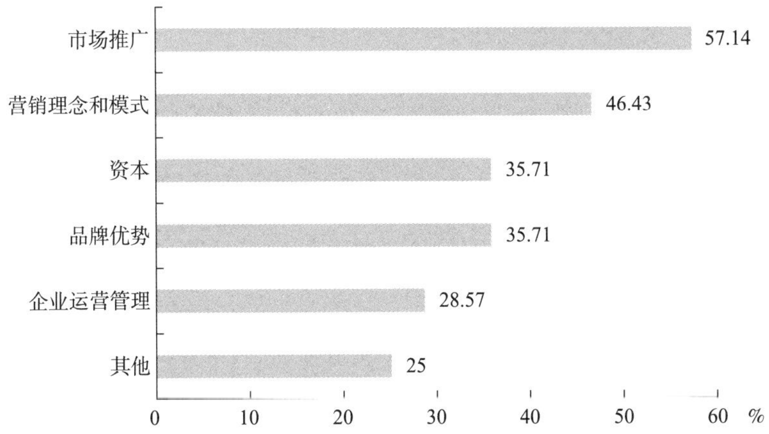

图 2-59　深圳养生保健服务企业面对的市场竞争

2. 行业需求市场分析

(1) 不同年龄消费者对养生保健服务的认可度。

在深圳的养生保健服务消费者中，对养生保健服务重要性的认识方面，调研数据显示，有 70. 50%的消费者认为是重要的（见图 2-60）。另外，对消费者的年龄段调研显示，以 30~39 岁的年龄段居多，占比 39. 83%，其次是 20~29 岁，占比 33. 83%。见图 2-61。

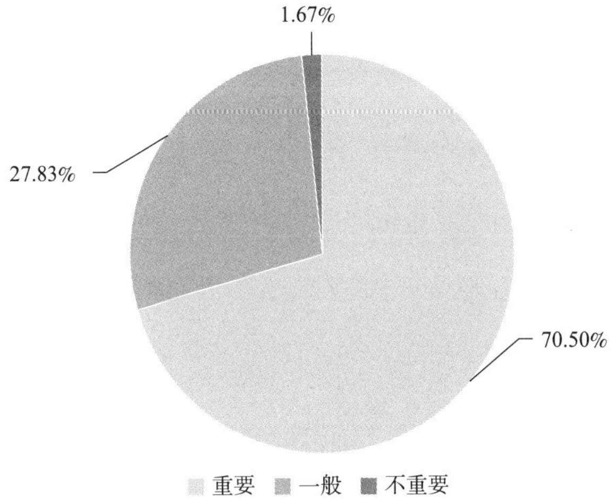

图 2-60　消费者对养生保健服务的认可度

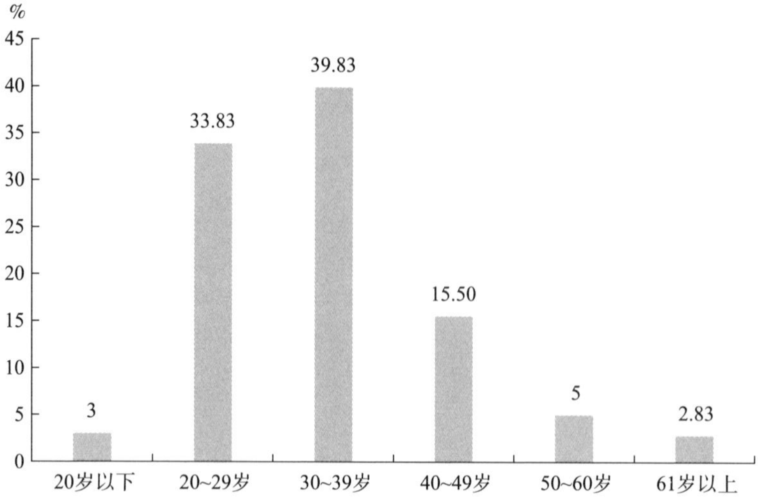

图 2-61　消费者的年龄层次

（2）消费者可接受的服务项目和价格水平。

通过对消费养生保健服务项目调研，消费前五名的项目是：足道消费占比达到 61.43%；中医推拿占比 36.65%；采耳占比 31.06%；经络排毒占比 28.00%；SPA 推油占比 26.83%。见图 2-62。

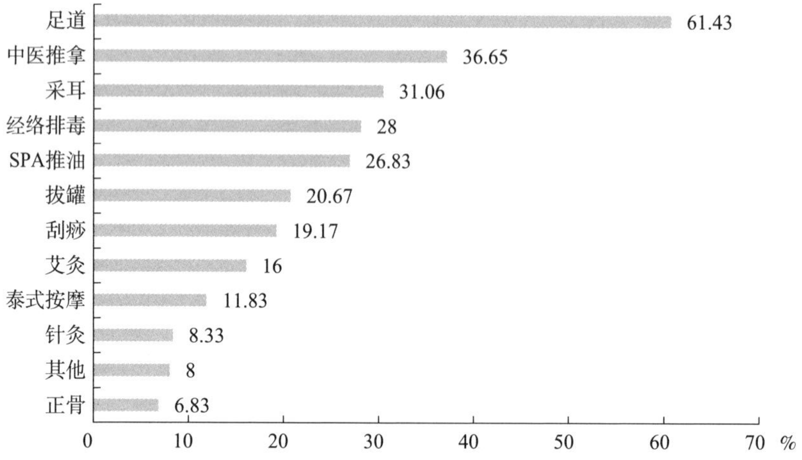

图 2-62　平常消费的养生保健服务项目

在消费价格方面，调研数据显示，大部分消费者愿意消费的价格区间在 100~300 元，占比 71.83%；有 16.50%的消费者愿意消费的价格区间在 301~800 元，9.50%的消费者愿意消费的价格区间在 100 元以下，2.17%的消费者愿意消费的价格区间在 800 元以上。见图 2-63。

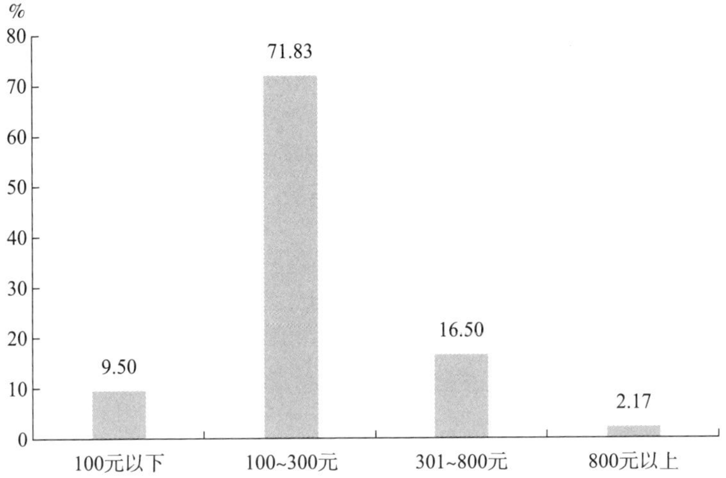

图 2-63　消费养生保健服务价格水平

（3）消费者获取服务信息途径。

据调查，消费者获得养生保健服务信息途径，其中朋友介绍占比 66.00%，在抖音、快手、美团、大众点评、小红书等 APP 获得的途径占比 24.50%。见图 2-64。

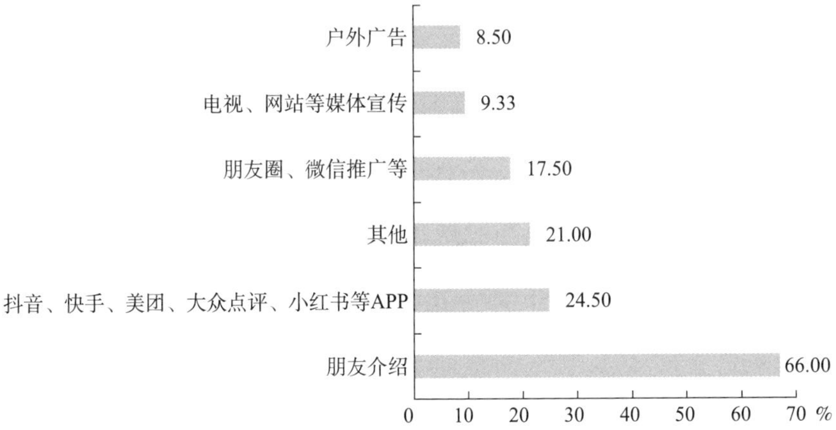

图 2-64　消费者了解养生保健服务的途径

（4）消费者的基本服务需求。

消费者选择养生保健服务的目的仍然是以日常保健需求为主。调研数据显示，70.83%的消费者选择养生保健服务主要是为了日常保健（见图 2-65）。对于在挑选养生保健服务最看重的因素中，有 86. 17%的消费者选择了人员专业服务水平，其次有 61. 50%的消费者选择舒适的环境。见图 2-66。

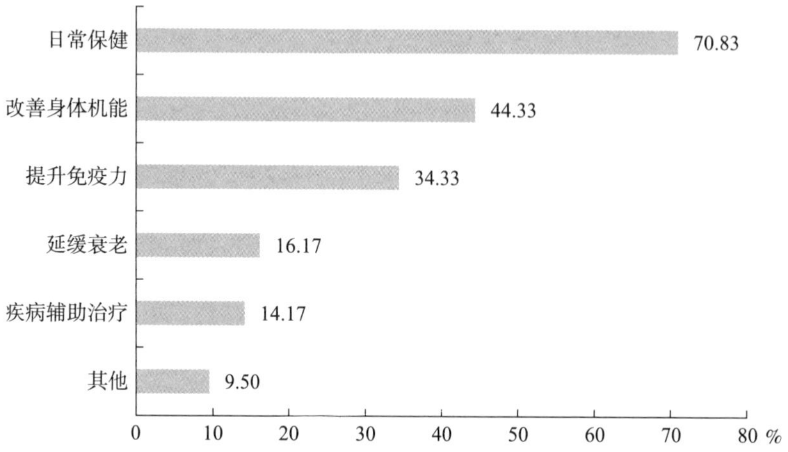

图 2-65 消费者的基本服务需求

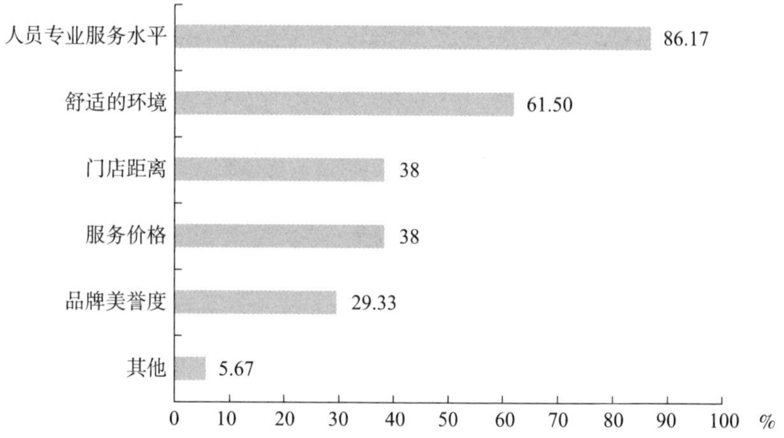

图 2-66 消费者认为从业人员应具备的素质

二、行业发展特点

随着人民生活水平的不断提高和新冠肺炎疫情影响，一方面，大众对养生的呼声越来越高，促使更多专业人才进入养生研究领域；另一方面，健康产业蓬勃发展，产业规模不断扩大，急需以养生保健带动中国健康产业，甚至引领世界保健时尚。

（一）新兴技术与健康服务相结合

随着云计算、大数据、人工智能、移动互联网、物联网等新一代信息技术和网络技术不断突破和深化应用，科学技术也为养生行业的发展提供了广阔的空间。科技与养生给大众带去更加科学、效果更好的养生服务，同时也将推动养生行业的发展。如一些养生服务企业开启新零售方式：线下体验、线上服务。一些养生企业开发科技理疗产品，用科技赋能产品，让养生专业智能化，使得更多用户体验科技养生。当前新一轮科技革命和产业变革正蓄势待发，新兴的人工智能、5G和大数据等前沿技术的发展，使得数据化、标准化和智能化的健康服务逐渐成为大势所趋。

（二）新生代消费者对健康愈发关注

中国卫生信息与健康医疗大数据学会家庭健康专业委员会联合新华网、中国家庭报社、微医集团共同发布的《中国家庭健康大数据报告》显示，当前国民健康生活的意识正在增强。报告指出，被访者非常明确地表达出了对于健康管理服务的需求，希望获得能够改善自身不良生活方式及习惯的健康干预服务的比例为81.8%，高于获取健康科普信息的76.4%。积极预防的健康理念亦深入人心。在被问及哪个因素对健康更为重要时，93%的被访者都选择了“积极的健康管理方案”，而选择“更先进的医疗技术、设备、治疗方案”的仅为6.8%。此外，报告显示，年轻人开始积极承担起维护家人健康的责任，越来越成为家庭健康管理的组织者、引导者、影响者和决策者。

越来越多新生代消费者的涌入在拉动市场增长的同时，也正在重塑养生行业的整体格局。《中国青年报》社会调查中心对1979名“90后”进行的一项调查显示，近八成的受访“90后”开始关注养生信息。第一财经商业数据中心发布的《2018生活消费趋势报告》也指出，“90后”及“95后”新生代消费者对“养生”的偏好度比过去发生了明显变化，“少年养生派系”正在形成。

（三）消费者期许行业发展更规范

从事养生保健服务行业企业生存不易，经过政府有关部门、行业协会的努力，目前有了一定的社会认可度，但目前各养生馆、足疗店基本都是提供标准化服务，更多侧重于休闲和放松。从中医角度，养生保健讲究因时、因地、因人制宜的“三因学说”，应该针对不同人的情况，有针对性、有选择性地采用不同保健方法，这样才能真正发挥中医药在健康领域的作用。要达到这些目标，就要加强对中医药健康服务行业从业人员的技术培训，进一步规范中医药健康服务业的服务状况。

消费者期许行业朝着更规范、更专业的方向发展（见图2-67）。数据显示，随着足浴/按摩消费者不断增多，消费力逐渐增强，用户对行业表现出更高的期许，其中高技师水平是最迫切的需求；其次则是往更专业的大健康领域发展，提高理疗效果。

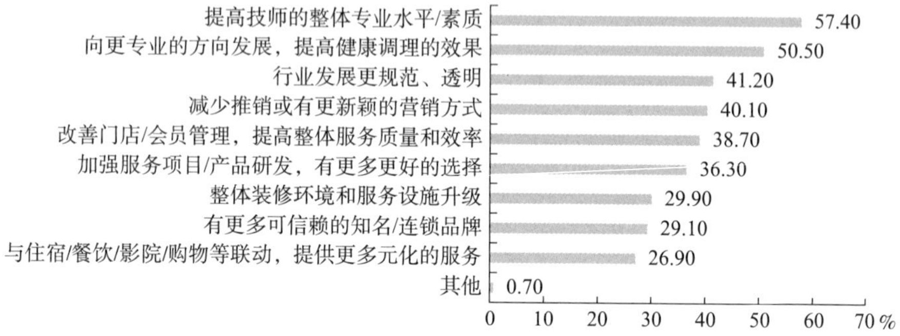

图2-67 消费者对行业未来发展的期待

三、行业发展趋势

（一）形成多元化发展格局

人民生活水平大幅提高带动了养生保健行业的快速发展，养生保健服务业的经营业态、服务功能等都发生了很大的变化。一是经营业态由过去的单一的大众浴室向浴场、桑拿、保健中心、休闲馆等多种业态转变。二是养生保健企业通过延伸产业链，将休闲娱乐、餐饮住宿、美容保健集于一体，成为多功能的服务场所，并带动了化妆品、纺织品、啤酒及饮料等相关产业的发展。三是由过去单一的私有制向股份制、股份合作制、外资经营等多种形式转变，形成了营业网点多、服务功能多、经济成分多、消费层次多、经营业态多的特征。特别是近几年，一些国外养生保健服务项目陆续进入我国，使我国养生保健市场形成了多元化、多层次的消费格局。

（二）线上线下联合发展

互联网消费趋势盛行，O2O平台逐渐成为获客重要渠道，不仅为消费者提供预约、团购、赠券等诸多便利，也能有效促进商户营销引流。企业可将客户资源线上化，利用APP、公众号、小程序等将客户引流到线上，专人管理建立客户偏好、基本信息、消费行为等，在为客户提供精细化运营、分级分层管理和服务的同时，塑造品牌矩阵，拓展多元化服务形态，增强社交互动黏性，打造形成“引流—转化—消费—反馈—留存”消费闭环，实现收益最大化，拓展健康养生边界。

未来将有更多优秀健康养生达人、机构、企业、品牌积极探索线上，进一步洞察消费者的健康养生需求，推出更贴合消费者的个性化产品和服务。同时随着互联网医疗、科普、健身等的深入，新兴健康养生方式依托技术/平台赋能将提高服务效率，更多消费者的健康养生意识和能力将得到长足的提升和优化。

（三）逐步实现全域闭环营销

线下营养健康馆、营养品体验服务、运动健身馆、瑜伽私人教室等线下服务配套完善用户健康养生体验，开设更多公众健康管理服务，普及公共科学营养和运动健康保健知识。线上平台则作为品牌宣传、知识科普、教育服务、内容变现、引流获客等场所，与线下场景服务相结合，最终形成线上线下完整的商业闭环，实现全域营销闭环。

同时，在大数据、物联网等多种形式的推动下，养生保健服务行业将进入全新的“数字化健康管理”时代。可探索“标准化项目输出+从业人员培训+数字化系统”运作模式，以旗舰店为核心，辐射周边区域，广布社区智慧店，为直营和加盟品牌赋能，联合基因检测、健身机构、月子会所、保健食品、中医诊所、养老服务机构、康复中心等资源共享，布局精准健康管理，辅以感动式服务强化情感连接，形成社区化健康服务平台，打通社区健康生活服务/方式最后一公里，形成社区健康生态圈。

（四）科技促进行业高速发展

高科技化。根据分析，未来在大健康养生这一领域会产生众多高科技化的绿色养生设备，这些设备将在大健康养生领域应用广泛。

智能化。依托现代科学技术，特别是5G时代的到来，研发诞生的绿色养生设备全部智能化，智能屏幕一键式操作，大大提升服务效率。

精准化、专业化。未来这一领域将会通过“传统中医+现代科技”融合创新的绿色养生设备，通过精准的局部以及全身心的养生保健方式，制定个性化、精准化、专业化的健康养生服务需求。

第五节　康养服务

党的十九届五中全会明确提出，实施积极应对人口老龄化国家战略，加强和创新社会治理。满足老年人的养老服务需求一直是积极应对人口老龄化的核心任务和关键环节，是社会治理的重要组成部分，是完成“十四五”期间改善人民生活品质目标要求的有力抓手。实施积极老龄化、健康老龄化对康养服务行业的发展提出了新的发展格局。

一、康养的概念

目前学术界和业界未能提出被广泛接受的概念，两者对康养概念的界定存在较大的差异。从学术界的角度来讲，大部分学者将康养解读为健康和养生的集合，其中“康”指健康，“养”则主要为养生，即主要采用“健康”和“养生”两个概念界定康养的内容。例如李后强将康养定义为：在特定的外部环境中，通过一系列行为活动和内在修养实现个人身体和精神上的最佳状态。

在产业界则倾向将“养”理解成“养老”，目前对“康养”的主要理解是“健康+养老”，认为“康养”是“健康”与“养老”的总称。这种理解归因于行业发展的现实影响：中国社会加速老龄化为养老业发展奠定了群体基础，养老领域被视为快速崛起的新业态而受到房地产、旅游、保险等机构的广泛关注；另外，相对于养生，养老的行业属性和范围指向性更加明确，市场发展也更加规范。

2018年中山大学旅游学院教授何莽在《康养蓝皮书：中国康养产业发展报告》中将“康养”分成三个维度：健康维度，包括“健康—亚健康—临床”等状态，康养致力于让人回到良好的健康状态，以增强生命自由度；养生维度，包括“身体—心理—精神”三个层面，康养应包含对“身、心、神”全面养护，以增强生命丰度；养老维度，包括“孕—婴—幼—少—青—中—老”等人生不同阶段，认为康养应该是对全生命周期的养护，不仅致力于生命长度，更关注生命质量。将“康养”看成“以养为手段、以康为目的”的活动，是对生命的长度、丰度和自由度三位一体的拓展过程，是结合外部环境改善人的身心神并使其不断趋于最佳状态的行为。

结合学术界和产业界对康养概念的界定，本书中所指的康养则以产业界对康养的界定为主，康养即“健康+养老”。具体来讲通过康养产品及服务，以健康状态保养、亚健康状态疗养、临床状态医养为内容，通过预防性、发展性、治疗性的手段实现老年群体生理健康、心理健康、良好的社会适应性、道德健康四个方面的健康目标，进而达到全人健康的状态。

康养的概念存在狭义和广义之分，狭义是单纯的健康养生，广义则指一切可以增强、调养、延续身体健康、心理健康、情志健康、智力健康的长期行为或针对性方法，既注重身体上的调养，同时也追求精神上的愉悦和平和。

二、行业发展现状

（一）政策环境

基于当前我国的基本国情，政府积极引导，顶层设计优惠政策，吸引社会资本、民营经济共同建设和经营康养领域。从 2013 年开始，大量关于康养产业的政策先后出台，协力解决行业发展过程中存在已久的供需矛盾，填补服务供给缺口，不断完善和细化各项规章制度用以推进康养领域的持续健康发展。

2021 年 3 月，《“十四五”规划和 2035 年远景目标纲要》正式公布，对未来五年养老服务体系建设提出纲领性要求：推动养老事业和养老产业协同发展，健全基本养老服务体系，大力发展普惠型养老服务，支持家庭承担养老功能，构建居家社区机构相协调、医养康养相结合的养老服务体系。与“十二五”规划相比，更强调用好政府、市场两只手，重点解决关系民生的养老问题。我国关于康养方面的政策见表 2-10。

表 2-10　我国关于康养方面的政策（部分）

时间	政策文件	发布单位	核心内容
2013.9	《关于加快发展养老服务业的若干意见》	国务院	到 2020 年，每千名老人拥有的养老床位需达到 35~45 张
2014.9	《关于加快推进健康与养老服务工程建设的通知》	国家发展改革委	加大政府投入和土地、金融等政策支持力度，加快建设健康与养老服务工程
2015.11	《关于推进医疗卫生与养老服务相结合的指导意见》	原国家卫计委、民政部、国家发展改革委等 9 部门	加快推进医疗卫生与养老服务相结合
2016.10	《“健康中国 2030”规划纲要》	中共中央、国务院	促进健康老龄化，推进老年医疗卫生服务体系建设，发展健康服务新业态

续表

时间	政策文件	发布单位	核心内容
2017.2	《智慧健康养老产业发展行动计划（2017—2020年）》	工信部、民政部、国家卫健委	推动健康养老服务智慧化升级，提升健康养老服务质量效率水平
2018.4	《关于促进“互联网+医疗健康”发展的意见》	国务院办公厅	推进实施健康中国战略，提升医疗卫生现代化管理水平
2019.7	《健康中国行动（2019—2030年）》	中共中央、国务院	健全老年健康服务体系，完善居家和社区养老政策，实现健康老龄化
2021.3	《“十四五”规划和2035年远景目标纲要》	全国人大	推动养老事业和养老产业协同发展，健全基本养老服务体系

资料来源：根据公开资料整理

（二）市场需求

第七次全国人口普查数据显示，我国人口老龄化程度进一步加深。从年龄分布看，60岁以上人口为2.64亿人，占总人口的18.7%，其中65岁以上人口1.9亿人，占13.5%。按照国际惯例，60岁以上人口占总人口的10%以上，或65岁以上人口占总人口的7%以上，即为老龄化社会。

老龄人口快速增长将带来多层次的健康养老需求，催生巨大的康养消费市场，为健康养老提出新的命题。根据生理规律，年龄的增长势必导致生理功能和心理状态的改变，因此老年人的需求与其他年龄组有着很大不同。

第一，家政服务需求空前巨大。2020年我国独居和空巢老人数量达1.18亿人，80岁及以上老人达2900万人，养老服务岗位最低超过1180万个。第二，医疗保健需求增加。老年人的保健需求远高于其他年龄段，随着互联网技术在生活中广泛应用，老年人获取信息的渠道日渐增加，其健康认知、健康预防、健康调节意识日益增加，对医疗养护的需求进一步上升。第三，医疗康养需求扩大。对老年人而言，年龄越大，自理能力越差，生活自理需求越多，养老质量随着年龄的增长而下降，但养老成本逐渐增加，养老保险资源的空间挤压和养老保险供给的代际矛盾将进一步加剧。第四，身体和精神需求增加。与中青年相比，老年人有更多可自由支配的时间，据调查，城市老年人休闲养老意愿逐步上升。此外他们对养老护理产品的需求也在增加，这将提供一个巨大的消费市场，在智能健康和养老照护领域与相关领域布局的企业将迎来快速发展的机遇。

各方力量在不断助推我国健康产业发展的同时，为“康养行业”的市场前景绘制了一片蓝图，具有非常大的潜力，同时也是一个非常大的养老事业新“风口”。2020 年我国康养产业市场规模为 8.66 亿元，2015—2020 年复合增长率为 13.15%。预计随着未来中国“老龄化”的加速、人们健康意识的增强以及康养产业供给的不断增加，到 2030 年我国康养产业市场消费需求或将达到 18 亿元左右，年复合增长率为 7.59%。见图 2-68。

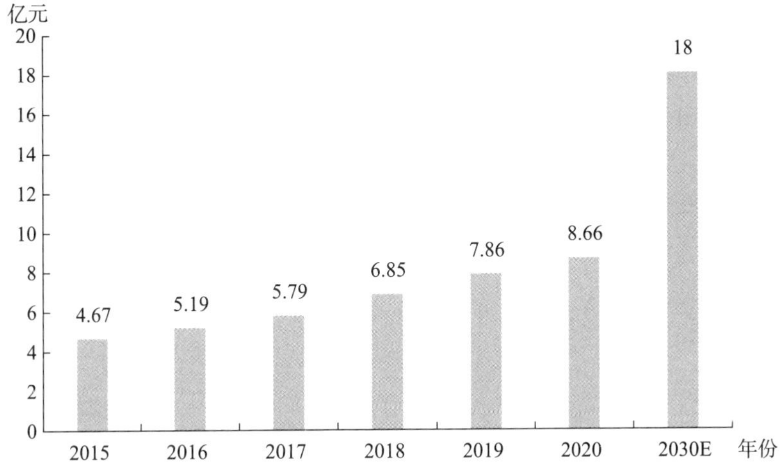

图 2-68　我国康养行业市场规模及预测

数据来源：根据公开资料整理

三、特色发展区域

我国幅员辽阔，已形成以京津冀、长三角、粤港澳大湾区、中西部特色为代表的康养特色区域，因篇幅所限，本书仅以粤港澳大湾区康养领域发展为例。

（一）粤港澳大湾区的康养需求

1. 需求动机

参与康养服务的动机直接影响到老年群体康养服务需求，对粤港澳大湾区“9+2”城市和地区老年人参与康养服务的动机调查结果显示：从老年群体参与康养服务的动机角度来讲，其中最主要的动机为增强体质（69.87%）、降低发病率（39.74%）、休闲娱乐（39.32%）、促进人际交往（30.98%）、提高睡眠质量（22.44%）、促进康复（19.23%）、健美形体（5.98%）（见图 2-69）。老年群体参与康养服务的主要目的是缓解老年之后身体机能衰退带来的负面影响，同时老年群体参与康养服务的动机表现出多元化的特征。

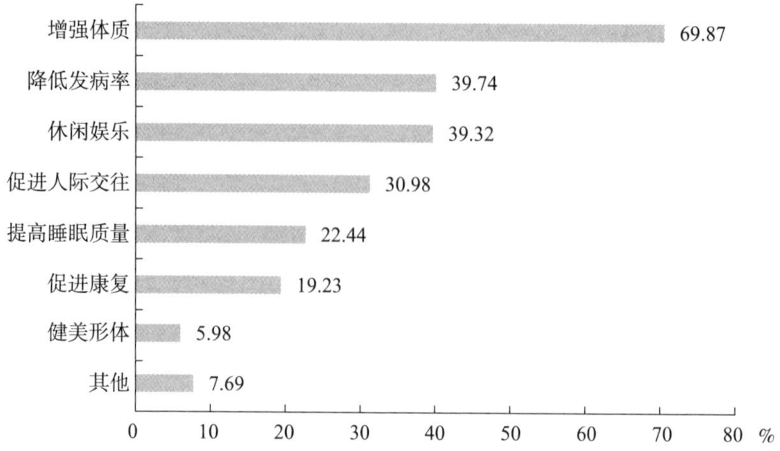

图 2-69　康养服务需求动机

2. 服务需求

老年群体对康养服务的需求受内外部环境因素的影响，调查针对老年人个人影响因素进行，从影响老年群体参与康养服务的影响因素来讲，核心的影响因素包括经济因素、身体因素、个人兴趣爱好、时间因素、家庭因素及是否有同伴。见图 2-70。

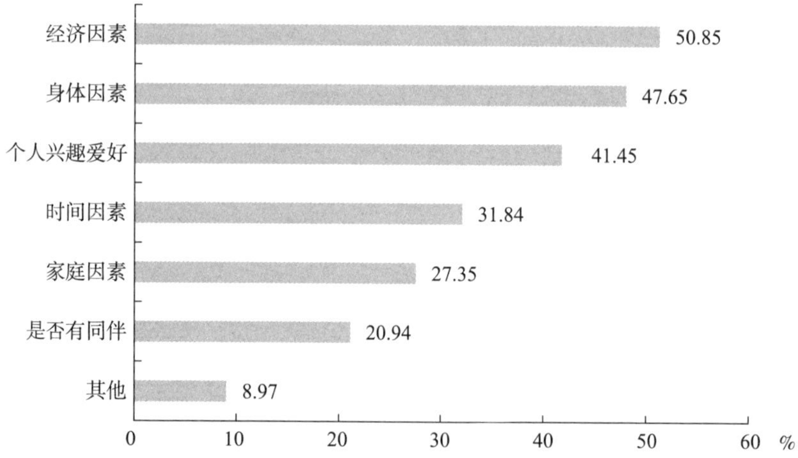

图 2-70　粤港澳大湾区适龄长者需求影响因素

（1）医疗康养。

医疗康养服务是康养服务的核心内容之一，特别是在老龄化加快的背景下，医疗康养服务的需求将不断增加。据调查，选择比例从高到低依次为定期体检、健康教育、营养膳食、全科服务、康复服务、医学美容，选择比例依次为57.05%、40.81%、39.1%、28.21%、23.29%、3.85%（见图2-71）。老年群体医疗康养服务方面更加倾向于"定期体检""康复服务""全科服务""健康教育"。由于社区老年群体大部分为活力老人，因此在医疗康养服务方面更加倾向于预防性医疗康复服务。

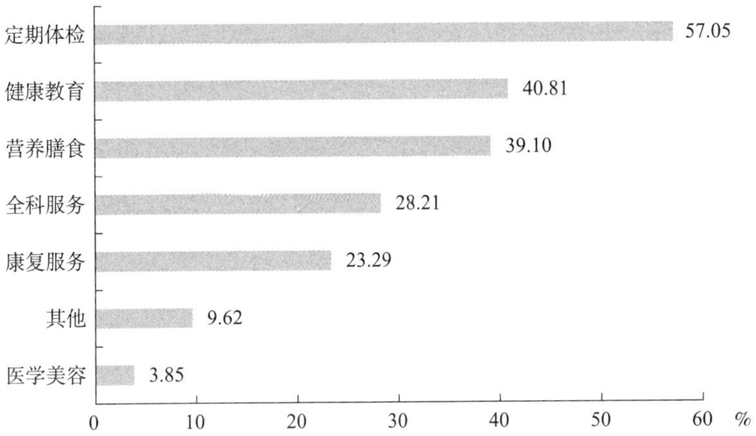

图2-71 粤港澳大湾区适龄长者医疗康养服务需求

（2）文化康养。

文化康养服务以文化作为载体，通过文化康养服务丰富老年群体精神文化活动，达到精神健康的目的。在文化康养服务方面，调查结果显示，对于文化康养服务来讲，老年全体对文化康养服务的需求主要为"文化旅游""文化欣赏""文化学习"。见图2-72。

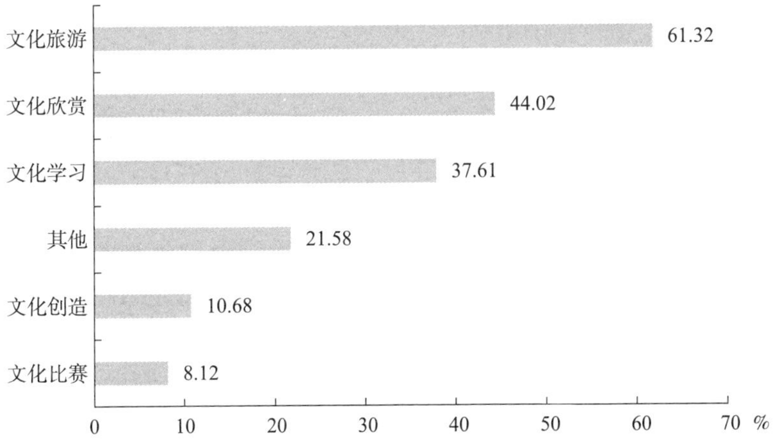

图2-72 粤港澳大湾区适龄长者文化康养服务需求

(3) 旅游康养。

旅游康养是当前康养产业的核心业态之一，大量有关康养旅游政策的出台赋予了旅游活动更多的功能。调查结果显示，旅游康养中选择从高到低依次为自然观光、文化旅游、温泉旅游、森林观光、购物、探险，比例依次为72.65%、50.43%、29.49%、21.58%、5.56%、2.14%。见图2-73。

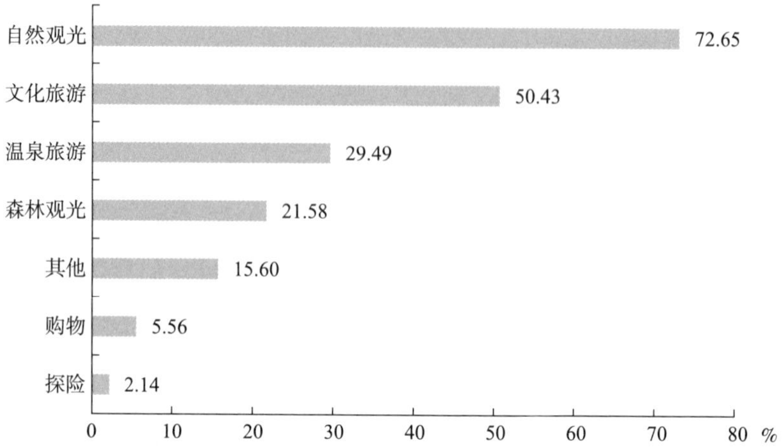

图2-73　粤港澳大湾区适龄长者旅游康养服务需求

(4) 农业康养。

随着乡村振兴战略的不断推进，粤港澳大湾区内部已形成一大批具有特色的新型、现代化乡村，因此依托农村、农业开展康养服务成为未来粤港澳大湾区康养服务发展的主要趋势之一。针对农业康养服务需求调查结果显示，老年群体在农业康养服务需求方面，偏向于农业采摘、农业观光、农业科普、农业体验及农业劳作，比例分别为50.43%、50.21%、24.79%、24.36%、15.38%。见图2-74。

(5) 体育康养。

体育康养服务借助于一定的设施和条件，通过适当的体育运动达到康养的目的。针对粤港澳大湾区体育康养服务需求调查结果显示，散步(77.78%)是老年群体体育康养服务的主要需求。散步作为一种日常性的体育活动，在社区内部方便开展，但以散步方式开展康养服务时，需结合老年群体身体状况合理进行安排，通过日常性、规律性的散步活动达到康养的效果。其余需求为健身操(27.99%)、太极拳(21.79%)等。见图2-75。

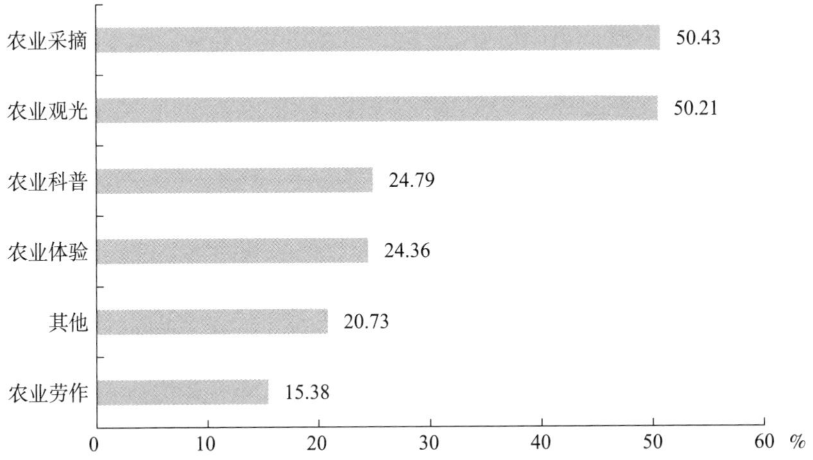

图 2-74 粤港澳大湾区适龄长者农业康养服务需求

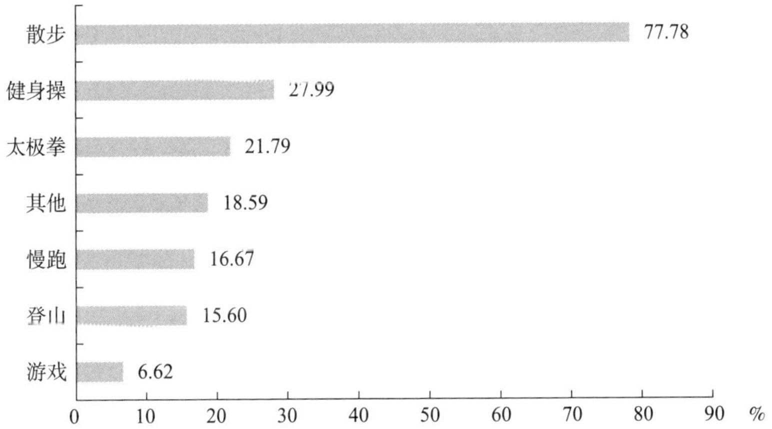

图 2-75 粤港澳大湾区适龄长者体育康养服务需求

数据来源：粤港澳大湾区康养产业发展调研组

（二）粤港澳大湾区行业发展现状

1. 基建夯实康养之基——打造康养行业新高地

（1）康养资源开发。

近年来粤港澳大湾区康养行业依托于农业现代化的发展，积极推进康养基础设施的建设，逐渐形成了一大批具有较高知名度的康养基地。

森林康养是农业康养新型业态，也是粤港澳大湾区着力发展的新领域之一。粤港澳大湾区九大城市积极利用森林资源，大力推动建设森林康养基地，广东省于2019年和2020年公布了20个省级森林康养基地试点名单。其中河源市弘顺野趣沟森林康养基地和惠州市安墩水美森林康养基地入选国家森林康养基地（第一批），为粤港澳大湾区康养领域发展提供了相应的基础保障。见表2-11。

表2-11　2019年和2020年广东省省级森林康养基地（试点）名单

2019年			2020年		
序号	基地名称	位置	序号	基地名称	位置
1	南澳县黄花山林场森林康养基地	汕头市	1	广州水润山森林康养基地	广州市
2	广东省南雄市帽子峰旅游景区森林康养基地	韶关市	2	增城派潭香江森林康养基地	广州市
3	河源市弘顺野趣沟森林康养基地	河源市	3	南丹山森林康养基地	佛山市
4	韩山省级森林公园森林康养基地	梅州市	4	仁化县红城林场生态康养基地	韶关市
5	安墩水美森林康养基地	惠州市	5	始兴县龙斗峯森林康养基地	韶关市
6	惠州市惠阳井龙森林康养基地	惠州市	6	广东省西岩山岽顶湖森林康养基地	梅州市
7	汕尾市海丰莲花山森林公园康养基地	汕尾市	7	熙和湾客乡文化旅游产业园森林康养基地	梅州市
8	茂名市国有新田林场小狗工区大河尾森林康养基地	茂名市	8	竹海大观森林康养旅游基地	肇庆市
9	洞天仙境生态旅游度假区森林康养基地	清远市	9	广东华辰玫瑰-寻源谷森林康养基地	肇庆市
10	饶平青岚森林康养基地	潮州市	10	金子山原生态休闲度假旅游景区	清远市

同时，广东省在《关于加快推进森林康养产业发展的意见》中明确提出了广东省将加大政策扶持力度，积极推进森林医疗、运动、康复、养生、养老、旅游、教育、文化于一体的森林康养。到2022年底建成全省国家级、省级森林康养基地50个以上，到2025年底全省国家级、省级森林康养基地达到100个。

粤港澳大湾区农村农业基础和配套设施已经基本成熟，为农业康养的发展提供了先决条件。目前粤港澳大湾区已基本实现100%自然村的基础环境整治工作，农村无害化卫生户厕普及率99%，自然村配备保洁员和建立生活垃圾收运处理体系覆盖率99%，全省行政村通客车率和农村公路列养率均达100%，行政村道路基本实现硬底化，农村面貌焕然一新。粤港澳大湾区各市通过深化拓展“千村示范、万村整治”工程，启动农房管控和乡村风貌提升工程，深入实施珠三角农村“五美”专项行动，加快建设“万里碧道”，建成一批美丽乡村和精品旅游线路。全省34个乡村入围全国乡村旅游重点村，因地制宜打造小菜园、小果园、小花园、小公园“四小园”等小生态板块60余万个。

（2）政策保障供给。

康养基础设施建设是康养产业发展的基础，养老机构作为基础设施核心之一，也是当前产业供给的薄弱环节。粤港澳大湾区各市近年来加紧出台一系列规划和措施，加大养老机构的投入和建设，增强基础设施供给。截止到2020年底，粤港澳大湾区9市累计建成养老机构757家，总计床位数量为122049张。见表2-12。

表2-12 粤港澳大湾区9市养老机构情况

区域	养老机构数量（家）	床位数（张）
深圳	59	13132
广州	228	48597
佛山	79	14725
东莞	47	5039
惠州	78	8161
珠海	21	3710
江门	101	15619
中山	23	4647
肇庆	121	8419
合计	757	122049

香港和澳门两地老龄化程度不断深化，面临着更严峻的养老挑战，需要更强大的基础设施供给。据2015年的报道，香港每年约有5000名长者未等到安老院入住资格便去世。因此香港和澳门两地养老资源无法应对快速的老龄化。随着积极应对老龄化战略的实施，粤港澳大湾区养老服务体系由政府主导，充分发挥市场资源配置作用，推动和促进养老基础设施的合作建设，为粤港澳大湾区未来康养产业协同发展提供了良好的基础。除机构养老之外，

粤港澳大湾区近年来积极推动社区养老和家庭养老，各市逐渐构建了由“社区为依托，居家养老为主，机构养老为辅”的养老体系。

以深圳市为例，深圳市在打造“老有颐养”民生幸福标杆城市的实践探索中，构建了“1+N+X”的养老制度体系。深圳市为推动和促进养老产业的发展，出台了一系列的法律政策和规划，例如《深圳经济特区养老服务条例》（以下简称《条例》）于 2020 年 10 月 29 日经深圳市人大常委会审议通过，自 2021 年 3 月 1 日起正式实施。《条例》的出台和实施，标志着深圳养老服务法治化迈入新时代。这是深圳贯彻落实积极应对人口老龄化国家战略的有力举措，也是深圳担负中央使命、全力推进“老有颐养”民生幸福标杆城市建设的阶段性成果，为深圳养老工作带来新动力。目前，深圳市形成了以《条例》为纲领的“1+N+X”的养老服务政策体系，全面覆盖土地、财政、金融、保险、税费、医疗、人才、产业等方面，为推动深圳市养老服务快速发展提供了制度支撑。深圳市养老服务体系见图 2-76。

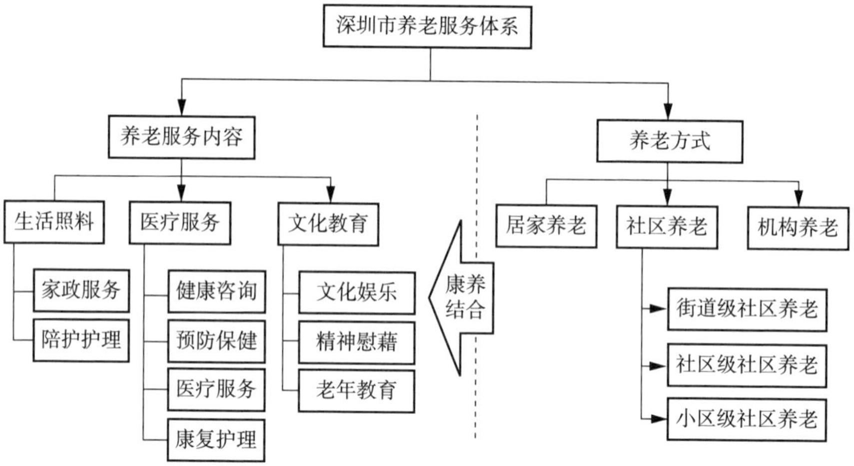

图 2-76　深圳市养老服务体系

近年来深圳市在养老服务体系的建设方面，已形成由居家养老、社区养老和机构养老为主导的养老服务体系，初步构建了由多元化服务主体所形成的核心养老服务产业。从深圳市养老服务业的发展情况来看，养老服务业主要围绕生活照料、教育文化和医疗保健三个方面。其中，生活照料则包括了家政服务、陪护护理等一切与老年人生活有关的服务；教育文化类服务包含文化娱乐服务、老年教育服务等；医疗保健服务则主要包括健康咨询、预防保健、医疗服务及康复护理等服务。

深圳市在2020年7月出台的《关于构建高水平“1336”养老服务体系的实施方案（2020—2025）》中提出，搭建1个深圳市统一的智慧化养老服务管理平台，凝聚政府、社会、家庭三个方面力量，做实政府保障基本、居家社区联动、机构专业照护3种服务，做强市、区、街道、社区、小区、家庭6个层级。截至2021年底，全市养老机构床位数13132张，建成养老机构59家；社区已经建成10个街道长者服务中心，社区老年人日间照料中心112家、星光老年之家600家、长者饭堂及助餐点263家。居家养老消费券定点服务机构66家，服务网点200多个，实现居家社区养老服务全覆盖。全市社会化运营（含公建民营、民办）养老床位占全市养老床位的75%。

（3）医疗服务供给。

粤港澳大湾区医疗资源配置现状主要包含医疗结构和医疗人力资源配置两个方面。具体来看，2019年粤港澳大湾区医疗资源配置情况如表2-13所示。东莞市、江门市成为2016年全国医养结合试点城市，同年，广州市和深圳市被正式列入第二批国家级医养结合试点城市。

表2-13 2019年粤港澳大湾区各市医疗资源情况

城市	GDP（亿元）	人均GDP（元）	人口（百万）	每千人卫生机构床位（张）	每千人执业（助理）医师（人）	每千人注册护士（人）
深圳	24222	189568	13.03	3.2	2.7	2.9
香港	28453	381870	7.48	5.3	1.9	7.1
广州	22859	155491	14.9	6.2	3.4	4.5
佛山	9936	127691	7.91	4.6	2.4	3.1
东莞	8279	98939	8.39	3.6	2.1	2.7
惠州	4103	85418	4.83	4.7	2.6	3
中山	3633	110585	3.31	4.7	2.5	3.3
澳门	4403	666893	0.67	2.5	2.7	3.6
珠海	2915	159428	1.89	5.3	3.6	4.2
江门	2900	63328	4.6	5	2.2	2.8
肇庆	2202	53267	4.15	4	1.9	2.5

从粤港澳大湾区医疗资源配置的现状来看，各城市之间在医疗资源配置

方面存在较大的差距和不同。从每千人卫生机构床位（张）的角度来讲，排名前列的为广州、香港、珠海、江门，最高的广州为6.2张，最低的澳门仅为2.5张。从每千人执业（助理）医师（人）的角度来讲，珠海最高，为3.6人，肇庆和香港最低，为1.9人，但是由于港澳无执业助理医师，因此统计数量相对较少。

2. 科技赋能康养之核——构建智慧化产品体系

（1）企业分布范围广、品类齐全。

在信息化和智能化快速发展的背景下，智慧康养必然成为未来智慧康养产业发展的主要趋势，而粤港澳大湾区在人工智能产业的发展中已取得了显著的成效，构建了大量人工智能产业园区。从总体来讲，粤港澳大湾区强大的创新能力为智慧康养产业的创新发展提供了基础保障。以深圳市为例，截至2021年底，深圳共有养老服务企业6842家，从事与康养相关的信息传输、软件和信息技术服务企业471家，占比6.88%；科学研究和技术服务企业429家，占比6.27%；制造企业84家，占比1.23%。

工信部、民政部、国家卫健委先后公布四批智慧健康养老示范企业名单，粤港澳大湾区内累计入选13家企业。在信息化和智能化快速发展的背景下，智慧康养必然成为未来康养产业发展的主要趋势，而粤港澳大湾区在人工智能产业的发展中已取得了显著的成效，构建了大量人工智能产业园区。以珠海市大湾区智能穿戴创新中心为代表的9家人工智能产业园，吸纳了大批智慧康养产业相关的企业。见表2-14。

表2-14　粤港澳大湾区智慧健康养老示范企业名单

第一批	第二批	第三批	第四批
东莞市龙信数码科技有限公司	深圳普门科技股份有限公司	广州海格通信集团股份有限公司	广州市巨硅信息科技有限公司
肇庆市广域网络科技有限公司		景宜控股（广州）有限公司	广州柏颐信息科技有限公司
深圳市前海安测信息技术有限公司		深圳壹零后信息技术有限公司	广东颐寿医疗养老有限公司
康美健康云服务有限公司			深圳和而泰家居在线网络科技有限公司
			深圳一格信息服务有限公司

（2）智慧康养平台逐渐形成。

智慧康养平台的打造和构建能够实现康养服务企业、康养服务对象及相关行业信息和资源的互通共享，实现康养服务由一般服务向精准服务、急难服务、有效接续服务转变。粤港澳大湾区智慧康养平台的建设为粤港澳大湾区智慧康养的发展提供了有效的保障。一类为信息化、智能化服务平台。该类平台主要以康养服务供应商资源整合为核心目标，打造智能化康养平台以解决康养产业发展中的“数字鸿沟”。例如“健康160”服务平台，其借助于互联网技术，与包括BAT、银行、保险公司、电信运营商、大型药企、医疗设备商、健康管理公司在内的2000多家相关企业建立战略合作关系，形成“医疗康复互联网+生态系统”，为客户提供一站式智能化康养解决方案，已得到国家卫健委、医管局等卫生行政主管部门的高度认可。另一类为产品集成研究开发平台。例如腾讯公司成立“银发科技实验室”，致力于推动人工智能、物联网、云计算等前沿技术在康养领域中的应用，推出了“隐形护理员”智慧养老监护系统，“隐形护理员”能够准确对意外情况进行识别分析，自动发出告警信号，提示照护人员提供及时的照护服务。“隐形护理员”在深圳市养老护理院的实践应用表明，“隐形护理员”可以实时守护老人，有效提高护理院的运营效率，降低管理风险。腾讯推出“腾爱医疗”战略，将智能终端、医生平台、金融医保以及健康大数据这四项业务彼此联动，构建起“互联网+慢性病”管理模式闭环。同时，腾讯还控股企鹅医生，布局线下诊所，致力于通过互联网共享的创新方式，打造“预防检测+治疗+康复管理”的服务闭环。

（3）智慧康养产品功能不断健全。

智慧康养产品是智慧康养领域发展的核心部分，粤港澳大湾区相关企业借助于现代新型信息技术、智能化技术大力开发智慧康养产品，目前智慧康养产品已覆盖到各个层面，在智慧康养产品的制造开发中处于领先地位。例如由广州柏颐信息科技有限公司推出的爱牵挂智能监护穿戴设备能够实现24小时的动态化、全方位监测；深圳市前海安测信息技术有限公司研发推出的安测自助健康监测智能一体机作为社区自助体验设备，能够对健康指标进行全方位的监测，为监康管理提供可靠的数据依据。美的智慧家居科技有限公司BIA生物电阻技术开发的健康秤二代，能够对身体状态及体重状况进行全自动的监测和管理。

3. 服务构建康养之魂——探索康养服务新模式

康养服务借助于康养产品，通过服务体系的构建实现康养服务的终端方案，打造综合性、立体化的康养服务体系。例如，金龄科技是一家高端的老年服务企业，以老年大学为依托，打造5G智慧校园，为老年人提供综合性的老年数字服务体系。其以互联网技术为基础构建老年大学在线教育平台，以大数据和云技术为核心技术工具，通过大数据存储、大数据分析和大数据应用，针对老年知识服务、权益服务、社交服务、用品服务、现代医疗服务和高端护理服务等领域不断深耕，希冀实现老有所养、老有所乐、老有所学和老有所为，帮助老年人成为“有作为、有进步、有快乐”的新时代三有老人。再如，深圳越健集团借助于智能化设备设施，结合旅游康养，打造集康养旅游、康养基地、康养文化娱乐等为一体的综合性智慧康养全链条发展格局，实现产品、服务的有效衔接，为老年人提供综合性、一站式的康养服务解决方案。

深圳市根据医康养政策的要求，养老和医疗资源不断融合、功能不断完善、服务范围不断扩大，积极整合养老资源和医疗资源，通过深入贯彻医养结合政策，逐步形成了医康养结合的服务模式和服务体系。深圳市政府统筹规划医疗服务和养老服务的紧密协同，通过医养紧密联合体、医养机构协同体等方式，促进医养康养深度融合机制构建，推动深圳市医康养结合不断发展。数据显示，2020年，深圳全市医养结合型养老机构有46家，所有养老机构均能以不同形式为入住老年人提供医疗服务；超过95%的社区老年人日间照料中心与社康中心等基层医疗机构建立医养结合机制；全市65周岁以上老年人家庭医生签约服务覆盖率为78.8%；家庭病床累计建床11716张；100%的公立医院为老年人提供就医绿色通道，通过社区首诊、双向转诊以及医养结合的方式为老年人就诊、转诊、检查、住院提供就医便利。

4. 产业融合打造康养之本——打造全产业链康养体系

粤港澳大湾区依托强大的产业发展能力，在康养领域发展方面已初步形成了全产业链的康养服务体系。以深圳市为例，深圳市在健康养老领域现有企业6842家，占全国养老服务企业总数3.4%。其中，按照企业所属行业划分，租赁和商务服务业2139家，占比31.26%；居民服务、修理和其他服务业1395家，占比20.39%；批发和零售业1220家，占比17.83%；信息传输、软件和信息技术服务业471家，占比6.88%；科学研究和技术服务业429家，占比6.27%；卫生和社会工作277家，占比4.05%；房地产业254家，占比

3.71%；文化、体育和娱乐业149家，占比2.18%；金融业144家，占比2.1%；建筑业91家，占比1.33%；制造业84家，占比1.23%；农、林、牧、渔业54家，占比0.79%；住宿和餐饮业46家，占比0.67%；教育42家，占比0.61%；水利、环境和公共设施管理业17家，占比0.25%；交通运输、仓储和邮政业14家，占比0.20%；公共管理、社会保障和社会组织10家，占比0.14%；国际组织4家，占比0.05%；电力、燃气及水的生产和供应业2家，占比0.02%。相比之下，深圳市65岁及以上老年人数占全国65岁及以上老年人数比重仅为0.3%，头部企业已经在运营端形成成熟的管理模式，行业市场化初具雏形。

结合深圳市康养产业的分布及发展情况，将深圳市康养产业的领域进行归纳总结，得出如图2-77所示的产业体系。

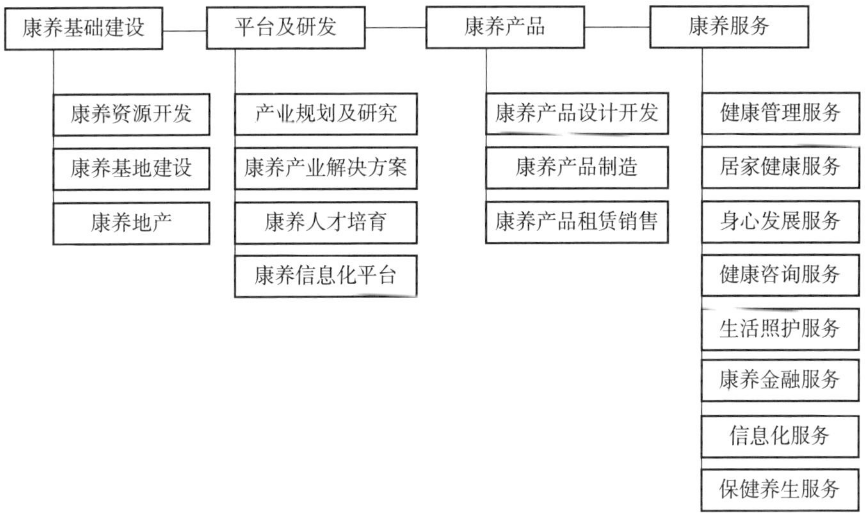

图2-77 深圳市康养产业发展结构

（三）打造“老年教育+智慧康养”之深圳模式

1. 深圳“老年教育+智慧康养”概况

深圳市近年来积极践行“学习是最好的养老”理念，大力推动老年教育的发展，借助“线上线下”渠道打造“老年教育+智慧康养”的服务模式。深圳市委老干局聚焦“先行示范”目标，坚持“学习是最好的养老”理念，以老干部教育供给侧结构性改革为主线，以长青老龄大学体系标准化建设为抓手，借助智能化设备及平台积极打造“老年教育+智慧康养”的模式。

深圳市全市已建各级长青老龄大学699所，实现总体可持续发展，提供学位约10万个，有效解决“一座难求”问题。市、区两级长青老龄大学课程库和师资库，已梳理入库1097名教师、1152门课程资源。指导各分校同步开展线上智慧教学，累计覆盖在线学习学员逾300万人次。《老年教育》杂志、深圳特区报等多家媒体报道学校特色发展纪实，得到社会各界关注。新创作的校歌《热爱让人永远年轻》在全市老年学员中得到广泛传唱。2021年7月，联合社科文献出版社，出版首部以深圳老年教育为主题的社科研究著作《新时代　乐长青——深圳老年教育体系标准化建设创新实践》，在全国老年教育领域引起较大反响，打造了“老年教育+智慧康养”的深圳模式。

2. 打造“市—区—街—社”教育体系

深圳市长青老龄大学通过搭建“市—区—街—社”四级老年教育参与平台，为老干部就近参与学习提供了良好的平台。

深圳市长青老龄大学坚持全生命周期教育理念，打造家门口老年大学，打通老年教育“最后一公里”；按照“市级立标准、区级作示范、街社强服务”的思路，建立健全“市—区—街—社”四级办学网络，持续提高办学成效，截至2021年10月，全市建成699所各级长青老龄大学。整合教育、民政、文化等相关职能部门，推动各部门依据职能建立合作办学平台，构建区域老年教育发展共同体，为深圳市老年教育发展带来了强大新动力。强化“理念+制度”全流程数字关怀。以老年人为中心，创新提出“以老干部工作引领老龄工作、以老干部教育引领老年教育”理念，2020年底，对全市1万余名老年人开展数字化教学内容的需求调研，显示有48.3%的老年人愿意接受数字化教学方式。2021年，深圳市启动对全市35万余名户籍老年人的需求调研，深入摸排全市不同区域、不同年龄群体对数字化老年教育的需求，建立全流程的数字关怀老年教育体系。

3. 搭建“云”课堂，实现数字化教学

通过在线教育打造没有围墙的老年大学，组织各级长青老龄大学师生通过线上直播收听收看党史教育“开学第一课”，点击量达116万。疫情防控期间，搭建网上“云”课堂，在全国老年大学中率先实现“停课不停学”。同时，指导各分校同步开展线上教学，在线学习学员逾20万人次。通过智慧化管理建设聪明的老年大学。目前已建成包括教学系统、LED显示系统、人员考勤系统、课堂交互音视频系统、灯光控制系统、通风换气系统、智慧观测系统等在内的智慧化校园网络。同时利用5G、AI等先进技术，与腾讯、超星等在线教育和在线课程制作的国内领先企业合作，适应时间碎片化、终端移动化的社会发展趋势，对现有老年教育课程进行数字化改造，打造“银智 e 学堂”慕课平台，入库课程 186 门。

开发适合老年人远程学习的数字化资源，鼓励老年人依托资源库自主学习，提供“10 万+”在线老年教育学位。引导科技企业参与建设面向未来的老年大学，推动市属国有企业承担“907”居家社区养老示范工程项目建设，在推进全市居家适老化改造过程中，与市长青老龄大学强强联手，在市长青老龄大学建设老年科技产品体验与服务中心，让老年人体验科技发展带来的便利服务。宝安区依托“宝安区智能装备产业公共技术服务平台”与全球激光智能制造产业基地、知名科技和智能制造企业以及未来科技城等项目深度融合，探索老年教育科技融合新模式。

4. 打造“通识+专业”标准化数字资源

在数字化学习的发展浪潮中，学习资源是满足老年学习者学习需求的媒介，更是激发老年学习者学习动机的载体，注重学习资源的适老性开发是关键。深圳市长青老龄大学在教学内容设置上，突出“兴趣”“实践”“学用”，打造“银智乐活、乐学、乐为”的新时代老年人；在教学体系建设上，突出“学科带动”“专业拉动”“课程驱动”，在办学管理和教学质量等方面推动老年教育体系协调发展；在资源平台建设上，2021 年深圳市推出老年大学师资认证标准，首批 29 名认证师出炉。同时按照“引进一批、遴选一批、培育一批”的思路，从高等院校引进一批示范性适老课程资源，从现有老年大学遴选一批优质老年课程资源，指导全市各级长青老龄大学重点培育一批专业课程资源，打造长青老龄大学精品课程资源库。联合深圳大学、深圳职业技术学院、深圳开放大学等高等院校，实施课程建设“525”计划，建设标准化课程 50 门、在线课程 20 门、精品特色课程 50 门。

四、行业发展趋势

（一）政策保驾护航，行业稳定发展

老龄人口的快速增长，造就了潜在的巨大市场。党中央、国务院几乎每年都会下发系列性政策指导文件和产业规划意见，为康养产业的稳步发展保驾护航。各省（市、自治区）相应政策导向趋势逐步增强，各地新注册的康养企业也明显增多。其中，云南、贵州、广西和海南依附独特的山

水地貌及气候资源，纷纷立足自身优势领域不断向大健康全产业链延伸。例如，云南大力发展从“现代中药、疫苗、干细胞应用”到“医学科研、诊疗”，再到“康养、休闲”全产业链的“大健康产业”。在需求与政策双重利好下，众多康养概念备受市场和资本关注，地产、保险、金融、互联网等多业态撬动亿万蓝海市场，形成复合型高端化康养消费趋势，打造全领域康养生态圈。

（二）产业链无边界创新发展

随着市场分工日益精细化，逐渐形成以康养为主线，延伸医、康、料、健、护、乐等的医康养服务体系，并穿插发展物业养老、养老金融、智慧互联、老年用品等细分业态，衍生出康复医疗、旅游旅居、精神文化养老等新模式，从刚需向活力乐养蔓延，同时又催生出更多交叉领域的市场机会。不久的将来，我国将在机构、社区、家庭相协调，医康养相融合的整体康养服务体系建设中，从品质向普惠型推进，从医养结合向医康养结合推进，从公办托底向市场化供给推进，更加关注产业链供给效率和效果的提升，拓展增量和优化存量。

（三）智能科技引领高质量发展

康养服务的智能化、智慧生活的适老化、运营管理的数字化等，已成为大多数企业市场化竞争的必备要素。基于以“60后”为代表的新老年群体对智慧、互联网、智能科技需求的增加，产业数字化、管理数字化对康养企业管理和运营成本的减少，以及业务创新的助益，5G、物联网、智联网等新技术的应用融合革新，高科技的智慧康养开始在第二、三产业形成产业链和价值链。相对传统康养重固定资产、重劳动力的特点而言，智慧康养在技术层面融合了物联网、云计算、大数据等技术，通过采集人体体征、居家环境、兴趣爱好等数据，推动不同机构间的信息互联互通；在服务层面不断推出智能化、个性化、多元化的康养产品与服务，加快了大健康、大数据等新技术与康养模式的结合。智慧康养将持续赋能康养行业的创新发展，并不断提升产业效率，促进产业高质高效发展。

（四）跨界融合成为新趋势

2019年9月，民政部发布《关于进一步扩大养老服务供给促进养老服务消费的实施意见》，指出要促进“养老服务+”推动旅游、医疗、餐饮、地产等行业跨界融合发展。康养因其关联性强、覆盖领域广的特征，极易与医疗、旅游、文化、绿色农业等融合创新，迸发出新的生机活力，呈现多种模式多元开发的状态，各类机构都在探索康养领域的生态布局。诸如，医康养结合成为第一个跨界融合发展模式，是将养老资源与医疗资源相融合，达到社会资源利用率最大化；智慧康养吹响跨界融合发展的又一号角，将康养与互联网融合，建立新型的、数字化的社会康养服务体系；康养旅游成为发展火热的跨界模式，在当前消费多元化的影响下，由被动的“候鸟式康养”转向主动的“全季式康养”与“生态康养”，充分发挥当地自然资源优势，打造适合旅居、休憩的宜居环境，推动旅游、休闲度假与康养的融合，吸引地产、金融、保险等行业参与，实现产业链的拓展与延长。未来，无论是成熟的市场发展经验，还是企业自身发展需求，“康养+多业态”深度融合将是一个长期趋势。

第六节　精准营养

科学合理的营养不仅为人类的生长发育和维持正常生理机能奠定了基础，也是公认的减少肥胖、糖尿病、心脑血管疾病、肿瘤等慢性非传染性疾病相关风险因素的最为有效和经济的方法之一。从强调“适度”的公共营养到追求“精准”的个性化营养，营养科学的发展经历了从群体到个体，从单一维度到多维度，从静态到动态变化，从科研探索到企业转化应用的转变，营养科研和健康产业开始迈入精准营养的新时代。

一、精准营养概述

（一）精准营养定义

2015 年，美国总统奥巴马宣布启动“精准医学”计划，其核心是根据患者的基因型、代谢状态、生活方式及环境特征，为其制定最合理的治疗及干预方案；将精准医学的理念应用在流行病学和公共卫生领域，即衍生出了“精准营养”（Precision Nutrition）的概念，很多文献资料中也将其称为“个性化营养”。

目前，“精准营养”或“个性化营养”尚缺乏统一的定义方法。根据 2016 年国际营养遗传学/营养基因组学学会的定义，“精准营养”被划分为三层，即简单的分层营养（Stratified Nutrition）、个性化营养（Personalized Nutrition）以及定向基因型指导的营养（Genotype-Directed Nutrition）。2017 年荷兰应用科学研究院的 Ommen 等指出“个性化营养是基于个体健康状态和目标，针对特定生物学需求而量身定制的膳食建议，侧重于临床和生物学方面的营养实践”。2018 年美国塔夫茨大学 Ordovas 等则认为“个性化营养是一种根据个人特点制定营养建议、产品或服务的方法，超出临床营养干预范畴”。2019 年，国际生命科学研究所北美分会将个性化营养定义为“个性化营养是基于循证科学，使用个人特定信息，促进饮食行为改变，并可能得到可测量的健康益处”。2019 年美国营养协会将“精准营养”定义为“一个根据个体特征制定营养策略，以预防、控制和治疗疾病以及优化健康的领域”。2020 年 5 月 27 日，《美国国立卫生研究院 2020—2030 年营养研究战略计划》正式出台。该计划正式提出了“精准营养”的战略愿景，并设置了 4 个战略目标及其分目标，具体为：借助与生物信息学、神经生物学和基因组学等其他研究领域的综合联系，奠定营养科学基础和方法研究的坚实基础；阐明特定饮食模式如何以不同方式影响个体、群体和人群的健康结局，从而制定有效的策略，建立和维持有利于最佳健康的营养相关行为；了解随着时间变化的营养需求和饮食行为；扩大对营养在疾病中作用的认识，为开发能够改善健康的“以食为药”和医学营养疗法提供证据。总而言之，精准营养是一个根据个体特点调整营养建议和干预措施，进而预防和控制慢性病的领域，通过一种整体分析的框架针对个人或类似群体，多维度且动态地调整营养来改善人类健康，并加深人们对于饮食影响健康的理解。

（二）精准营养的维度

精准营养主要包括生理特征和生活方式分析及干预（Physical Traits & Lifestyle）、表观型分析及干预（Phenotype）、基因型分析及干预（Genotype）三大维度。其中生理特征和生活方式分析包括：膳食营养、体力活动、吸烟、饮酒、睡眠节律、社会心理等指标；表观型分析包括临床体格检查、传统生物标志物、代谢组学、蛋白质组学等；基因型分析包括基因组学、肠道微生物组学以及表观遗传学等。按照研究方式分类，精准营养则可分为组学分析（如基因组学、代谢组学等）和深度表型分析（如临床指标、膳食摄入量等）两大类。

精准营养可以将新兴技术和传统营养评估的数据整合到慢性病流行病学

或膳食营养干预研究中，以更加精准评估一般人群膳食营养摄入和营养状况，寻找新的生物标记物并建立多维评价体系，实现对健康动态评估和疾病风险的精准预测，并深入了解不同个体对膳食营养暴露或干预所产生差异应答的机制，为其提供个性化膳食营养和生活方式指导，从而更有效改善机体健康状况、预防和控制疾病。

二、精准营养的研究技术

（一）精准营养研究转化的原则

1. 多维度

来自组学及深度表型分析的多维度数据是精准营养研究与转化的基础。目前，大部分的精准营养解决方案仍局限在单一维度，个性化营养解决方案涉及的维度包括身体特征及生活方式、生物标记物、基因组、肠道微生物组。部分方案可能同时考虑生物标记物和基因组信息，而基于身体特征和生活方式以及基于肠道微生物组的方案则相对独立，较少涉及其他维度。随着精准营养研究的深入，多维度融合的发展趋势是未来精准营养发展的方向。

2. 准确性

准确性一方面体现在检测方法、技术和设备的准确性。获得准确的数据是进行精准营养研究与转化的根本。新的检测方法、技术和设备层出不穷，通过与传统方法、金标准的比较，验证其准确性至关重要。另一方面是结果解读的准确性。基于新技术和检测指标，建立不同特征人群数据库及参考范围是进行个体营养状况或疾病状态评估的基础。另外，对数据整合及大数据分析结果的正确解读也是建立评估体系及制定精准营养解决方案的重要环节。

3. 便捷性

重点在于检测技术及信息获取方面。许多传统技术的复杂性限制了精准营养的研究与转化，造成干预方案的高成本。许多新检测技术、可穿戴设备的出现使个体健康状态的评估更加简便快捷，而新的产品工艺和设备研发也使精准营养干预方案得以开展。

4. 动态性

营养与健康是一个动态过程，可持续的精准营养监测及连续的个性化指导建议是改善个体健康或疾病状态的保证。

（二）精准营养与组学

1. 营养基因组学

营养基因组学（Nutrigenomics）主要研究营养素对全基因组的影响，营养素作为膳食的信号能被细胞感应系统发现，从而影响基因表达以及代谢产物的生成；还可致力于鉴定全基因组范围内影响饮食相关疾病风险的基因，并探究构成相关遗传易感性的基础和机制。

研究发现，基因组中的许多变异与能量代谢、饱腹感和食欲、营养素吸收代谢等许多过程有关。其中一个经典的例子是亚甲基四氢叶酸还原酶（Methylene Tetrahydrofolate Reductase，MTHFR）基因多态性对叶酸代谢的影响，导致 H 型高血压发生。MTHFR 的作用是将 5. 10-亚甲基四氢叶酸还原为 5-甲基四氢叶酸，同时脱去一个甲基供体给同型半胱氨酸（心血管疾病危险因素之一）用以合成蛋氨酸。MTHFR 基因的第 677 位的碱基发生突变，会产生 CC、CT、TT 三种基因型。其中，突变纯合型（TT 型）的酶活性明显降低，血中叶酸水平最低，同型半胱氨酸水平最高。叶酸摄入不足对 TT 型的影响更大，该人群也可能需要摄入更多的叶酸或者需采用其他的干预措施。在慢性病领域，如肥胖，现已通过全基因组关联分析确定超过 300 个与身体质量指数（BMI）、腰臀比和其他肥胖特征相关的单核苷酸多态性位点。

随着新一代测序技术的应用，全基因组测序所需时间和成本已大大缩短，使得基于普通个体基因组信息的应用成为可能，为个体健康或疾病状态的精准评估和精准干预策略的制定提供技术支持。然而，营养基因组学从科研端向产业端转化面临着诸多挑战，包括：海量的数据的分析，基础科研转化难度大，基因型相对不易干预等。随着科技的发展，基因检测的成本已经大幅降低，目前虽可作为营养干预的指导方向，但是其效果在短期内较难评估，部分检测结果还未完全被进一步验证，用于预测的话缺乏非常确凿的科研理论依据。

2. 表观遗传学

表观遗传学（Epigenomics）是指能调节基因表达，但不伴随 DNA 编码序列改变的一种可遗传且可逆的过程。表观遗传学的发现解释了饮食或营养等外界因素在不改变 DNA 序列的情况下如何造成长期稳定的可遗传性改变。同时，部分不能被遗传信息解释的与健康或疾病相关的表型差异被认定是由营养或其他环境因素诱导的表观遗传改变所致。在哺乳动物中，表观遗传标记分为 DNA 修饰、组蛋白修饰和非编码 RNA 三类，表观遗传调控酶在表观遗传调控中起到建立、识别以及消除表观遗传标志的作用。表观遗传的失调以及表观遗传标志的改变可以改变细胞功能和相关表型，影响多种慢性病的发生和发展。

研究表明，营养因素与DNA甲基化、组蛋白共价修饰和非编码RNA之间复杂的交互作用与肥胖、糖尿病、血脂异常、非酒精性脂肪肝、心血管疾病、肿瘤等密切相关。例如，低蛋白饮食通过破坏关键调控基因的组蛋白修饰，诱导葡萄糖和脂质改变；维生素D、钙、镁和铬的缺乏可促进葡萄糖稳态、胰岛素信号和炎症反应相关基因的异常甲基化模式，从而增加糖尿病发生风险；高脂、高糖饮食与控制食物摄入的神经肽基因的异常甲基化有关，可能会是发生肥胖的原因之一。

目前，关于表观遗传和营养相关的研究大多数仍集中在动物，在人群中研究还比较少。在我国东风—同济队列中的一项研究表明胎儿时期经历过饥荒的人会增加38%的发生糖尿病风险，该结果可能与较低的出生体重会增加胰岛素对抗，而产前营养不良会导致DNA甲基化信号在成年后转向相反的代谢表型。

3. 代谢组学

代谢组学（Metabolomics）的目标是通过高通量的分析方法，一次性对细胞、组织器官或个体中的大量代谢物，甚至所有代谢物进行检测分析，并结合生物信息学分析，筛选差异显著的代谢标志物，进而从整体上深度分析临床表型的病理学机制。近年来，代谢组学快速发展，为疾病早期的标志物发现，寻找“膳食信号”并探索饮食疾病间关系等研究提供重要手段，也为解析疾病病理机能提供了可能。迄今为止，大量与疾病相关的代谢标志物的发现，不断提高了人们对疾病的预测效能。

有关研究发现，不同个体在摄入等量食物后，其代谢应答完全不同，这些研究结果极大地挑战了传统的标准化膳食推荐。代谢组学的发展为个体代谢健康的量化提供了可能，有助于更加准确地评估健康水平及预测疾病风险。由于健康是动态而非静止的，与代谢健康密切相关的概念是“内稳态”，即应对生理负荷的能力。测定内稳态调节能力，需打破体内平衡状态，通过检测一系列与组织器官维持代谢稳态相关的功能指标和代谢组特征谱在短期内应对特定挑战时内稳态失衡的程度，以及恢复平衡的时效性，作为衡量健康状况的指标。

代谢组学的技术手段主要有核磁共振和气相/液相色谱—质谱两大类。目前，任何一种分析方法都无法检测样品中的全部代谢物，需要结合多种手段分析，将非靶向和靶向代谢组学相结合，从而实现互补。

4. 肠道菌群

肠道菌群（Microbiomics）指生存在消化道内，由多种微生物组成的复杂生物群落，其体量庞大、结构复杂、功能多样。肠道菌群不仅能调节宿主的能量代谢、脂质积累，而且能提供每日约10%的能量，产生多种维生素，影响药物的代谢和反应；同时影响宿主免疫系统的发育和防止病原体入侵，并影响宿主慢性炎症反应等。继环境因素、遗传因素之后，肠道菌群作为“超级器官”已成为糖尿病、肥胖、心脑血管疾病等慢性疾病风险密切相关的重要靶点。

除了探究肠道菌群的结构和丰度与疾病风险的关系外，一些研究还探究了菌群的代谢产物与代谢性疾病风险的关系。目前，人们对肠道微生物的认识和理解只是冰山一角，未来还需结合宏基因组学、宏转录组学、培养组学等技术方法进一步深入开发，探索更加精准的研究方法与应用转化。

（三）精准监测与深度表型分析

人体健康依赖于个体水平的疾病风险评估、早期临床状况发现、干预和预防策略的精准性。多组学技术的发展和可穿戴智能设备的出现为分子层面分析和生理信息获取提供了重要的工具和技术手段。基于大数据的个体化纵向分析能够为个体提供精准的干预指导和疾病预防方案，有助于提高个体对自身健康和疾病的理解、干预与治疗。

1. 膳食摄入行为的精准监测

对食物及营养素摄入量的精准监测是深度表型分析的重要方面。营养相关干预研究的主要目的是探讨膳食营养摄入与代谢表型或结局之间潜在的因果联系，为精准个性化的营养措施提供参考依据。因此，在营养干预过程中准确监测食物和营养素摄入量对揭示个性化干预效果和发现潜在机制非常重要。

常见的传统膳食调查方法包括3天24小时膳食回顾、食物频率问卷等问卷调查方法，但存在一定的局限性，无法完全满足精准营养对评估食物和营养素摄入的准确性和便捷性的要求。近年来，出现了一系列结合现代技术的客观评估食物和能量摄入的替代方法，例如远程食物拍照法，即利用手机拍摄食物图像，然后发送到服务器，通过大数据算法估计能量和营养素摄入量。另一种方法是利用可穿戴设备，用以监测个体食物咀嚼，从而估计每日能量摄入量。

膳食相关地点深度表型分析，除膳食摄入量的监测外还包括膳食行为的监测，如正餐摄入时间、零食摄入习惯等。目前这一领域正在出现新兴技术，如饮食检测器，一种能够准确量化个体在特定时间内食物摄入的嵌入式电子饭桌；另一种用于监测食物摄入行为的自动摄入监测仪，可以监测例如零食摄入、暴饮暴食等。

2. 体力活动的精准监测

深度表型分析的另一个重要维度是体力活动的监测。研究发现，体力活动对心血管疾病及糖尿病患者的作用存在明显的个体差异，体力活动在某些患者中甚至出现负面作用。目前，可通过运动传感器之类设备获得客观的体力活动数据，这一方法也被认为是得到准确体力活动数据的金标准，其在生物医学领域中也逐渐应用。然而这些方法在大样本前瞻性流行病学研究中的应用存在一定局限性，包括侵入性、需要专业培训、高成本等，因此，开发新型便捷可靠的体力活动测量设备对深入表型分析至关重要。

3. 生物标记物检测技术

传统生物标记物用于大多数人群的相对指标，很少能反映个体间健康的特异性差异，精准营养对生物标记物的检测提出了更高要求。

（1）干血斑技术。

干血斑技术是将全血滴在特定的滤纸上，自然干燥后检测血斑中相关组分的含量，即可得到被检测者相应标记物的定量检测结果。目前已广泛应用在新生儿代谢疾病筛查、药物临床研究、治疗药物监控等方面。其在营养领域的研究应用也逐渐扩大，通过一滴血可以实现多种维生素、矿物质、小分子代谢物及大分子蛋白等检测，从而实现个体营养状况的评估，且样本保存非常便捷，无需低温保存和冷链运输，配合全自动分析平台可以更好地实现对个体营养健康状况的实时监测。

（2）芯片实验室。

芯片实验室逐渐成为近年研究热点，这一技术的目标是在微芯片上集成多种生化反应，其意义在于把样本采集端和检测端结合起来，从而缩短反应时间、减少试剂消耗，使检测的自动化程度更高，有利于高通量、大规模的检测，降低成本，并使检测结果更加可靠。但是，芯片实验室的缺点在于方法的可重复性及灵敏度较低，对温度要求严格，且成本较高，需要培训专业的技术人员以及面临生物废弃物处理等问题。

（四）数据整合与大数据分析

精准营养需要结合多组学分析、传统信息收集渠道（问卷调查、常规临床指标检测等）、新型信息收集渠道（电子病历、可穿戴设备等）的数据。由于数据量及分析的复杂性明显增加，新型生物信息学工具对于数据的分析和可视化十分必要。现阶段研究者在多维度数据整合方法及大数据分析方面仍面临挑战，包括数据是否完整可靠，结果是否由于缺乏专业知识而进行了错误解读。另外，大数据分析需要通过大量的统计检验，可能导致假阳性出现概率增加，因此，通过开展独立的试验对结果进行重复验证尤为重要。

三、行业发展趋势

（一）面临的挑战

1. 技术研发难度

精准营养作为一个新兴领域，是最具有代表性的需要跨学科努力的融合生物与医学的学科。一方面，需要面临新概念、新标记物、新方法、新技术的挑战，需要科研院所、高等院校、企业及政府有关部门多方协同，多领域跨学科的交叉合作，为研究和大数据分析提供可靠的平台和支撑。另一方面，也需要实现从基础到应用的实质性转化，如流行病学、营养学、统计学等多学科多层次大数据信息技术的整合应用，国人标准化营养健康评估体系和相关软件开发，营养代谢生物标记物检测方法和试剂盒研发等。

精准营养在转化应用方面同样面临挑战。首先，企业向消费者推广基于基因型的个性化营养评估和干预相关的产品和服务，但其对改善膳食质量和健康结局的效果有待进一步证实。其次，与传统方法相比，个性化营养的价值取决于其涉及的实验室和干预措施所带来的额外成本是否能够被收益抵销。最后，引起个体差异的因素及其对饮食干预的应答效应，在同一个体内的持续时间以及它们的遗传性尚未可知。

2. 数据挖掘技术难度

大规模数据收集分析可以帮助制定更加精准、个性化的膳食建议。从建立精准数据库的角度看，企业需要收集大量数据然后进行数据分析。现阶段，个人健康影响因素是复杂多样的，因为对基因解读、遗传变异、环境因素的了解还很少，所以收集到的数据可能存在一定局限性，导致预测不具有科学性。同时，当前部分数据分析解读依然依靠人工评估，而解读人员的专业化程度也一定程度上决定分析结果的差异。

3. 多维参数影响检测标准的建立

部分企业与科研机构对精准营养的认知存在差异，导致难以实现产品合规化，供应链适配以及服务标准化。未来，在建立精准营养共识的基础上，政府监管部门、企业、行业协会、专家都要达成最优解，共同推动法规与标准体系的制定，逐步建立相应的企业标准、团体标准、行业标准、国家标准甚至国际标准，引导行业良性发展。

4. 产业链全链条合作

从健康产业发展趋势看，市场碎片化已走向科研转化与产业、产业与产业间的融合，产业巨头加快战略布局与收购兼并和打造产业上下游战略联盟。从精准营养领域的整体发展看，单个科研端或应用端的力量略显薄弱，传统的相关企业或科研组织需要协同合作，实现产学研合作、上下游数据共享、开展联合研究、建立共享信息库，推动精准营养方法学、生物标记物及数据标准化。

5. 数据隐私安全

目前市场上越来越多的机构获得大量消费者的健康数据，而使用这些数据的方法却不透明。如果消费者不愿分享自身健康数据，数据隐私将成为个性化营养发展的障碍。大数据时代下，精准营养落地的前提一定是保护用户的数据隐私，在保护隐私的同时，合法合规且适度的数据共享也可以促进行业整体协同创新，构建有活力的商业生态。

（二）发展的机遇

1. 宏观政策利好推动行业良性发展

2016 年，国务院印发《“健康中国 2030”规划纲要》，全面推进健康中国建设，将提高国民健康水平提升到了国家战略层面，指出要遵循预防为主、防治结合的科学发展原则。2017 年 6 月出台的《“十三五”食品科技创新专项规划》指出，积极推进公众营养健康的全面改善，不断增强健康食品精准制造技术水平与开发能力，并将精准营养食品制造理论与关键技术作为推进食品产业科技发展的颠覆性技术之一。同年，国务院发布《国民营养计划（2017—2030 年）》，提出注重现代科技和新发展理念对营养工作的引领和推动，加快农业、食品加工业和餐饮业向营养型转化，促进产业升级和营养健康工作的创新发展，以及实现科技引领下的精准智慧营养行动，形成营养健康工作的全新格局。

与此同时，人口老龄化正在驱动着大众对营养健康的需求。随着中国社会逐渐进入老龄化，党的十九届五中全会提出要实施积极应对人口老龄化国家战略，这是首次将积极应对人口老龄化上升到国家战略层面。有效应对我国人口老龄化，事关国家发展全局，事关亿万百姓福祉。从健康管理的角度来看，老年人恰恰是最需要个性化精准营养定制的人群，对于老年群体来说，营养并非越多越好，科学的营养、适合个体的营养才是关键。

总之，这一系列国家政策的颁布和实施无疑为精准营养的发展提供了强有力的政策支持和引导。

2. 消费者健康意识普遍增强

新冠肺炎疫情的冲击和提升健康的愿望持续高涨，大大地提升了公众对于健康、安全的需求，并持续影响了消费者的心理。根据尼尔森的调查数据，80%的消费者表示在疫情过后将继续关注饮食健康，其中75%的消费者表示未来将加大运动锻炼支出，60%的消费者表示增加定期体检支出。国民意识开始逐渐由“被动治疗”转变为“主动预防”。

当前，符合消费者目标的精准定位产品将最容易引起消费者的共鸣。GlobalData数据显示，43%的消费者更喜欢为其“量身定制”的产品，58%的消费者在选择食品时，总是被产品与需求或个性的契合度影响。消费者对个性化定制的期待在迅速增长，过去的“一刀切”的方法已不再适用。英国资深的营养专业媒体 *New Nutrition Business* 于2019年发布的食品营养与健康十大趋势中，碎片化和个性化（Fragmentation & Personalization）位列第六。人们的营养消费意识正逐渐从“大众化”向“个性化”转变；而“精细化模式”也开始逐步从“平均化”解决方案中剥离升级，预示精准营养已逐渐成为营养领域的研究前沿和热点。

（三）个性化营养市场增长势头强劲

据市场研究公司MarktsandMarkets的研究报告，全球个性化营养市场规模预计会由2020年的82亿美元增长到2025年的164亿美元，预测期内复合年增长率为15%。根据地理区域划分，北美地区将主导个性化营养产业市场，而随着城市化的进程以及消费者健康意识和可支配收入的增长，亚太地区预计将会以最快的速度增长。2020年新冠肺炎疫情导致的国民疾病预防意识增强和互联网技术的快速发展，预计会大大加速精准营养市场规模的增长。

第三章　深圳健康产业优秀企业

第一节　保信亚太生物科技（深圳）有限公司

一、企业简介

保信亚太生物科技（深圳）有限公司（以下简称“保信亚太”）成立于2016年1月4日，注册资本为3157.89万元，是香港创健集团下属的全球性生物科技公司，致力于再生医学和创新生命科技的探索、研究、开发和应用。

保信亚太是国家高新技术企业，并参与了两项团体标准的撰写，已通过国际质量管理体系认证（ISO9001）、中国职业健康安全管理体系认证。公司已签约国际细胞低温冷存领域专家及免疫细胞和干细胞专家，并且已经取得细胞低温保存的核心专利及干细胞相关应用创新专利，目前已拥有多项核心知识产权，其中包括发明专利、实用新型专利、软件著作权。

保信亚太以生物样本资源储存为基础，以大规模、工业化细胞智能制造为核心，以细胞行业CXO（CDMO/CMO/CRO等）和细胞技术轻应用为方向，致力于赋能细胞产业，打造细胞制造+全产业链平台。目前拥有国内首条大规模、工业化细胞智能生产线，可一次生产10000支注射药品级别的细胞制剂。

二、生产经营

保信亚太在细胞行业的上中下游全部有对应的布局和业务覆盖，并形成上中下游合力，打造行业龙头。

上游产业包括生物样本资源库和生物信息大数据库，同时在建立大型生物样本库的基础上布局了冷链物流配送体系和辅料制造业务，并于2019年与国药集团签约共建生物药冷链和冷存技术研发，目前保信亚太生物样本库已成为国科控股旗下国科健康指定生物细胞样本库华南分库。

中游业务以细胞智能制造为核心，在自主研发的“技术+工艺+软件+装备”四位一体干细胞智能生产线基础上，布局细胞行业 CXO（CRO/CMO/CDMO）。

下游产业包括细胞技术和产品的临床转化及应用，布局细胞重应用（细胞药物）及轻应用（干细胞衍生应用产品）。

2020 年营收达 133.08 万元，2021 年营收为 2070.70 万元，2021 年营收实现同比增长 1456.10%，实现了公司年度效益持续拉动的效果，为公司的后期发展奠定了经济基础。

现阶段已积极联合研究机构与医疗机构共同推动细胞产业落地和临床转化。在细胞治疗研究领域，与深圳市第二人民医院、北京大学深圳医院等医疗机构展开了关于间充质干细胞以及间充质干细胞来源的外泌体在烧伤修复和瘢痕预防等方面的联合研究；在细胞智能制造领域，与清华大学开展以新一代微载体为基础的干细胞自动化生产线产学研合作。

三、研发创新

保信亚太近两年投入研发经费超过 1000 万元，主要研发项目有四大类，分别是细胞存储系列、细胞“智”造系列、全脂燃系列、细胞衍生护肤品系列。

（一）细胞存储系列

通过将细胞存储在深低温环境下，降低细胞内新陈代谢速率，保持细胞状态，使得细胞在复苏后依然可以执行正常的生理活动，使用无细胞毒性无 DMSO 冻存液，可以保护细胞免于低温存储造成的细胞损伤。

（二）细胞“智”造系列

保信亚太基于行业首创细胞工业化智能制造体系，全球首条集“技术+工艺+软件+装备”于一体的干细胞智能生产线，依托 3D 微载体以及基于“3D 微载体+生物反应器+智能控制技术”的 3D 细胞培养技术，拥有已通过专利的无血清细胞培养基和高活性保存液，可大大提高细胞制造效率并降低生产成本，为未来的细胞制药、细胞制备提前布局。

（三）全脂燃系列

全脂燃技术是保信亚太独家核心专利技术之一，已经获得 FDA 认可，而且被纳入中国整形美容行业首个团体标准中。通过采集人体脂肪组织，并迅速转移至无菌脂肪保存袋中，加入保存液，转运至实验室，对脂肪组织进行清洗后加入脂肪冻存保护液，以保证脂肪组织在长期低温的环境下细胞不受到损伤，使得脂肪组织在复苏后依然能够保持细胞活性。此项技术已获得国家专利，对组织进行低温冻存难度更高，活性组织冻存也更有意义。

（四）细胞衍生护肤品系列

精华粉霜：特殊双微囊包裹结构是将生物活性成分包埋在微米级的微型胶囊中，在一定条件下受控缓慢释放，达到长效功能，使得产品能够安全保护核心功效成分，持久释放多重细胞营养。微囊结构也使得产品渗透性更强，直达肌肤基底层。精华粉霜的外观白如雪，一触即溶，粉化成霜，肤感轻柔无负担，产品的亮肤、瞬间祛细纹、舒缓肌肤等功效也是客户最需要解决的痛点。

外泌体精华液：产品结合自有知识产权的雾化面罩，以纳米的形式均匀雾化于面部，高效护肤，高效渗透，易吸收，外泌体结合护肤品的功效原料，协同起效，达到抗氧化、紧致、舒缓修复的作用。

自主研发的械字号产品——细胞培养基：产品同样结合自有知识产权的雾化面罩，可以全面覆盖眼睛、鼻腔，可以缓解眼部不适、呼吸道不适等症状，具有强大的再生修复功能。

四、发展规划

（一）市场前景

据《中国干细胞医疗行业发展前景预测与投资战略规划分析报告》预测，2024 年全球干细胞医疗市场规模将突破 2000 亿美元。截至 2021 年，中国有上亿级别的心血管病患者、糖尿病患者，千万级别的阿尔茨海默病患者以及血液肿瘤病患者正等待着更积极有效的治疗。

中国目前干细胞存储率仅为 1%左右，发达国家干细胞存储率达到 15%~20%，未来中国干细胞存储仍有较大的市场空间。

（二）核心竞争力

1. 技术优势

保信亚太实验室区域拥有 1800 平方米的冷存区（生物样本库）和超过

4500平方米的细胞智造中心，属于细胞行业技术前沿，首创细胞制造全产业链平台，以“技术+工艺+软件+装备”四位一体赋能干细胞智能生产线；拥有众多核心专利，开拓研发及应用场景先河。

2. 人才优势

保信亚太的国际专家库成员，在生物样本深低温保存领域，干细胞、免疫细胞治疗领域皆以开创性的研究成果跻身国际顶级专家行列。

3. 成本及产品优势

保信亚太生物样本库的规模化、生产线的智能化，使公司的相关产品具备成本优势。

4. 资源优势

公司积极与国际技术、产业链展开合作，其业内首创的细胞制造全产业链平台，“细胞制造全产业链平台”已通过深圳市福田区发展改革委备案，成为河套深港科技创新合作区首个生物科技相关全产业链平台，被列为深圳市重点项目，并且具备在细胞领域的丰富经验及优势。

（三）发展规划

保信亚太力争2022年内完成在大湾区内的业务布局，进入区域内行业前列，在资质、产品等层面形成一定的业务护城河。将陆续投建全国六大区域平台细胞中心，形成全面覆盖主要人口集中地区、可快速触达产业链合作伙伴的生物医药产业服务圈。加快进行人才建设，逐年提高人才硕博比例，加大科研投入。实现产学研生态稳步健康发展。在干细胞、干细胞衍生品及免疫细胞的轻、重应用方向做更具象的产品开发与应用，夯实业务基础。进一步拓展海内外业务，力争五年内完成IPO。

第二节　北京鹤年堂深圳分号

一、企业简介

北京鹤年堂，成立于1405年（明永乐三年），至今已有600余年，1999年由商务部授予鹤年堂“中华老字号”称号，是目前我国历史最为悠久的一家“中华老字号”品牌；2005年由北京老字号协会授予鹤年堂“京城养生老字号，历史悠久第一家”称号；2008年由原文化部授予鹤年堂“国家级非物质文化遗产”称号，是目前唯一一家集中医、中药、养生于一体的“国家级非物质文化遗产”。在民间素有“丸散膏丹同仁堂，汤剂饮片鹤年堂”的美誉，而明朝名臣杨椒山盛赞的鹤年堂楹联“欲求养性延年物，须向兼收并蓄家”亦流传至今，寓意在鹤年堂名医会聚、名药云集、名方荟萃。

鹤年堂已经挖掘整理了108种药膳、138种药粥、36种药酒、82种药汤等，其中绝大部分来自宫廷秘方和民间验方，组合成益寿药膳、滋补肺阴药膳等不同系列产品，像明嘉靖年间（1556年前后）的“长生不老鹤年春酒”、万历年间的“秘制鹤年四宝酒”等都是鹤年堂独有的产品优势。

明嘉靖年间，鹤年堂曾相继开设了五家分号，遂有“五鹤朝天”之称，老店作为总店仍在菜市口原址，严嵩之子严世蕃题匾“西鹤年堂”。1929年，刘一峰执掌时期，曾在东安市场开设分店；1935年，又在西单开设了分店，在陶然亭首建了鹿苑和药圃；1936年还在西安开设了分店，公私合营前1955年批准歇业。

在长达几个世纪的历史长河中，出自御医之家的丁、曹、王、刘四大家族在创建和继承鹤年堂的同时，对中华传统医药进行了孜孜不倦的研究，并以医术精湛、药力独到、养生有方名噪海内外，更成为历代医家妙手施乾坤的殿堂。

二、生产经营

经营定位：中医最老字号+国（名）医大师团队+宫廷外治技法+宫廷内调产品。

服务模式：渠道授权服务+直营分馆服务+大医馆共享+康养大基地疗养。

创新特色：宫廷养生秘法内调产品系列+宫廷外治产品系列+民间古（验）方产品系列。

渠道服务：700家中医养生实体。

长期在服客户：10000人以上。

年营业额创收：1.5亿元（2021全年度）。

市场优势：中医、中药、养生三位一体的“国家级非物质文化遗产”，39种鹤年堂宫廷内调产品，68位签约国医大师巡诊。

三、研发创新

鹤年堂600余年的沉淀，结合当下市场需求，已形成宫廷膏方系列39

种、宫廷茶饮系列18种、皇宫四宝酒4种、外治宫廷秘方20余种成熟产品。目前已成形宫廷养生膏方系列、宫廷养生茶系列、宫廷养生酒系列等产品。

（一）中医药机构功能配套及服务

2020年6月至2022年8月，在两年时间里，鹤年堂深圳分号依托渠道市场，直接诊断调理10000余位受众群体，使得当下社会常见亚健康疾病及重大疾病风险问题得到有效改善和调理治愈。据2021年消费者内部数据调研显示：客户满意度高达86%，复购及转介绍达67.7%；直接为行业创收2亿元，间接为地区创造超10亿元经济效益。

（二）中医养生实体市场赋能升级

2020年6月2日至2022年6月1日，鹤年堂深圳分号已与700家实体企业展开产教融合、技能培训、名医扶持、宫廷秘方产品授权销售等深度合作。

（三）中医药高层次人才引进

依托于北京鹤年堂两所中医院（西城区鹤年堂菜市口医院、丰台区西鹤年堂医院），南北医师团队资源互通；鹤年堂深圳分号已精准引进国医大师在深圳地区巡诊50人次、全国名老中医深圳地区巡诊80余人次。

（四）国医大师（全国名老中医）传承人工作室

积极建设国医大师传承人工作室。2022年6月，鹤年堂深圳分号已与国医大师路志正（北京路志正中医药研究院）开展传承人工作室相关筹备工作，预计2022年底完成落地。同期，也与全国名老中医赵青春开展传承人工作室相关筹备工作，预计2022年底完成落地。

（五）学术交流

截至2022年6月，鹤年堂深圳分号已完成中医药养生行业论坛3场，直接受益人数超过20000人。

四、发展规划

打造“一体、两翼、三维、五点”鹤年堂运营战略蓝图。一体：粤港澳大湾区鹤年堂康（疗）养基地。两翼：鹤年堂大医馆、鹤年堂国医传承商学院。三维：传承、医疗、康养。五点：鹤年堂深圳分号、广州分馆、珠海分馆、佛山分馆、中山分馆，重现鹤年堂粤港澳“五鹤朝天”宏伟蓝图。

鹤年堂战略发展目标：一年五座城，三年产业化，五年奔上市。

鹤年堂使命责任与目标。响应国策：响应“一带一路”国家战略方向。引领发展：引领湾区健康实体产业发展。完善生态：完善湾区中医药服务体系业态。促进创新：促进深圳地区中医药传承创新。

第三节 大麦植发医疗（深圳）集团股份有限公司

一、企业简介

大麦植发医疗（深圳）集团股份有限公司（以下简称“大麦植发”）是国内中高端毛发诊疗服务行业的领先医疗集团，也是行业内首家提供微针植发的医疗集团。公司结合问诊、诊断、微针植发、固发和养发等手段，为患者提供全周期的毛发诊疗服务。凭借多年的毛发诊疗经验及遍布全国的33家连锁机构的运营网络，公司在全国毛发诊疗服务市场收获良好的品牌知名度。

公司旨在重塑毛发之美及努力成为坚持“医生创建、发展智慧医疗、守护毛发健康”的全球企业。公司的核心价值观为“诚信负责、遵守规范、专业育人、创新发展、阳光健康”。

二、生产经营

2006年，大麦植发率先引进世界先进的微针植发技术Implanter Pen。

2010年，大麦植发率先倡议成立“528全国爱发日”并向原卫生部发出倡议函。

2011年，李兴东院长受邀前往美国阿拉斯加参加第19届世界植发大会，并发表了“FUE+PTT专利无痕加密植发技术”的演讲。

2014年，李兴东院长带领大麦微针植发专家组参加第22届世界植发大会，ST固发效果惊艳世界同行。

2016年5月28日，大麦植发承办中国首届国际毛发移植学术大会，突破性地研发出FGF双活因子植发体系，并在钓鱼台国宾馆隆重发布，世界目光聚焦中国。

2017年，“528爱发专项基金——‘凝心聚力汇大爱　铸就健康扶贫路’十百千万中国爱发公益工程万里行”在西藏举行。

2018年9月，大麦植发推出行业首个《2018微针植发技术标准制定白皮书》。

2019 年 9 月，正式由“科发源”更名“大麦微针植发”；10 月，李兴东院长被授予“牛津学术联合会名誉教授”；11 月的第 27 届世界植发大会，李兴东院长首次分享微针植眉课题“微针在眉毛移植中的应用”。

2020 年 2 月，大麦植发向武汉疫区捐款百万元；12 月，大麦植发荣获美团 · 医美医疗“行业影响力品牌奖”和“医疗品质服务奖”。

2021 年 5 月，李兴东院长参加第五届毛发移植大会，参与《毛发移植规范团体标准》起草，为《毛发移植规范团体标准》揭牌；9 月，李兴东院长和南方医科大学南方医院胡志奇教授共同发布最新科研成果毛囊细胞活性培养液（IS）技术。

三、研发创新

（一）服务体系

1. 手术治疗

通过先进的微针植发技术为脱发患者提供手术植发治疗。根据灼识咨询报告，大麦植发是中国首家提供微针植发的医疗集团。微针植发技术是一种业界领先的技术，可保护毛囊，缩小创口并加快术后恢复过程。与其他技术相比，微针植发技术最显著的优势在于它是一种精细的微创技术，可很大程度上缩小创口及减轻患者的疼痛，患者在术后 24 小时可以洗头。微针植发技术的密度及艺术性更高并支持全方位植入，实现更自然的外观，为患者提供更满意的植发体验。

2. 固发

固发服务旨在为脱发患者提供非手术治疗及长期的慢病管理。根据脱发类型，向脱发患者提供非手术固发服务，既可以单独方式治疗，亦可与植发结合治疗。通过结合药物治疗、低能量激光治疗（“LLLT”）、LED 光波治疗以及导入活性营养物质的物理治疗等多种疗法，激活毛囊，刺激毛发生长。根据患者的个人情况，提供有针对性的医疗建议，并为患者提供定制的治疗方案，以达到长期、最佳的治疗效果。

3. 养发

养发服务，包括头皮健康管理及术后毛发滋养服务。通常通过结合使用养发器械及设备、专业护发产品及手法提供养发服务。养发服务可向三类患者提供，具体来说为治疗脱发后稳定的患者提供辅助治疗，为无需治疗的轻度脱发患者提供一般治疗以及为健康人群提供脱发预防措施。

（二）微针植发技术标准白皮书

自2006年李兴东院长从美国引进微针植发技术以来，大麦毛发科研团队在其带领下，根据国人的毛发特征经过多次迭代升级，最终研发出适合国人的微针植发技术。

1. 微针植发定义

微针等于种植笔，是一种科学先进的头发种植技术，目前国际上先进植发机构均采用该种技术进行毛发移植。相比使用传统植发技术，其创伤小、密度高、方向自然的优点受到业内广泛认可，是2017年世界植发大会（ISHRS）推荐的植发技术。

2. 微针植发器械标准

专业微针包括空心针头、手术针、推入装置、针头连接体和针管体。

针和推入装置设于针管体中；手术针端设于推入装置一端并伸入空心针头中，推入装置控制手术针在空心针头中移动；针管体包括前针管体和后针管体，推入装置尾部中间含有一长形孔，针头连接体放置在所述长形孔内。

专业微针的直径为0.6~1.0mm，此种植方法因种植孔口径更小，比传统的种植孔小三分之一，故种植的密度更高，植发后效果更好，且微针可以做到360度灵活掌控，更易掌握头发的生长方向。微针的使用大大降低了头皮的创伤，种植精准，恢复快，术后24小时即可洗头。

3. 微针植发技术标准

取发步骤由经验丰富的专业医师完成，采用内径0.6~1.0mm的空心微针提取毛囊，要确保提取的毛囊结构完整。取发区头发长约2mm，按头发生长方向45~90度角提取毛囊，每小时取发速度1000~2000单位，要求快速高效，确保毛囊活性。

分离步骤由经验丰富的专业分离师完成，需要在显微镜下进行，按毛囊单位结构，切除多余组织，在保留毛囊完整性的前提下做到精细最大化，符合微针口径需求，分离好的毛囊保存在0~4℃的无菌恒温箱中，每小时分离800单位左右，为缩短毛囊离体时间，该步骤至少需要3~4名分离师同时进行。

种植步骤由4~6名经验丰富的专业医师完成，采用直径0.6~1.0mm的微针，按照毛囊自然生长方向和密度进行种植，毛囊生长方向需要在15~60度，避免一排排整齐的种植，术后达到均匀、自然、无痕。种植速度每小时1000~1500单位，精准种植，快速高效。

4. 微针植发环境标准

全力打造启用千级层流净化无菌植发手术室群：根据住房和城乡建设部《医院洁净手术部建筑技术规范（GB 50333—2002）》，大麦医疗集团全力打造千级层流净化无菌植发手术室群。采用空气洁净技术对微生物污染采取不同程度的控制，以达到空间环境中空气洁净度适于植发手术之要求；并提供适宜的温度、湿度，创造一个清新、洁净、舒适、细菌数低的植发手术空间环境，进而使毛发种植患者在手术时大大降低感染率，确保术后能更快更好地实现无菌恢复。

5. 微针植发手术流程标准

洗手、穿手术服、戴手套：手术前专业医护人员需提前准备好无菌手术器械台、无菌手术包，手术人员洗手、穿好手术服、戴无菌手套准备手术。

对头皮区域进行全面消毒：对头皮消毒会减少取发和植发过程中的细菌感染，植发手术前必须对取发区和植发区头皮进行三遍碘伏的消毒，有效降低术后感染的发生率。

对取发区和种植区进行麻醉：麻醉是在头皮上进行神经阻滞麻醉和局部浸润麻醉，这个过程会持续几分钟，之后整个手术过程都不会有明显的痛感。发友是清醒和平静的状态，还可以看看电视听听音乐，保持轻松的手术状态。

对取发区进行毛囊提取：所有植发医务人员都必须培训合格后上岗，操作时需佩戴显微设备，提取时要求取发人员的提取速度达到每小时1000~1500单位，高效快速提取，提取时调整好患者的体位，必须按照头发生长的方向进行精准提取，避免损伤周边的原生毛囊，同时要先提取1~2个判断毛乳头的健康萎缩程度，为提取毛囊做精准选择。

取发同时进行毛囊分离：毛囊提取后，分离技师会进行镜下毛囊分离，分离需要对毛乳头进行保护，分离后将毛囊放入毛囊培养液及恒温箱中进行培养，这样大大增加了移植后的成活率。

分区域进行毛囊定位：手术人员根据发友脱发范围、头发密度、种植数量等分区域进行毛囊定位。

确认毛囊数量：手术人员将提取出的健康毛囊进行规范整齐的分组排列，放于0~4℃恒温器皿中，以便于发友现场确认毛囊数量，消除顾虑，保证植发效果。

种植毛囊：采用专利微针，按照毛发自然生长方向和密度进行种植，毛囊成活率较高，术后恢复较自然。

手术完成：手术完毕后，发友可以立刻离院，也可在公司提供的 VIP 病房休息。避免碰撞，饮食以清淡为主。

术后服务：公司为术后发友提供免费食宿服务，让发友感受到家的温馨。

6. 微针植发术后养护标准

第一天洗头：术后第一次洗头最好到专业机构进行，护士用淋浴喷头冲洗种植区，保持头皮清洁。

红外线照射：术后第一天可用红外线照射取发区，以促进创面结痂愈合。

综合疗法：术后一个月可以采用药物配合生发帽（激光帽）以及头皮健康管理等综合治疗方法进行原生发的养护及预防脱发；男性内服非那雄胺片，女士内服螺内酯片，男女外用均可使用5%米诺地尔液（注：所有药物必须在专业医师指导下进行使用）。

7. 微针植发效果标准

密度：直径为 0.6~1.0mm，比传统的种植孔小三分之一，故微针种植的密度比传统植发密度更高。

存活率：将毛囊放入可拆卸的更精密的微针装置内直接种植到皮下，其过程安全快速，创伤小、存活率高。术后毛囊成活率高。

方向：采用微针植发可以做到 360 度灵活掌握头发的生长方向，大大降低了头皮的创伤，种植精准，自然美观。

四、发展规划

（一）行业地位

大麦植发作为国内首家提供集问诊及诊断、微针植发、固发及养发为一体的全周期毛发诊疗服务集团，是中国中高端毛发诊疗服务行业的领导者与毛发诊疗服务的先行者，增长潜力巨大，2021 年的市场份额为 5.2%。已建立了遍布全国的经营网络，在 31 个城市设立了 33 家医疗机构，另有 4 家服务机构正在建设中。

采用行业内领先的微针植发技术，引领毛发诊疗服务技术的创新。大麦植发自引进微针植发技术以来，根据国人毛发特点，先后进行了五次迭代升级，拥有13项专利的使用权，使微针植发技术更加贴近国人毛发特点。复购率和转介率是衡量患者满意度的金标准，大麦植发2021年术后复购率高达50.5%，患者转介率为20.2%，好于行业平均水平。

大麦植发拥有一支经验丰富的医疗专业团队和严谨完善的培训体系，为公司的发展奠定了基础。自主建立了一支训练有素的医疗专业团队，他们在毛发诊疗服务方面拥有丰富的经验。目前大麦植发有180名注册医生及690名其他医疗专业人员，37名副主任医师及主任医师、78名主治医师、57名执业医师及8名执业助理医师。副主任医师一般有10年以上临床经验，主治医师一般有5年以上临床经验，执业医师一般有3年以上临床经验，执业助理医师一般有两年以上临床经验。另外，公司有67名医生已取得美容主诊医师资格证，且所有医疗专业人员平均拥有两年以上的经验。

同时与顶尖专家、大学和研究机构建立并保持密切的合作关系，巩固行业领先地位。2021年，与南方医科大学南方医院合作开发了毛囊细胞活性培养液技术（IS技术），显著提高毛囊体外存活时间至8小时；还与毛发疾病的知名研究专家章星琪教授合作，开展慢性脱发防治的临床研究。此外，凭借与中国三甲医院医生的合作，为非手术毛发诊疗提供联合问诊。

大麦植发也是国内首家获得医院经营许可的提供毛发诊疗服务的医疗集团，于北京和哈尔滨经营了两家医院。2022年1月，大麦植发已获得首家毛发诊疗互联网医院的服务许可证，通过互联网问诊，能够为患者提供方便且经济实惠的远程医疗服务。

（二）发展趋势

毛发诊疗在过去数年快速增长，其市场规模由2016年的83亿元增加至2021年的238亿元，复合年增长率为23.5%，预计将以24.5%的复合年增长率增长，到2026年将达到712亿元。

目前中国的植发市场主要是毛囊单位抽取（FUE）植发技术，通常涉及三个步骤，包括毛囊单位抽取、使用1.0~1.5mm的宝石刀在头皮上开切口、使用镊子将切口撑开以植入种植物。2006年，微针植发技术由大麦植发创始人首次引入中国，并在过去十余年不断发展和升级。通过使用0.6~1.0mm的种植笔，微针植发手术可保护毛囊、缩小创口并加快术后康复。

中国植发服务市场规模迅速增长，从2016年的62亿元增长至2021年的173亿元，复合年增长率为22.8%，预计将以22.1%的复合年增长率增长，到

2026年将达至470亿元。此外，植发服务的市场渗透率由2016年的0.14%上升至2021年的0.25%，并预计于2026年进一步提升至0.47%。

由于与毛发相关的情况通常很复杂，而且不同的患者各有差异，因此，市场观察到的毛发诊疗服务供应商倾向于提供综合毛发诊疗服务，而非单一类型的治疗。从问诊、诊断、手术治疗、非手术服务到客户回访，综合服务供应商可以根据每位患者的个体情况提供全方位的治疗和服务。此外，综合服务供应商能够结合不同类型的治疗定制治疗计划，帮助患者获得更理想的治疗效果。因此，预计提供综合服务的能力将成为市场参与者的关键竞争因素。

植发市场经历了重大技术进步，并进一步发展至其他先进技术，如微针植发技术，在创口及治疗效果方面有了巨大的改善。因此，技术进步已成为服务供应商的关键竞争因素，推动了以技术为导向的服务趋势。美学植发服务需求的不断增长也推动了市场向更加多元化的服务方向发展，包括眉毛种植、发际线调低或修复、胡须及鬓角移植以及瘢痕植发。

目前，市场上大多数植发服务供应商的定价机制不明确，小型民营植发服务供应商的服务质量参差不齐。随着植发服务的普及，客户在术前对植发服务质量不满意的担忧日益增加。全国性民营服务供应商一直在提供标准化服务，以赢得客户信任。这些服务商具有建立良好的行业惯例的潜力，并影响其他市场参与者在植发服务市场采用相同的标准，使得植发服务更加规范，价格透明。

目前，大多数接受植发服务的脱发患者来自一线及新一线城市，对其他城市的客户服务不足。随着未来客户教育的改善，脱发患者对脱发治疗和植发服务的需求将会被推动。此外，全国性民营植发医疗集团已开始向更广阔的市场扩张，以产生更多收入，预计未来植发服务市场将会进军其他城市。

（三）发展规划

第一，继续扩大公司的运营网络，升级公司的服务机构并加强公司的人才培养及招聘能力；第二，继续促进产品及服务的创新，以巩固公司作为全周期毛发诊疗服务的综合服务供货商的领先地位；第三，继续投资于研究及开发，为不同的毛发健康问题制定医疗解决方案；第四，推进医疗服务数字化转型，通过智慧医疗解决方案提供全周期的毛发健康管理。

第四节　芙莱特（深圳）精准营养食品集团有限公司

一、企业简介

芙莱特（深圳）精准营养食品集团有限公司（以下简称“芙莱特公司”）隶属于深圳奥萨医药集团，研发团队以留美博士为核心，基于大数据和国际化视野，致力于为中国慢病及亚健康人群提供个性化的精准营养干预方案和产品，从而改善中国居民营养状况与身体素质，预防疾病发生。芙莱特公司是中国营养保健食品协会副会长单位，是中国精准营养的倡导者和实践者。芙莱特公司通过基础和应用研究，发现国人营养失衡问题，结合流行病人群队列研究与大数据分析，科学评估慢病早期的营养关联性，研制出对应的精准营养产品，在营养代谢相关生物标志物检测的指引下，识别和精准干预潜在的慢病高危人群，实现零级预防。

母公司奥萨为国家级高新技术企业、南山区总部企业、国税纳税百强企业，2007 年作为重点企业引进深圳，主要针对严重影响大众健康的心脑血管疾病，研究、开发安全有效的诊断和治疗产品，提供从预防、预测到治疗的系统解决方案。奥萨首席科学家徐希平教授原为哈佛大学副教授和伊利诺伊大学教授，在哈佛大学任职期间曾经获得美国 NIH 十余项科研基金资助，在 *Science* 杂志 2001 年公布的 NIH 基金资助者排名中高居全美第四、哈佛第一，发表 SCI 论文 360 多篇。自 2008 年起，徐希平教授先后入选广东省领军人才、南粤百杰人才以及深圳孔雀人才，2015 年、2016 年连续两年荣获爱思唯尔旗下权威数据库发布的“中国高被引学者榜单”医学领域第一名。

奥萨医药集团成功研发出国家 I 类新药“依叶”和配套的基因诊断试剂盒，组成全球首个高血压领域“基因诊断—药品”精准医疗产品对，相关科研成果发表于 *NEJM*、*Lancet*、*JAMA* 等国际一流医学杂志，并已经载入国际、国内脑卒中和高血压防治指南。依叶上市后的“中国脑卒中一级预防研究”（CSPPT）成果获得原国家卫计委合理用药专家委员会和中国医师协会高血压专业委员会组织编写的《高血压合理用药指南（第 2 版）》“A 级证据”（最高级别证据）和“I 级推荐”（最高级别推荐）。近年来围绕 CSPPT 已发表学术论文 150 余篇，影响因子近 1000 分。2018 年奥萨医药集团自主研发第二个国家 I 类新药“氨叶”获批上市，由此成为广东省乃至全国唯一拥有两个心血管Ⅰ类新药的创新型企业。

奥萨医药集团在医学界首先提出“H型”高血压的概念，经多年临床实践，于2016年3月以中华医学会心血管分会高血压学组发布《H型高血压诊断与治疗专家共识》的形式得到正式确认。H型高血压治疗药物“依叶”荣获2013年中国药学发展奖创新药物奖、2015年首届最具临床价值创新药物奖、2015年中国教育部科技进步奖一等奖、2015年中华医学会中华医学科技奖一等奖、2016年国家科技进步二等奖。此外，集团已申请各类专利200多项，111项已经获得授权。

奥萨医药集团开创了脑卒中防控的“荣成模式”并初见成效。2019年统计数据显示，在全国脑卒中发病率上升8%的背景下，荣成市脑卒中发病率显著下降25.9%，卫生经济学效益显著。2016年全国“两会”期间，28位全国政协委员提案将“荣成模式”的脑卒中防控纳入全国慢病防控体系，原国家卫计委高度重视并给予正式答复。2018年“两会”期间，27名全国政协委员再次联名提案，建议原国家卫计委尽快向全国推广。原国家卫计委对这一研究成果给予充分肯定。

二、生产经营

（一）总体情况

奥萨医药集团的主营销售收入近几年来持续快速增长，复合平均增长率为25%。2021年销售收入近10亿元，纳税额达7300多万元。

随着科技发展与生活水平提高，从国家层面到普通百姓开始日益关注营养与健康的关系，营养素对健康的影响越来越受重视。目前，国内外主流营养补充模式仅仅关注人群大类的基本区分（如孕妇、老人、儿童等），无法满足不同基因背景、不同缺乏程度、不同疾病与身体状况对于营养素的个性化需求。芙莱特公司主营保健食品开发的定位为“精准营养”，即通过在保健食品或者普通食品中科学添加各种剂量适合于不同人群的营养素，实现个体对不同程度缺乏营养素的精准补充，即多缺多补，少缺少补，不缺不补。

目前，芙莱特公司已经建成精准营养基因组学与营养代谢组学的科研与检测平台、精准营养研发实验室，以及片剂、固体饮料、软胶囊系列等符合国家GMP规范的食品生产车间，并且与帝斯曼（DSM）、巴斯夫（BASF）等全球优质原料供应商紧密合作，协同开发拥有多项自主科研技术的保健食品项目。产品涉及HCY代谢调节、微量营养精准补充、TMAO代谢调节、骨骼健康改善、肠道菌群调节、改善睡眠、免疫功能调节、抗动脉粥样硬化、脂代谢调节、轻食代餐、天然植物营养素等领域。

（二）主营产品

2020年、2021年奥萨医药集团主营产品包括依叶、氨叶、MTHFR 677C/T基因检测试剂盒、Hcy检测试剂、便携式同型半胱氨酸检测仪、电子血压计、全自动化学发光仪及配套试剂、精准营养系列产品等。

1. 马来酸依那普利叶酸片（依叶）

依叶是国家I类复方新药，用于治疗伴有血浆同型半胱氨酸（Homocysteine，简称Hcy）水平升高的原发性高血压（H型高血压），具有降压、降Hcy及预防脑卒中的作用。依叶于2008年上市，2009年纳入国家医保目录，2010年成为《中国高血压防治指南2010版》推荐用药，2012年获国家“十二五”重大创新药创制项目支持，2013年被纳入国家基本药物目录。

2008年我国科学家提出了“H型高血压”的新概念，指出H型高血压患者是脑卒中的高风险人群。国家I类心血管化药依叶拥有完全自主知识产权，针对中国高血压人群中高Hcy、低叶酸及MTHFR基因多态性的特点，可精准用于治疗H型高血压。为此，依叶成为“十二五”期间医药卫生领域优秀代表性成果之一，并被列为国家重大战略品种，其应用成果荣获2016年国家科学技术进步二等奖。2015年发表在美国医学会杂志*JAMA*上的中国脑卒中一级预防研究（CSPPT）成果显示：与单纯降压药相比，使用依叶可额外降低中国高血压人群首发脑卒中风险21个百分点。

2. 氨氯地平叶酸片（氨叶）

奥萨医药集团针对依叶的不足而研制的国家I类新药氨叶（批件号：2018S00649、2018S00650），于2018年通过国家药监局审批上市，2021年进入国家医保目录。氨叶成为继依叶之后投入市场的第二个治疗H型高血压、预防脑卒中的药物。氨叶弥补了依叶对部分患者易引起干咳等不良反应的缺陷，与依叶互补，增加了治疗H型高血压用药的选择范围，成为我国高血压患者有效预防脑卒中的重要手段。

氨叶与络活喜（氨氯地平原研药）相比，降压效果等效，而降低Hcy和升高叶酸水平效果更优，预计比络活喜进一步降低脑卒中风险，临床优势明显。此外，氨叶价格比络活喜单药价格低20%以上，在显著提升疗效的同时，药物价格优势更大，临床应用价值更高。

3. MTHFR677C/T 基因检测试剂盒

MTHFR677C/T 基因检测试剂盒中文全称为亚甲基四氢叶酸还原酶 677C/T 基因检测试剂盒，用于定性检测人体 MTHFR 基因 677 位点的三种多态性：CC、CT、TT。主要运用于心脑血管和妇幼两大领域。

心脑血管领域：可以预测患者中风风险，帮助患者进行危险分层、指导其个体化用药，主要科室有心内科、神内科、肾内科等。《中国心血管病报告 2016》指出：根据 2010 年第六次全国人口普查数据测算高血压患病人数为 2.7 亿，并且呈逐年上升趋势。《H 型高血压诊断与防治专家共识》指出中国约有 75%的高血压患者为 H 型高血压，有条件的单位应进行 MTHFR677C/T 基因检测，帮助患者进行危险分层。据此，中国约有 2 亿 H 型高血压患者，基因检测产品市场潜力巨大。

妇幼领域：指导备孕夫妇和已孕妇女精准补充叶酸，降低新生儿出生缺陷风险和不良妊娠事件发生风险，主要科室有妇产科、生殖保健中心等。2010 年第六次全国人口普查数据显示，我国育龄男性（20~40 岁）约有 2.25 亿人，育龄女性（20~35 岁）约有 1.61 亿人，合计 3.86 亿人。随着二孩政策的放开，我国将迎来一波妊娠女性剧增的潮流，并且目前临床上孕妇补充叶酸的观念已得到普及，因此本产品无疑将会成为产前诊断的一个热门。

该产品具备十大优势：

（1）准确：经大规模临床样本验证准确度大于 99.9%；

（2）操作最简便：PCR 反应结束同步出结果，PCR 产物无需后续处理；

（3）快速：90 分钟出结果；

（4）防污染：封闭检测，PCR 产物不开盖；

（5）高通量：96 孔 PCR 仪，一次可检测 94 个样本；

（6）无需特殊仪器和设备：普通荧光 PCR 仪器即可操作；

（7）成本低：试剂盒包含 DNA 提取试剂，不需要额外购买其他试剂；

（8）灵敏度高：最低可检测 200pg/μL 基因组 DNA；

（9）结果易判读：仪器软件自动分型，减少人工判读误差；

（10）结果可溯源：实验结果电子版永久保存，可随时查看。

4. Hcy 检测试剂

Hcy 检测试剂中文全称为同型半胱氨酸检测试剂，它与全自动生化仪配套使用，可检测受试者血浆同型半胱氨酸（Hcy）浓度。Hcy 是心脑血管病的独立危险因素，在人体内长期蓄积会对血管产生慢性损伤，进而导致脑卒中、冠心病等心脑血管疾病。一般地，如果血浆 Hcy 大于 15μmol/L，可诊断为高同型半胱氨酸血症。另外，按照《中国高血压防治指南 2010》的意见，高血压患者血浆 Hcy 大于等于 10μmol/L 时为影响其心血管预后的重要危险因素，因此建议高血压患者常规检测血浆 Hcy 浓度。

根据 2017 年中国心血管指数公布的数据，我国高血压患病人数为 2.7 亿，并且呈逐年上升趋势。《H 型高血压诊断与防治专家共识》指出：中国约有 75%的高血压患者伴有血浆同型半胱氨酸浓度升高，即为 H 型高血压，因此估算中国约有 2 亿的 H 型高血压患者；目前大部分医院已常规开展 Hcy 检测，因此 Hcy 检测试剂具有巨大市场潜力。

Hcy 试剂具有如下优势：

（1）两种预先混匀的试剂，操作简便且可适用于大多数检测平台；

（2）开盖即用试剂，降低误差，节省时间；

（3）定标稳定 30 天，减少试剂包启动测试，每个试剂包可以检测更多样本；

（4）机上稳定 30 天，减少机外储存的要求；

（5）NIST SRM1955 标准化；

（6）质控品及标准品可溯源；

（7）每盒试剂都免费提供高、低值标准品，可以随时进行生化仪定标；

（8）每盒试剂都免费提供质控品，可以随时进行质量控制检测对照；

（9）奥萨医药集团独家提供多项 Hcy 询证医学研究结果；

（10）国内唯一一家原卫生部卒中防控委员会推荐的 Hcy 筛查使用试剂盒；

（11）中国卒中一级预防大型临床试验专用试剂；

（12）国家“十三五”重大专项研究“H 型高血压分子分型研究”推荐使用试剂。

5. 便携式（POCT 型）Hcy 检测仪

为适应市场需要，奥萨医药集团专门研发生产了针对小规模医院、基层卫生院的便携式（POCT 型）Hcy 检测仪，用于开展 Hcy 检测项目。便携式 Hcy 检测仪和体外诊断试剂盒“Hcy 检测试剂盒”配套使用，可用于定量检测临床血液样本中的 Hcy 浓度。适用于各级医院心内、神内、内分泌、老年科等科室；社区医院、社区卫生服务中心；家庭、企事业单位诊室等。

该产品特点如下：

（1）四通道，可以同时检测 4 个样本；

（2）采用进口 LED 冷光源，品质有保证；

（3）试剂单人份分装，无试剂损耗；

（4）无需定标，减少操作步骤和时间；

（5）12 分钟出结果，耗时短；

（6）数据储存容量 2000 条，可导出打印；

（7）操作简单，非专业人士亦可操作；

（8）对环境要求低，单位、家庭均可使用。

目前大部分二级医院、社区医院和基层卫生院都不具备大生化仪设备条件，或者使用的是其他大型医院淘汰后的仪器，开展生化检验项目困难，这也给我国农村乡镇地区农业人口的 H 型高血压治疗或干预带来巨大障碍；POCT 型 Hcy 仪能很好地解决了农村乡镇地区医疗资源匮乏的问题，能提供快捷、简便、经济的化验检测，为农村地区 H 型高血压患者的诊断治疗铺平道路。

6. 电子血压计

奥萨医药集团作为全球唯一一家提供 H 型高血压整合解决方案的企业，开发了具有自主特色的电子血压计，进一步完善了产品链，加强了对客户的服务能力。

该产品具有如下特点：

（1）血压、心率同时检测，综合评估心血管健康水平；

（2）可独立储存两个人的检测信息，特别适合于家庭使用；

（3）检测结果按 WHO 标准自动分类，进行危险分层；

（4）操作简单、语音播报，老年人和特殊群体使用更便利；

（5）若检测发现血压高，系统提示检测 Hcy 以判别是否属于 H 型高血压，帮助患者进行精准医疗，使治疗收益最大化。

国家卫健委疾病预防控制局公开的数据显示，美国、日本和中国的家庭电子血压计普及率分别为 50%、60%和 1.2%。中国家庭电子血压计普及率还非常低，市场潜力巨大。随着人们生活水平的提高，保健意识也会日益提高，越来越多的家庭将关注于日常血压的监测与控制，庞大的市场潜量为新兴品牌提供了广阔的发展空间。奥萨作为心血管领域医疗器械和药品资深品牌，在领域内具有较高的影响力和品牌知名度，值得信赖。

7. 全自动化学发光测定仪

VIT900 系列全自动化学发光测定仪，采用基于 AMPPD 和碱性磷酸酶的间接化学发光法，与配套的检测试剂共同使用，在临床上用于对人体的全血、血清、血浆样本中的被分析物进行定性或者定量检测，包括维生素测定、心肌疾病的实验诊断、激素测定、肿瘤相关抗原测定、肝病的实验诊断、酶类测定、蛋白质及多肽类检验、出凝血检查、免疫功能测定、自身抗体检测。

8. 新型冠状病毒（SARS-CoV-2）核酸检测试剂盒（PCR-荧光探针法）

新型冠状病毒（SARS-CoV-2）核酸检测试剂盒用于定性检测人咽拭子、鼻拭子、痰液样本、肺泡灌洗液中的 2019 新型冠状病毒核酸，参考世界卫生组织和国家疾控中心的指南，试剂具备两种双靶标检测功能，逆转录与 qPCR 一管内完成，具备高效率、高灵敏度、漏检率低等特点。

9. 核酸提取试剂（磁珠法）+磁力架

泰乐德医疗自研生产的核酸提取试剂，搭配自研的 16 孔磁力架，可对病毒核酸进行提取、富集和纯化。磁力架设计小巧轻盈，磁场强度高，分离快速高效，经久耐用，能够完美匹配磁珠法核酸提取试剂，进行组合使用。核酸提取产品整体易操作，稳定性高，适用范围广。

10. 维叶清

芙莱特公司旗下品牌；具有国家发明专利保护，针对同型半胱氨酸升高这一问题打造多组分、精准营养的系列产品；适用于血同型半胱氨酸水平升高（≥6.3μmol/L）的脑卒中和老年痴呆高危人群。有效成分中叶酸和维生素 B12 可以促进 Hcy 代谢，维生素 D 可以促进叶酸的吸收利用。

11. 甜菜碱

甜菜碱对人体健康具有非常重要的作用。甜菜碱作为高效的甲基供体，直接参与蛋氨酸循环；甜菜碱也可提高甜菜碱—同型半胱氨酸甲基转移酶的活力，提供充足的甲基，促进蛋白质合成。人体中以甜菜碱作为甲基供体的代谢途径占 Hcy 总代谢量的 27%。同时，甜菜碱也能促进动物体内卵磷脂的合成、降低肝脏中脂肪生成酶的活力、促进载脂蛋白的合成。

12. 6S-5-甲基四氢叶酸钙（活性叶酸）

6S-5-甲基四氢叶酸（活性叶酸）是叶酸最具生物活性的形式，其他形式的叶酸必须转化为 5-甲基四氢叶酸才能被人体利用。活性叶酸无需代谢即可进入循环，不受基因型影响，生物利用度高，更适用于叶酸代谢障碍人群。

三、研发创新

奥萨医药集团在心脑血管、代谢性疾病等慢性疾病领域提供预测、预防到治疗的系统解决方案和产品，截至2021年共承担四项“十三五”重大专项及多项国家、省、市科研项目。

四、发展规划

（一）行业概况

心脑血管病是严重威胁人类健康的常见病，全世界每年死于心脑血管病的人数高达1500万，居各种死因首位。随着经济的发展、生活水平的提高、老龄人口的增长，我国心脑血管病的发病率和死亡率呈迅猛上升趋势，给患者家庭及社会造成极大的经济负担。深圳市卫健委公布的数据显示，深圳市2020年全市居民死亡率为90/10万，较2019年的94/10万略有降低，其中男性为101/10万，女性为75/10万。在深圳居民的三大“健康杀手”中，位居第一的是循环系统疾病（即心脑血管疾病），占比37.9%，即每5个死亡人员中就有两个死于心脑血管疾病。

最新的统计资料显示，脑卒中已超过肿瘤跃居我国居民死因第一位，脑血管疾病的防治已成为我国医疗卫生工作相当长时期内最重要、最基本的任务之一。2011年国家启动“十二五”医改重大专项“脑卒中筛查和防治工程”，使之成为我国首个单病种重大慢性病防控体系建设的国家行动。针对高血压、高血脂和糖尿病等传统危险因素进行防控，能够大幅度降低脑卒中的风险。但此后仍存在大量剩余风险，临床上也急需在控制了传统危险因素之后针对剩余风险研发的创新药物。

奥萨医药团队发现高血压和高Hcy血症是我国脑卒中高发的两个主要因素，当两者同时存在（即H型高血压）时，脑卒中风险大幅度攀升，针对这个联合靶点，团队自主研发了具有自主知识产权的国家I类新药依叶和氨叶，依叶已经进入《国家医保产品基本目录》，该产品的生产技术先进，具有国际影响力，属于国家支持的高技术产业化项目，产品的临床应用对脑卒中一级预防具有重要意义。

依叶的研发成果分别被欧洲和美国3个脑卒中防治指南列为重要证据，并被列入我国5个高血压和脑卒中防治指南；2009年进入国家医保目录（乙类)，2012 年进入中国高血压防治指南，2013 年进入国家基本药物目录。依叶还与 MTHFR 基因诊断试剂盒组成了世界上首个应用于常见心脑血管疾病的个体化诊疗产品对，提供了脑卒中从诊断、预测、预防、治疗的一条龙服务，能更经济、有效地预防脑卒中。

（二）行业地位

我国心脑血管药品市场巨大。近 30 年来，我国无论农村或城市，心脑血管疾病的发病率和死亡率均呈上升趋势。我国目前高血压患病人数达 2.7 亿之多，其中约 2 亿人为 H 型高血压。基于一系列科学研究发现，奥萨医药团队成功开发了能够更有效预防 H 型高血压患者脑卒中发生的创新药依叶、氨叶，并在市场上取得巨大成功。依叶、氨叶是目前治疗 H 型高血压的唯一适应证用药，国内外其他企业没有直接竞争产品，因此有广阔的市场运作空间，可产生显著的经济效益。

在当前降压药市场中，有 90%被跨国公司产品所占据，打破这一被动局面的重要环节，是开发疗效更好、具有全新概念的新药，依叶、氨叶符合这些条件。概念上的创新使得我们的产品在学术推广上占据主动，打破了进口药的垄断，在市场上直接与进口产品抗衡而不至于湮没在低水平的国产仿制药中。产品上市后，在国家和深圳市政府的大力支持下，奥萨医药团队与全国顶尖的心血管疾病领域专家合作，开展了 CSPPT 研究。CSPPT 成果于 2015 年在 *JAMA* 上首篇发表，*JAMA* 同时发表了编者按，对 CSPPT 从设计、实施到临床和公共卫生学意义上均给予极高评价，认为 CSPPT 为这个世界性的科学和医学难题给出了确切答案。在国内，CSPPT 成果相关内容已列入 2015 年《中国脑卒中一级预防指导规范》（原国家卫计委脑卒中防治工程委员会颁布）。CSPPT 进一步阐明了大量人群长期使用依叶的安全性及优化临床合理用药方案，证实了依叶的疗效，对于有效预防脑卒中、促进国产品牌药物的发展、升级创新药研发价值链、使中国新药创制在世界上占有一席之地具有重大意义。基于以上学术优势，奥萨医药集团在治疗 H 型高血压、预防脑卒中的细分领域处于本行业的市场领先地位。

（三）核心竞争力

奥萨医药集团开创了脑卒中防控的“荣成模式”并初见成效。2019 年的统计数据显示，在全国脑卒中发病率上升 8%的背景下，荣成市脑卒中发病率显著下降 25.9%，卫生经济学效益显著。并在 2016 年、2018 年“两会”期间各有近30位政协委员提议在全国范围内推广荣成模式。奥萨医药集团的科研成果全面推广开来，每年可以预防111万（30%）脑卒中发生，每年将为国家节约1110亿元。

经过20年的摸索，针对严重影响健康的慢性复杂性疾病，以流行病学调查、药物基因组学研究为基础，奥萨医药集团走出了一条适合中国国情的创新药物研发之路，对疾病发生、发展和治疗的分子生物学机理进行深入研究，设计并开发出更为安全有效的治疗方案、创新药物和相关的诊断产品，组成创新产品对。在此思路指导下已经研制成功并实现产业化多个品种，包括国家I类新药依叶、氨叶，三类诊断试剂MTHFR基因诊断试剂盒，二类便携式同型半胱氨酸检测仪，二类诊断试剂同型半胱氨酸试剂盒，一类新冠核酸检测试剂盒，精准营养系列产品等。奥萨医药集团已逐步建立起了以高血压治疗、脑卒中预防为核心的流行病队列研究大数据库，将为我国心脑血管疾病防治研究提供强大支持，并在未来的产品研发中发挥巨大作用。

（四）发展规划

1. 新药研发

继续以高血压治疗、脑卒中预防为主要研究目标。治疗高血压的主要目的是最大限度降低心脑血管病的死亡和病残的总危险，这就要求在有效降压的同时，对各种可逆心血管病危险因素（如高胆固醇血症、糖尿病、高同型半胱氨酸血症等）进行干预。世界卫生组织也提出心血管疾病治疗需要一个从“单独治疗危险因素”到“全面控制心血管疾病危险因素”的转变。血压、胆固醇、血小板粘附性和同型半胱氨酸可增加心血管疾病风险，如能同时控制它们将大大降低发病风险。英国伦敦大学玛丽医学院预防医学研究所的Wald教授提出了多效药丸（Polypill）概念，即在一粒药丸中混合多种药物来预防心血管疾病，包括降血压药、降胆固醇药、小剂量阿斯匹林、叶酸。美国哈佛大学与麻省理工学院曾合作成立了一家专门从事“协同药物组合”的研发公司，并开发出“阿奇霉素+氯喹治疗疟疾”、“氯丙嗪+戊烷咪”治疗肺癌等新组方药物，取得成功。近年来，各大制药企业都加快了固定剂量复方制剂产品的推出步伐，特别是在2008年，诺华、诺和诺德、默沙东和雅培等都推出了新的复方制剂药物。美国FDA、欧盟、日本等相继出台了复方药物研发指导原则，2004年辉瑞公司推出复方新药多达一（Caduet），它由降压药氨氯地平与降脂药阿托伐他汀组成，充分体现心血管危险因素的联合控制策略。奥萨医药集团也将在依叶和氨叶的基础上，继续进行复方新药研发。

2. 开展大规模循证医学研究

我国在创新化学药研发领域与国际先进水平差距巨大，至今没有一个自主创新化药进入欧美国际市场，在 CSPPT 之前没有一项国际水平的、有自主知识产权的创新化药进行上市后临床研究，至今没有一个重磅炸弹新药（年销售额达 10 亿美元以上药物）上市。大型随机对照试验，特别是新药上市后 4 期临床研究结果是判断药物疗效与安全性的金标准，也是打造重磅炸弹级药物的必备条件。我国生物医药产业链与发达国家的差距，除了原始创新不够，更在于临床证据的不足。纵观医药巨头的成功经验，要想在心血管新药领域取得成功，就必须把上市后循证医学研究提到极高的地位。立普妥、络活喜等新药正是在十几项大型上市后临床试验支撑下，才打造成年销售额 120 亿美元（立普妥）和 60 亿美元（络活喜）的明星产品。因此，奥萨医药集团将投入更多的人力物力，积极开展基于新药氨叶的“循证医学”临床研究，把自主知识产权的药物做大做强，从而打造重磅炸弹级医药产品。

3. 精准医学研究

美国在 2015 年的国情咨文中提出“精准医学计划”，同年我国成立精准医学战略专家组，科技部召开国家精准医学战略专家会议，计划在 2030 年前将对精准医学投入 600 亿元。精准医学是针对个体的基因组和表型特点进行疾病防治的多学科研究，目的是逐渐形成针对个体基因组信息和疾病分子机制进行准确预警和治疗的医疗模式，使得降低发病率、解决治疗低效和降低医疗成本成为可能。精准医学将从多方面实现医疗健康的个性化服务，包括面向未患病人群以及针对疾病，特别是重要慢性病的预警和药物反应性检测等。精准医学是个体化医疗的延伸，病人的遗传信息（基因组）是支撑“精准”的物质基础，只有对基因组信息的详细注释以及临床化使用，才能保证精准医学的实施。因此，精准医学与药物基因组学研究息息相关。开展精准医学研究是整个医学界的重大机遇。奥萨医药集团将积极开展精准医学方面的研究，尤其是心脑血管疾病领域的精准医疗探索。精准医学在心脑血管疾病预防中具有更广阔的应用前景，诸如 MTHFR 677C/T 位点突变与高同型半胱氨酸血症，药物治疗及脑卒中预防的关系，CYP2C19 基因多态性对氯吡格雷抗血小板、预防血栓疗效的修饰作用等。针对脑卒中，开展对疾病风险和药物疗效具有相关性的基因多态性研究，了解发生机理，从基因角度研究危险因素与之的交互作用。

4. 抗糖尿病药物研发

我国患糖尿病总人数近1亿，糖尿病及其并发症正在给社会带来沉重负担。糖尿病治疗的重要目标之一是防止或延缓各种并发症，尤其是血管并发症（糖尿病血管并发症的总患病率高达70%），因为糖尿病的危害主要来自各种并发症。因此，在控制血糖的同时应积极干预与糖尿病并存的血管病变危险因素，例如高胆固醇血症、高同型半胱氨酸血症等。恩格列净是一种SGLT2抑制剂，作用于新型靶点（肾小管），不同于传统降糖药，它不仅能够降血糖，还能保护肾脏和心血管，目前是糖尿病患者治疗的首选药物之一。但循证医学研究发现，恩格列净的心血管保护主要体现在利尿、抗心衰方面，对高血糖协同高同型半胱氨酸血症诱导的脑卒中（糖尿病患者常见的心血管并发症）没有改善作用。因此，如能克服这一缺陷，恩格列净的临床获益将得到大大提高。奥萨医药集团计划以增效减毒为目标，拟开发含恩格列净的复方药物，此外密切关注糖尿病药物市场，适时开发有专利保护和市场前景的抗糖尿病药物，从而开辟药物研发的新增长点。

5. 精准营养产品开发

基于叶酸研究领域的领先地位，芙莱特公司积极研发相关营养保健系列产品，围绕降同型半胱氨酸、促进心血管健康和预防脑卒中，开发以叶酸、B族维生素、维生素D为主的系列产品。此外，根据CSPPT发现的在MTHFR 677TT基因型人群中5-甲基四氢叶酸可能达到更有效预防脑卒中的效果，从而指导产品的迭代研发。当前市场上的多种维生素产品，含有大量功效不确定的成分，其各种成分的含量没有获得充分证据支持。因此，芙莱特公司倡导精准营养，基于营养大数据及中国人群基因及慢病谱，设计个性化的营养补充产品，严格按照高标准进行产品开发和生产，目前已经获得精准营养保健食品注册与备案品种170多个。后续将致力于中国人群营养标准的制定，营养大数据的建立，慢病的智慧化精准营养干预，让更多的科研成果惠及广大老百姓。未来5年内，将高标准建设国内一流的益生菌产品的生产基地、肠道菌群检测（二代测序、qPCR定量等）技术平台以及有机食品的生产基地，精准营养产品数量将超过300个。

6. 智能健康数据转化应用

大队列、大数据是实施精准营养，确保个体精准健康的重要保障。芙莱特公司将搭建具备高通量组学数据管理及分析系统于一体的平台，基于团队在国人缺乏的营养素及疾病关联领域已经完成的大量研究和发表的高水平论文，继续不断开发并完善精准营养方案模型的搭建工作，结合团队20余年流行病学调研与管控经验，利用机器算法对几十万人的前瞻性队列调研及遗传数据进行分析，为精准营养干预方案的制定及精准干预产品的研制提供直接理论依据，发展和建立更为全面有效的精准营养干预策略。

第五节　华瑞同康生物技术（深圳）有限公司

一、企业简介

华瑞同康生物技术（深圳）有限公司（以下简称“华瑞同康”）成立于2002年8月5日，是一家承载了瑞典价值医学理念的创新型国家高新技术企业，致力于重大疾病风险评估技术转化、产品开发、市场拓展及循证应用研究。华瑞同康自成立以来，秉承“为人类远离肿瘤、身体健康、家庭幸福而努力工作”的使命，专注于以细胞增殖标志物胸苷激酶1（Thymidine Kinase 1，TK1）为核心的系列产品设计、研发和医学应用。

华瑞同康坚持自主创新、学术引领的发展战略，科学家团队与瑞典卡罗林斯卡医学院、瑞典斯德哥尔摩大学等著名学术机构长期通力协作，共同推动细胞增殖动力学学科发展，促进创新和应用转化。华瑞同康科学团队在国际上领衔编写TK1中英文专著4部，为国内6家著名高等学府建立了研究生培养及实习基地。以TK1为技术核心，华瑞同康已申请超过20项国内和国际发明专利，其中10项TK1核心专利已获发明授权，是国际上拥有TK1多方位发明专利最全面的企业。基于华瑞同康领衔的TK1创新转化体系，联合国内顶级医疗科研机构（中国医学科学院肿瘤医院、解放军总医院、北京医院、上海中医药大学曙光医院等），已在国内外发表论文300余篇。公司自主创新研发的体可问© TK1技术于2010年获得湖北省科技进步奖，于2013年获得湖北省科技成果推广奖，于2021年获得广东省精准医学科学技术奖，于2022年获得第23届中国专利奖。2022年华瑞同康获得深圳市知识产权优势单位认定。2022年，华瑞同康“体可问©胸苷激酶1（TK1）细胞周期分析试剂盒”纳入《深圳市创新产品推广应用目录》。

截至2021年底，公司共有员工124人，其中本科以上学历71人，占公司员工总数的57%。技术研发人员42人，占公司员工总数的34%，其中博士研究生7人，硕士研究生11人。公司团队平均年龄32岁，是一支年轻化、专业化、管理现代化的精英团队，拥有高度的专业素养以及转化研发创新能力。

二、生产经营

华瑞同康总部位于深圳市，目前分别在北京、上海、湖南、深圳设立了6家子公司，涵盖了研发、转化、生产、市场、检验、营销、新兴业务等业务板块，搭建了集团内部运营产业链，打造了“产、学、研、医、用”一体化集合产业模式。

华瑞同康坚持从科学创新到医学应用转化的发展路线，公司以细胞增殖动力学为核心特色，成功开发了细胞增殖标志物TK1系列产品，搭建了从前端抗体工程、中端检测工艺体系优化、后端成品生产的全链条技术平台，并获得了ISO13485及MDSAP国际质量管理体系认证。打造了从信号发现、捕获、动态监测、评价、精准导航治疗全周期健康管理的学术引领的服务型生态平台。

华瑞同康基于自主开发的TK1-IgY抗体专利技术，成功研制了全球首个基于肿瘤细胞周期理论的细胞增殖量化工具——体可问©胸苷激酶1（TK1）细胞周期分析试剂盒，搭建了特种IgY抗体工程平台。首次建立了血清TK1在健康体检中的风险阈值2.0pM。利用体可问©TK1试剂盒，以细胞异常增殖为抓手，华瑞同康在国际上率先将细胞周期理论应用于健康体检领域中的肿瘤早期风险筛查和管理。基于华瑞同康TK1技术和大数据，华瑞同康与商业保险龙头企业联手首创了体可问©TK1技术肿瘤风险评测健康连接险，开启了健康管理和健康保险深度融合的创新开发。

华瑞同康体可问©TK1技术获得了中国健康促进基金会和中华医学会健康管理学分会的项目委托，在全国数百家三级医院健康管理中心推广应用。华瑞同康以“科技为民”为宗旨，旨在让更广泛的基层民众更快捷、更经济、更充分地获益于科技创新的成果，构建适宜中国的新型肿瘤早早期风险健康管理生态系统。截至2021年底，TK1细胞周期分析项目已纳入28个省级医疗技术服务项目收费目录和14个省级基本社会医疗保险支付目录，TK1试剂盒累计实现超过2000万人次的肿瘤风险早期筛查。

TK1技术源自瑞典卡罗琳斯卡医学院，华瑞同康现任首席科学家Sven Skog教授和Ellen He教授作为国际细胞增殖动力学TK1研究的重要奠基者，早在1985年就在卡罗琳斯卡医学院开启了TK1基础科研工作，是国际TK1研究团队的核心成员和领航者，发表 TK1 学术论文和专著百余篇。Sven Skog 教授和 Ellen He 教授带领华瑞同康研发团队自主开发的 TK1 肿瘤早筛技术已进入了中国健康促进基金会肿瘤风险预警“1+X”零级预防平台，助力推动了中国肿瘤早筛的创新发展，为增进人类健康福祉作出了突出贡献。2014 年，公司首席技术官 Sven Skog 教授（中国国家外国专家局高端项目特聘专家）及首席科学家 Ellen He 教授（瑞典 TK1 研究团队负责人之一）受到国家领导人的亲切接见。

三、研发创新

（一）产品与技术

华瑞同康自成立以来，专注于肿瘤的早期发现和预防，以细胞增殖标志物胸苷激酶 1（TK1）为核心，通过科学设计、技术创新、产品开发、市场开拓、循证实践及学科推动等全方位打造和联动，建立了适宜中国基层的肿瘤早早期筛查的细胞增殖动量技术及“1+X”解决方案，开创了肿瘤风险筛查和肿瘤全程管理的全新理念和未来发展方向。

华瑞同康是首家将 TK1 技术从瑞典引进中国的领航者，20 年来在 TK1 全方位开发研究中聚力专注，匠心打造系列 TK1 产品包括血清学 TK1 以及组织学 TK1 技术等。在华瑞同康 10 余年的实践应用中，多家大数据分析研究验证了体可问©TK1 在泛癌种风险早筛中的应用价值。其中，2018 年发表的一份荟萃分析，统计了 2005—2016 年来自中国不同地区的健康体检筛查，有超过 16 万份数据的 meta 分析，论证了血清 TK1 作为一种肿瘤进程早期风险预警标志物的重要价值。

华瑞同康的专利技术“一种多表位 TK1 抗体的制备及其在人群体检筛查中早期肿瘤检测和风险预警中的应用”（ZL201110353971. 0），凭借独特的技术优势以及 20 年来在中国创造的经济价值和社会价值，斩获第 23 届中国专利奖优秀奖。

研究和开发新型细胞增殖免疫组织化学指标，以精准和客观地评判肿瘤病理分级是临床肿瘤病理学亟待解决的重大科学问题。华瑞同康研发了具有自主知识产权的新型细胞增殖标志物胸苷激酶 1（TK1）免疫组化抗体，填补了国际上该关键技术的空白，是国际重大首创。该抗体较临床上常用的细胞增殖标志物（如 Ki-67）具有灵敏度高、特异性强等明显优势，为临床肿瘤病理分级提供了更为精准和客观的依据，实现了临床肿瘤病理学科在细胞增殖领域的重大突破和跨越，荣获 2021 年度广东省精准医学科技创新奖。

2021 年，华瑞同康自主首创开发的抗新冠 IgY 专利技术“抗新型冠状病毒的 IgY 中和抗体及其制备方法、制剂和应用”，获国家专利局发明授权（专利号 ZL202010946863. 3）。该项创新技术通过从蛋黄中提取针对新冠病毒的特异性抗体，具有天然、安全、无刺激等优点，可用于皮肤黏膜表面，在体外可发挥中和新冠病毒的功效。

2021 年，华瑞同康 TK1 创新技术在 35365 例体检人群中的研究成果被国际专著《物理科学研究最新进展（第 5 卷）》收录发表：由国内 10 家医疗机构、科研机构联合发表的《血清胸苷激酶 1 是肿瘤进展早期风险的生物标志物——来自 35365 人队列健康筛查研究的真实世界数据》，论证了血清胸苷激酶 1（STK1）是一种可靠的增殖标志物，可用于早期肿瘤进程风险的评估。近年来，利用华瑞同康 TK1 创新专利技术，已有 6 篇真实世界研究的荟萃分析英文论文在国际上发表，涉及常见癌种包括肺癌、乳腺癌、结直肠癌、胃癌、肝癌，论证了 TK1 在肿瘤早期风险评估中的重要独特科学价值。

（二）经营与服务模式

华瑞同康在国家政策指导下，坚持以“创造社会价值，服务肿瘤患者健康”为发展目标，以“TK1”为核心技术，利用国内外社会资源，加强产学研合作研究，加强产品升级及技术创新研发，保证产品技术的可持续发展。整合先进技术资源，引进高端研发人才，进一步完善公司研发设备，有序推进各项“TK1”应用的开发工作。积极筹备新项目，进一步提升公司基础研发能力，提高产品覆盖度，提升产品核心竞争力。

华瑞同康在深圳市率先推广“民生微实事之肿瘤早期风险筛查检测服务”，助力肿瘤早期发现和预防，提升全市民众防癌意识，促进全市民众健康整体水平，降低政府和家庭因恶性肿瘤带来的巨大经济负担。华瑞同康已在深圳市南山区、罗湖区、福田区、光明区和龙华区等区域提供了 100 余场社区检测服务，累计检测服务超过 5 万人次，宣传教育服务超过 30 万人次。

华瑞同康联合政府、学会/协会、医疗机构、社区等各界力量，助力构建癌症防治健联体，建立协作配合联动机制，创新应用“肿瘤早筛—诊疗—康复一体化”的“1+X 模式”（TK1 联合其他检查指标），以学科引领、学术引导方式为主，通过与深圳市大型医疗机构开展学术合作，在实现产品应用推广的同时，促进产学研成果的产出，实现双赢。

在中国健康促进基金会、中华医学会健康管理学分会的学术指导和领引下，华瑞同康联合行业协会，以“1+X”模式开展全市范围内医疗机构健康管理中心的多中心课题研究，倡导先行先试，打造健康管理肿瘤早筛适宜技术和管理路径，致力于建设TK1标准示范、创新应用和教育培训示范基地。

在健康医疗保险中，风险评估是必不可少的内容。TK1是肿瘤早期风险评估的科学指标，可为保险创新提供新策略和新手段。2021年，爱心人寿股份有限公司和前海再保险股份有限公司基于华瑞同康TK1技术和大数据在保险业界首创肿瘤风险评测健康连接险，开启了健康管理和健康保险深度融合的创新开发。

四、发展规划

（一）行业地位

华瑞同康拥有20余年TK1的IgY技术研发经验，通过开创性的技术创新，在世界范围内首次把TK1应用于临床和健康管理，使千万级民众和患者通过简便安全的血液检测获得“癌症早筛—诊疗—康复一体化”全程健康管理服务。通过华瑞同康科学家、全国健康管理和临床专家的共同努力，使TK1技术成为医学领域罕有的“中国技术、全球引领”。紧跟《“健康中国2030”规划纲要》，与中国健康促进基金会等权威机构建立了“癌症早筛细胞质胸苷激酶（TK1）检测技术专项发展基金”，华瑞同康TK1肿瘤早筛技术被纳入中国健康促进基金会“1+X”肿瘤风险预警平台项目，推动肿瘤早筛创新发展。

（二）核心竞争力

肿瘤是一种细胞异常增殖的慢性疾病。从多种基因突变开始，到组织增生、异常增生，到形成癌细胞的过程需要10年甚至更长的时间。在“癌”前病变阶段的10余年间，细胞并未形成真正的癌细胞。因此，这段癌前病变的漫长过程，给我们提供了足够的时间和机会采用科学的工具及时发现、及时干预，以最大程度地阻止或延缓癌症的发生。从肿瘤的共同特性来看，恶性肿瘤的本质就是细胞失控性异常增殖。因此，寻找科学的细胞增殖标志物将反映各种恶性肿瘤的异常活动行为和信号。胸苷激酶1（TK1）是一种新型细胞增殖生物标志物。TK1是人体嘧啶补救途径中的关键酶，它催化脱氧胸苷（dTdR）转化为脱氧胸苷单磷酸（dTMP），是一种主要在细胞周期S期特异性表达的激酶，参与细胞增殖过程中DNA的合成。血清或组织细胞TK1水平可反映人体内细胞的异常增殖活跃程度，为癌症早筛提供细胞异常增殖量化和动态信息，从而起到肿瘤早期风险预警作用。

我国现阶段肿瘤防治体系、运行机制尚不够健全，缺乏真正适用于全民范围普及筛查的适宜技术，限制了更大范围的推广应用。根据目前业界普遍认可的定义，医疗适宜技术应具备技术性、需求性、通用性、有效性和经济性。肿瘤早筛技术应在“特异性、敏感性、普适性、可及性”层面符合要求，才能作为可在全民范围内推广应用的技术。应用于肿瘤早筛的技术，必须符合最基本的适宜性条件，否则，就很难作为适宜性技术在全民进行推广。如果忽略了“适宜性”这个前提条件，就很可能在市场上出现为单纯追逐经济利益，而过度甚至是滥用“肿瘤早筛”概念的现象。这样势必无法建立对肿瘤从预防到治疗全过程的有效解决方案，最终并没有真正解决老百姓的健康问题。

胸苷激酶1（TK1）与肿瘤的发生和发展密切相关，作为细胞增殖行为的理想标志物，早已获得国际公认。华瑞同康开创的体可问©TK1专利技术具有科学性、泛癌种通用性、便捷性、经济性等优势，满足“适宜技术”的特点要求。更重要的是，体可问©TK1技术抓住了“细胞增殖”这一肿瘤本质。体可问©TK1检测以细胞增殖为核心，结合其他多维度检测手段，可全方位提高肿瘤早筛的准确度和有效性，适宜普及推广。

（三）发展规划

精准体检将是以个体化健康为基础的新型健康管理概念和模式。精准医疗将是以个体化医疗为基础的新型医疗模式。在肿瘤的精准预防和治疗方面，体可问©TK1技术可精准测量和监控肿瘤细胞异常增殖的行为，为肿瘤早期预警、肿瘤精准治疗效果评估提供重要参考依据。

华瑞同康始终在自主研发创新道路上深耕细耘，以造福人类、科技惠民为初心，不断更新优化肿瘤早筛技术和精准量化技术。在国家未来的政策规划下，华瑞同康将继续以创新为驱动，守护人类生命健康，远离肿瘤，为千万家庭幸福护航，在国家生物经济发展中担负起一份家国责任。

第六节　深圳轻喜到家科技有限公司

一、企业简介

深圳轻喜到家科技有限公司（以下简称“轻喜到家”）——中国家庭生活服务平台，是中国领先的“互联网+到家服务”的创新型企业。公司成立于2015年，总部位于深圳市，建有上万平方米的全国运营总部和轻喜职业教育总校基地。基于互联网、物联网、AI人工智能的技术创新，结合中国家庭高品质、多样化的生活场景，打造中国领先的家庭生活服务平台。聚焦新消费和消费升级，为中国家庭提供全生命周期的产品，涵盖高端保洁保姆、母婴护理、育婴早教、产康修复、家电清洗、家居养护、室内环境治理等专业的到家服务和全球甄选的高品质家庭生活用品。

采用B2C直营商业模式，颠覆中介模式，直营服务向用户提供高标准、安全、有保障的品质服务。创造了多个行业新职业：保洁师、星保姆、服务工程师、好厨娘、母婴护理师、产康师、育婴早教师等。实行员工制管理，满足了用户对到家服务标准的要求，与用户建立了深度的信任关系，服务家庭客户超350万，客户好评率达95%以上。打造轻喜直营员工管理体系，从招聘、培训、管理等方面，系统规划员工的职业生涯，陪伴助推员工成长，累计培养1万多名到家服务从业人员，就业率为100%。

轻喜到家汇集近百人的互联网行业顶级专家及技术骨干，打造具有强大创新与技术开发能力的轻喜产品技术中心，独立开发自主产权的Aide3.0信息管理系统，建立数字化生活服务运营平台，更高效支撑平台运营，更快捷提供品质服务。轻喜到家以技术驱动升级，通过自研管理平台全流程五级管控，实现智能清单管理，让专业服务看得见。分为前端两个平台应用App软件和SaaS平台化管理后台，由商城、服务人员管理、营销工具、推广平台等多个大型功能模块组成。汇集顾客、商品、销售订单、服务人员、服务单、任务单、用户权益管理等众多功能。

为推动行业职业化，建立轻喜职业技能培训学校，引进先进的国际化服务理念与服务技能，结合中国家庭对高品质服务的需求，独创家庭场景化的教学模式，开设家政家居、养老护理、母婴护理、育婴早教、产康护理、营养烹饪、健康管理等专业。打造行业资深师资团队、自主研发知识产权的培训课程体系，开发职业教育信息管理系统，成为行业领先的创新职业教育先行者。

发展至今，轻喜到家已完成全国 35 个一、二线核心城市布局，遍布北京、上海、广州、深圳、长沙、重庆、杭州等城市，为超百万家庭提供高品质的生活服务，进入全国市场的快速布局与发展期。

轻喜到家一直致力于公益以及志愿服务，连续多次参与深圳市人社局和商务局组织的广西百色河池家政扶贫就业招聘会，为该地区扶贫对象提供免费培训和就业岗位。组织员工参加深圳市职业训练指导中心的“回炉培训”，得到了市职业训练指导中心领导的高度认可。轻喜到家分别在南山区招商街道、宝安区航城街道开展“婴幼照护”公益专题培训活动，免费为街道就业困难人群、家政从业人员、企事业单位职工、辖区居民等提供婴幼儿照护专业知识和实操技能培训，得到了社会各界的认可。

在健康发展领域轻喜到家与国有企业深圳健康产业投资运营有限公司进行深度合作，针对深圳市符合要求的老人进行居家服务，解决老人“老有所乐，老有所养，老有所依”，在深圳市宝安区航城街道南航明珠设立“一老一小”项目点，项目点设置有长者服务站和示范性托育园两大服务专区，主要为长者提供长者日托、幼儿托育服务，还落地了区级阅读示范中心、幼儿洗浴、社区助餐、便民健身、中医养生保健等专项服务。可为周边社区居民带来便捷高效的普惠社区服务和专业的养老和托育服务。

公司成立以来，带着实现“让生活更有品质”的使命在家政行业深耕，获得了政府部门及相关行业协会的高度认可，目前获得两项省级和多项市级、行业协会荣誉。轻喜到家有能力、有信心、有决心在家政创业就业、行业的转型升级以及提质扩容行动中作出贡献。

二、生产经营

（一）总体情况

轻喜到家作为一家“互联网+到家服务”的创新型企业，聚焦新消费和消费升级，为中国家庭提供全生命周期的产品。

发展至今，轻喜到家已拥有员工近 8000 人，打磨出一套全链路智能数字化服务方案，聚焦科技创新，致力于智能技术赋能产业升级，构建互联网新型家政生态平台，为超过 350 万的家庭创造品质生活。

（二）主营产品

洁美家——高端保洁，全直营保洁师，上门携带进口保洁工具组，将家庭空间分成10区，对应10色保洁布106项服务内容260个标准，分区保洁，杜绝交叉感染，让服务有标准、看得见，打造干净的家居空间。

星保姆——家务管理，每一位轻喜到家星保姆，均毕业于轻喜职业技能培训学校，擅长家务管理，洗涤熨烫、整理收纳、烹饪美食，让家的每一个角落都井井有条、精致美好。

好厨娘——到家烹饪，中国名厨亲授厨艺，掌握36种烹饪技法，上百道南北佳肴；线上点菜，到家烹饪，尽享舒心生活。

康美家——家居养护，每一位轻喜到家工程师均毕业于轻喜职业技能培训学校，经过专业的技能培训、严格的考核方能上岗。家电蒸汽洗、窗帘蒸汽洗、精细擦窗、木地板打蜡，给家做SPA，守护生活空间的健康。

育婴早教——科学育儿，专注0~3岁宝贝，把早教中心搬到家，遵循8大成长期和16个敏感期，为婴儿量身打造育婴方案，一对一科学引导，五大感统训练、108个游戏互动、艺术启蒙、蒙特梭利教育法的专业育婴知识，智慧陪伴宝贝健康聪明成长。

母婴护理——科学月子，独创“P+N母婴护理体系”，把月子中心搬到家，组建培训专业母婴护理师团队，从产前到产后，遵循六大阶段，提供生活管理、营养管理、妈妈护理、产后修复、新生儿养护等方面的月子服务。

产康护理——科学产康，以“把产康中心搬到家”的服务理念，现代科技与中医传统相互渗透，专业手法搭配高端仪器，并将先进设备与中医理念完美融合，帮助产后妈妈把握黄金修复期，恢复体质，重获光彩人生。

奢侈品养护中心——为全球奢侈品用户保驾护航，9大服务标准、15道洗护流程、5道质检，每次养护均设有全程保障险种，为每件奢侈品的养护层层把关，所用养护产品均来自意大利品牌芬尼斯，在环保同时，更懂每一件皮具。

（三）资质荣誉

轻喜到家深耕家政行业7载，作为中国领先的“互联网+到家服务”创新型企业，曾获CCTV“高端到家服务”行业中国优选品牌，并与吉林农业大学联合打造实践教学基地，成为深圳市家政服务培训示范基地、轻喜到家—广东科技学院校企合作人才培养基地、广东省深圳市宝安区航城街道“南粤家政”基层服务站，2021年成为深圳市健康产业发展促进会副会长成员单位。

凭借对服务标准和质量的高追求态度，轻喜到家顺利通过ISO三体系国际标准认证，获得ISO9001质量管理体系认证证书、ISO45001职业健康安全管理体系认证证书和ISO14001环境管理体系认证证书。

先后被评选为CCTV“高端到家服务”行业中国优选品牌、2021年度“南粤家政”省级家政服务诚信示范企业、2022年度广东省“南粤家政”五星级企业、深圳市家政服务培训示范基地。

三、研发创新

轻喜到家是互联网到家服务的创新型企业，基于互联网、物联网、AI人工智能的技术创新，结合中国家庭高品质、多样化的生活场景，打造中国领先的家庭生活服务平台。

传统线下方式的管理效率低下，人工成本居高，且客户满意度较低，导致在管理和成本控制上存在巨大的挑战，难以满足轻喜到家的业务运营需求。经过多年不断地摸索和实践，轻喜到家开发了一整套覆盖运营推广、客户管理、招生培训、财务、行政以及培训等全面的管理系统。基本实现全流程业务的线上管理，极大提高了客户的体验、员工的工作效率、公司的运营效率，降低了人工成本，让管理更系统化、规范化、智能化、数据可视化。

公司拥有大量发明专利、软件著作权等知识产权成果。如发明专利：ZL202110283677.0楼梯保洁机器人。软件著作权：轻喜到家生活服务商城App、轻喜到家人力资源管理平台、轻喜派接单系统、轻喜到家营销终端管理平台、轻喜到家人力资源管理平台、IP01一站式智慧生活服务平台、IP02健康生活服务技师人力管理平台、IP03健康生活商城平台、IP04生活服务CRM管理系统、IP05健康生活服务质量评价管理系统、IP06生活服务积分商城管理系统、IP07健康营养膳食管理系统、IP08健康生活日历管理系统、IP09健康生活服务支持营运管理系统、IP10生活服务供应链管理系统、IP11健康生活服务保姆定制及管理系统、IP12健康生活服务技师职业技能考评系统、IP13健康生活服务技师星级评定管理系统、IP14健康生活服务技师直聘平台、IP15健康生活服务大数据分析平台、IP16健康生活服务职业教育管理系统。

四、发展规划

（一）行业地位

轻喜到家是中国家庭生活服务平台，采取 B2C 直营商业模式，颠覆家政行业传统的中介模式，员工均属直营员工制，从招聘、培训、管理等方面，系统规划员工的职业生涯与发展，打造轻喜直营员工管理体系。在满足用户对到家服务更高标准要求的同时，与用户建立牢固的信任关系，打造行业新职业，如保洁师、星保姆、好厨娘、母婴护理师、产康师、育婴师、早教师、奢侈品养护师、家居养护工程师等，向用户提供可控、高标准、安全、有保障的品质服务。

轻喜到家在制度、流程与人才管理上一直领先业内，确保每个项目都有标准化的服务流程，并相应配备高端进口清洁、养护设备，使所有员工的服务都保持高水平、一致化。在不断发展迭代中，轻喜到家确定了自己的品牌标准，其独创的“全屋 10 区、106 个家务细项、260 个服务标准”一经推出，受到众多从业机构的效仿。

（二）核心竞争力

人类对美好生活的追求永无止境，必将持续不断地创造大量的新消费和消费升级市场，涉及亿万家庭生活的吃喝拉撒睡，数万亿市场没有天花板，大市场孕育大机会。“互联网+到家服务”的模式必将打破家政服务行业的传统格局，通过数据调研发现，日韩欧美的品牌服务商的市场渗透率为 87%，中国品牌家庭服务的市场渗透率仅为 1%，而中国到家服务目前分上半场和下半场，上半场为“跑腿业务”，即到家门口，过去 10 年催生快递和外卖两大风口，现处于最后的外送业务血拼阶段，如送菜送药等，行业窗口已经关闭；下半场为“入户服务”，即到家里去，推开那道难以跨越的家门。行业目前处于快速发展的启动初期，处于一片蓝海中。

轻喜到家到家服务定位为大家政，是基于传统家政服务延展到全生命周期的家庭生活服务，“互联网+”是通过信息技术和大数据推动家庭生活服务数字化、标准化、品牌化。

1. 自营模式

轻喜到家自创立以来，坚持自营模式，筛选员工都将从学历、专业证书、健康认证、经验、性格、过往服务履历等方面进行背调，同时与公安系统联网进行6项认证，最大程度保障用人的安全性。针对行业“无培训上岗”和“技能不专业”等现象，轻喜到家搭建“15~60天的理论+实操的培训体系”。所有员工都需经过系统性培训、考核，通过后才能成为正式员工，并通过4次师傅“一对一”上户实际操作指导，用户与企业双方认可后，才能独立上户工作，定期进行升级培训。当用户与员工发生纠纷，或者用户不满意时，用户可以直接与公司沟通解决。

2. 轻喜职业技术学校

为进一步推动家政人员职业化，轻喜到家在深圳市人力资源和社会保障局的支持下创办“轻喜职业培训学校”。学校下设五大学院，建立了18大标准化职业技能培训的教学课程体系，拥有专职老师近30人，教师队伍涵盖国家高级心理咨询师、国家营养师、国家高级育婴师、高级早教师、二级烹调师、二级面点师、特聘法律专业讲师等，作为教研基地，累计向社会输送了10000余名专业到家服务人员，成为行业的创新职业教育先行者。未来在“一老一小”照料、大健康、高端护理、家修、企业服务等方面开展探索和企业内部实践，不仅为企业自身培训员工，更承接社会培训需求，向行业输送专业人才。学校聘请资深行业名师，自主研发知识产权的培训课程体系，开发职业教育信息管理系统。以推动家政行业职业化为使命，践行用专业推动行业发展，用技能促进万众就业，用服务陪伴万千家庭。

3. Aide信息管理系统

轻喜产品技术中心汇集超过100位互联网行业顶级专家及技术骨干，打造具有强大创新与技术开发能力的团队，独立开发自主产权的Aide3.0信息管理系统。基于用户端和服务者端，建立轻喜大数据，实现企业管理ERP、服务管理、用户运营CRM、内容社交、商城交易、供应链管理、在线教育等。下单预约智能便捷，用户可实时管控，可回溯服务日志，让用户感觉一切尽在掌握。用技术驱动企业运营发展，打造数字化生活服务平台。

4. 中国生活服务从业人员职业服务平台

建设中国生活服务从业人员职业服务平台——单多多，平台采用C2B2C商业模式，基于Aide3.0系统与轻喜大数据，打通行业4500万从业人员的服务供需端口，C2B2C赋能行业350万中小B端家政服务商。

为从业人员赋能：为从业者搭建个人履历信用体系和个人职业成长发展体系，提供大量优质的就业机会，实现家政从业者的自我价值。提供多元全面职业教育培训，进一步提升从业者的专业能力、学历教育。同时还提供心理咨询、法律援助、家庭关系辅导等多重就业保障服务。

为行业赋能：为大量中小家政公司提供大数据支持、运营系统和工具、家政人员匹配、线上面试、客户管理、服务生产管理、业务管理、线上培训、视频直播运营、广告媒体等一站式解决方案，助力家政企业解决供需匹配难、匹配效率低、服务配套采购成本高、业务管理烦琐复杂四大痛点。

5. 管理体系认证

2022 年 2 月 21 日，博瀚监测认证集团确认轻喜到家符合 ISO 三体系认证标准要求，向轻喜到家正式颁发 ISO 9001 质量管理体系认证证书、ISO 45001 职业健康安全管理体系认证证书和 ISO 14001 环境管理体系认证证书，标志着轻喜到家将继续践行管理体系标准，引领家政行业规范发展。

（三）发展规划

2019 年国务院办公厅印发《关于促进家政服务业提质扩容的意见》（国办发〔2019〕30 号），2021 年商务部等 14 部门联合印发《家政兴农行动计划（2021—2025 年）》，提出 7 项 22 条工作举措，同年国家发展改革委等部门印发《深化促进家政服务业提质扩容“领跑者”行动三年实施方案（2021—2023 年）》，2022 年 5 月国家发展改革委会同商务部联合印发《促进家政服务业提质扩容 2022 年工作要点》，一系列国家政策的发行，为家政服务行业的发展保驾护航，广东省在 2019 年开展“三项工程”工作即南粤家政、广东技工、粤菜师傅，也为轻喜到家的发展提供了强有力的助力。在未来发展规划方面，轻喜到家将从以下几点开展工作。

1. 加大科研投入，构建大数据和精细化推广

轻喜到家作为中国领先的“互联网+到家行业”创新企业，将继续加大科研投入，以互联网、物联网、AI 人工智能的技术创新为第一驱动力，提升轻喜到家产业数字化服务的能力，构建大数据人工智能系统，打造轻喜家政产业链全新生态。

2. 加大产品研发，扩增服务类目

轻喜到家将继续以“家”为中心，加大产品研发，扩增服务类目，推出更多种专业深度到家服务，并以“全屋 10 区、106 个家务细项、260 个服务标准”为服务细化准则，始终将用户的健康、安全放在首位，全面围绕用户需求，为用户提供更优质的全生命周期到家产品。

3. 加快推进市场化运作，服务更多城市和中国家庭

轻喜到家通过提供标准化家政服务，严格保证服务质量，获得了百万家

庭的认可。未来，轻喜到家将不断优化流程，持续提升服务质量，推动家政行业良性发展，服务更多城市和家庭。

4. 加强产业链合作，建立行业标准体系

轻喜到家作为到家行业的引领者，将继续对标国际服务标准，将过往行业中无序的服务程序化、标准化、可回溯化，并全方位深入加强与行业、科研院所合作，构建“产、学、研、用”合作平台，共同推进建立行业标准，进一步优化示范基地，促百万就业，服务千万家庭。

5. 发挥企业优势，为健康产业领域提质扩容做出贡献

轻喜到家作为产教研相结合的企业，未来在“一老一小”照料、大健康、高端护理、家修、企业服务等方面，充分利用互联网、物联网、AI 人工智能等技术创新工具，开展探索和实践，为深圳市健康产业发展贡献力量。

第七节　深圳市明鉴细胞专业技术有限公司

一、企业简介

深圳市明鉴细胞专业技术有限公司（以下简称“明鉴”）是专业从事细胞类产品检测、研究与评价服务的平台，成立于 2021 年 5 月，成立至今已投入 2000 多万元，在南山区高新科技园北区建立了符合 CMA、CNAS 和 GMP 标准的业内最高规格的细胞类产品检测服务专业实验室。实验室面积 1000 多平方米，2022 年 1 月正式投入使用至今，已获得广东省二级病原微生物实验室（P2 实验室）备案和由国家认证认可监督管理委员会监制、广东省市场监督管理局颁发的检验检测机构资质认定证书——CMA 证书，1 件商标注册授权，1 项发明专利，6 个软件著作权和 6 项实用新型专利授权。同时，CNAS 申请已获中国合格评定国家认可中心受理，即将通过 CNAS 认证并获得 CNAS 证书。

明鉴汇聚细胞产业监管、技术等国内外顶尖优势资源，技术团队由行业权威专家、资深博士及行业经验丰富的技术骨干组成，团队成员全部为本科及本科以上学历，硕博人才占比达到 54.5%，发表 SCI 论文十余篇，拥有数十项软件著作权和发明、实用新型专利，技术团队的核心人员在细胞行业从业经验都在 10 年以上，涵盖多个研究方向。技术团队总负责人为高级副总裁陈平博士，作为魏于全院士的博士和王军志院士的博士后，陈平博士是细胞

质量评价研究和细胞类产品临床备案、药品申报的专家，曾作为高级研究员先后任职成都生物制品所和中国食品药品检定研究院（简称“中检院”）。

明鉴利用大湾区先行先试的政策优势，对标国家检验药品生物制品质量的法定机构和最高技术仲裁机构中检院的检测项目及检测标准，建立系列细胞类产品检测、评价标准，着力在粤港澳大湾区打造全国性、专业的、有公信力的，具备 CNAS、CMA、GLP 及室间评测资质的第三方细胞类产品质量 CRO 平台。明鉴是粤港澳大湾区唯一一家专业提供细胞类产品质量 CRO 服务的企业，是唯一一家对标中检院的检测项目及检测标准的专业从事第三方质量检测与评价平台，是大湾区唯一一家可提供干细胞和免疫细胞全检服务的平台，也是深圳市唯一一家 CMA 和 CNAS 双认证的细胞类产品质量 CRO 平台。作为质量 CRO 赛道的独角兽企业，以创新的模式和服务内容引领细胞治疗产业的发展。

二、生产经营

明鉴 2021 年仅用五个月时间就完成了符合 CMA 和 CNAS 标准的高规格实验室的装修工作，2022 年 1 月 1 日，实验室和质量管理体系正式开始运行。同年 6 月 30 日完成广东省二级病原微生物实验室（P2 实验室）备案。7 月 1 日获得由国家认证认可监督管理委员会监制、广东省市场监督管理局颁发的检验检测机构资质认定证书——CMA 证书。8 月 5 日中国合格评定国家认可中心受理了公司 CNAS 申请。自 8 月 8 日正式对外提供服务至今，成功签约多个服务客户，其中包括与深圳市一家顶级三甲医院签署了“干细胞免疫学效能”产学研项目，与中国知名细胞治疗上市公司签署了“干细胞药品申报、CAR-T 产品定制化质量控制、细胞快速检测”的服务合同，与位于深港创科园的港资全球性生物科技公司深入沟通了“干细胞产品和 NK 细胞全检”服务项目，同时与几家细胞类产品应用型机构签署了委托服务合同，服务内容涉及干细胞、成纤维细胞、免疫细胞、基因修饰类细胞、外泌体等多种类型的产品。业务推进卓有成效，市场前景十分广阔。

明鉴主营业务是细胞类产品 CRO 服务、细胞类产品质量研究、质量检测与评价。

（1）CRO 服务：为细胞企业提供细胞药生产时所需要的工艺流程验证、质量检测和管理服务（高技术附加值的工艺验证及产业化运用）。

（2）受托检验：接受企业送检样品，进行指定项目检验并出具具有法律效应的检验报告。

（3）与企业合作建立细胞制品质量标准、工艺验证。

（4）产品注册申报咨询服务。

（5）临床前评价：承担细胞药物、美容及健康管理类细胞产品检测的临床前评价，细胞类化妆品的安全技术评价工作。

（6）测试评价：承担细胞实验室间比对及能力验证、考核与评价等技术工作。

（7）技术培训：负责行业技术人才的培养和评价工作，组织开展对相关单位质量检验检测工作的培训和技术指导。

（8）建立临床用细胞质量大数据库，为国家制定相关的法律法规提供数据支持。

三、研发创新

我国第三方独立实验室检测行业才刚刚起步，国内获认可的具备细胞药物检测资质的第三方检测实验室只有中检院，市场上专业从事细胞类产品质量CRO的企业匮乏，明鉴为提高行业细胞与基因类产品关键核心技术的原始创新能力，围绕共性关键技术的创新研发开展攻关，补齐产业公共平台的短板。创造性地提出了“质量CRO”的概念和模式，质量CRO作为CRO领域的一条创新性新赛道，顺应政府从政策上鼓励临床研究、药品申报以及建设有资质的第三方检验检测机构，承担细胞和基因产品的质量检验检测工作，结合自身对产业的了解，在服务模式和商业模式上作出了重大创新，致力于推动细胞产业的发展，成为这条新赛道的独角兽企业。

明鉴作为第三方质量CRO平台，不作为第一方和第二方进行产品生产和销售，但在检测技术研发方面做了诸多的创新和尝试，通过引进专业的技术人才，经过技术团队的不懈努力，在检测技术方面不断攻坚克难，成为深圳市唯一一家可以对标中检院提供干细胞全检服务的平台，因在技术研发方面的不断投入，在极短的时间内已成功获得1件商标注册，授权1项发明专利、6个软件著作权和5项实用新型专利（申报6项，5项已获授权，1项在审）。

四、发展规划

明鉴在行业内的核心竞争优势可概括为四个“唯一”。

粤港澳大湾区“唯一”一家专业提供细胞类产品质量 CRO 服务的企业。深圳市缺乏细胞与基因治疗产品质量检定平台，明鉴可以协助企业完成细胞与基因治疗产品临床研究备案和药品申报工作，解决现存申请检定的时限太长，送检不便捷，且没有相应的质量检定平台的问题。

“唯一”一家对标中检院的检测项目及检测标准的专业从事第三方细胞质量检测与评价平台。现有细胞类产品的检测标准，业内普遍接受中检院的检测标准，但中检院的检测标准本身检测项目多，技术难度大，明鉴经过半年多的技术攻关，对标中检院的检测项目和标准建立了完整的检测服务体系，给客户提供了中检院之外的第二个选择。解决了困扰细胞类产品企业在中检院检测排队周期长、效率低的问题。

粤港澳大湾区“唯一”一家可提供干细胞和免疫细胞全检服务的平台。按照国家现有法规的规定，细胞类产品在临床备案和药品申报前要进行全面的检测，但之前大湾区没有一家公司可以提供全检类服务，严重制约了产品走向临床和成药的进程，公司成功填补了这一空白，助力大湾区企业的产品转化。

深圳“唯一”一家 CMA 和 CNAS 双认证的细胞类产品质量 CRO 平台。深圳市虽然有一些可以提供检测服务的机构，但是都没有 CMA 和 CNAS 的认证，有的机构是因为利益相关性，并非单独的第三方，所以无法申请 CMA，这也从一个方面说明了这类机构的检测公正性受到巨大的挑战，还有些机构是因为无法达到 CNAS 的要求，所以无法获得 CNAS 的认证。CMA 和 CNAS 双认证证明了明鉴的质量管理体系和质量检测技术都达到了业内的领先水平，也成为公司在行业内竞争的一大重要优势。

未来 3 至 5 年发展规划如下。

一期（2021—2022 年）：深圳实验室建设总规划 1500 平方米，布局细胞等生物医药产品的相关质量检测，完成涵盖间充质干细胞（脐带、胎盘、脂肪、牙髓）、NK、DC、CIK、IPS、CAR-T 等的质量检测和评价。

二期（2023—2024 年）：深圳实验室建设规划是 5000～1000 平方米，建设实现全细胞领域的检测服务，成为国内领先的细胞研究与细胞质量检测、评价机构，推动大湾区生物制药产业高质量高标准发展。同时探索在华南、香港建立分中心实验室。

三期（2025 年）：开始在华东、华北、华中布局全国性区域中心建设。

第八节 深圳市容大生物科技股份有限公司

一、企业简介

深圳市容大生物科技股份有限公司（以下简称“容大生物”）成立于2001年，是一家以生物技术为核心，以中医经络为基础理论，集研发、生产、销售、教育、服务为一体的国家级高新技术企业。集团有超500人，本科及本科以上学历的人数占比40%，硕士与博士占比5%。

20余年来，容大生物致力于大健康产业，尤其聚焦于作为健康产业基础工程的健康护理解决方案的研究，在创新产品和创新服务方面应用技术来源，主要是通过自主研发的方式获得18项发明专利、43项特色技术、500多个成熟配方，且公司连续四次被评为“国家级高新技术企业”。

通过依托容大健康研究中心的高新生物技术，凝聚生物基因工程学等各领域专家们多年研发的智慧结晶，容大生物实现了功能肽与现代生物科技在美容护肤品、亚健康调理领域的成功应用，成功推出“金纳斯”“金因美”“金生缘”“青春纳斯”“金因康”“国韵”“容康云”七大品牌，并建立“5+1+1”健康管理平台，为受损皮肤、肌肤抗老化、综合调理亚健康等提供解决方案。

通过遍布全国的68个省级主要经销商，产品全面进入5000多家合作伙伴，公司每年的销售额增长迅速，成为国内中高端大健康产业的新锐企业。容大生物始终坚持对标GMPC，以高标准追求高品质。2021年，公司的研发与生产制造基地（现东莞市容大生物科技有限公司）搬迁至东莞市松山湖高新园区，基地总占地10000平方米，总建筑面积近40000平方米，预计年产2200吨约3500万支化妆品，整体预计产值30亿元。以现代生物技术为依托，拥有政府立项的多功能肽产业化基地，“对标GMPC，以高标准做护肤品”作为企业发展立足点。

好的产品可以激发国人的自信心，增强国人的凝聚力，容大生物的企业定位就是如此，“做国人信赖产品，创中华民族品牌”。容大生物一直致力于为中国的民族品牌、国人健康做一些事情；专注于科技研发，用企业的责任与良知为大健康行业作出一份贡献，传播正知正念正能量，重塑行业标准价值观，为国人传递健康与美丽，让健康来得更简单。

二、生产经营

（一）总体情况

容大生物高度重视自主研发工作，取得“一种氨基酸洁面膏及其制作方法”“一种用于调理脂肪代谢障碍人群的亚健康状态的组合物”等18项发明专利，于2012年首次被评定为国家级高新技术企业，并连续4次获评，先后联合清华大学、南方科技大学等多家知名高校，打通产、学、研的发展道路。

容大生物以健康调理为理念、以中医经络为理论、以高新生物技术为抓手、以产品质量为核心，致力于打造民族品牌。7大品牌囊括亚健康调理、孕前产后调理、男士养生、电商平台运营、云管家信息化平台等领域，构建了完整成熟的产品框架。同时，容大生物以独特的经销商管理模式、深度的院线机构合作模式构建了对渠道的有效掌控，已有68个省级经销商辐射全国，扶持159个创业团队，与5000多家合作伙伴共同发展。

2021年，容大生物松山湖研发与制造基地落成，研发实力步上新台阶，不仅完善和延伸了容大生物研发制造产业链，同时加速了大健康产品由东莞市向全国的供给，全面提高生产效率是真正实现生产智能化、研发规范化、人才高端化的“共享梦工厂”，有效快速地响应市场变化，实现前端和后端联动的良性循环，打造真正符合市场需求的产品和服务方案。

（二）主营产品

1. 主营产品与服务

容大生物依托功能肽核心应用技术，以生物原材料与传统护肤结合，推出多个品牌的身体及面部护理系列产品，在此基础上构建了“5+1+1”健康管理平台，通过多渠道链接终端消费者，为客户提供综合健康调理方案，构建大健康产业生态链。

（1）金纳斯。

“亚健康调理专家”，专注于生物康体、生物美胸、生物美容等三大核心亚健康调理的高端综合品牌。

核心产品1：金纳斯康体霜。特色成分：功能多肽（寡肽-1）、美洲获尾草提取物（薯蓣根提取物）、植物组合物（虎杖根提取物、积雪草提取物、蜂胶提取物）。主要功效：为身体皮肤补充水分和养分，滋润保湿，焕发润泽光彩；恢复身心舒和，畅享幸福源泉，邂逅佳人般美丽感觉。

核心产品2：金纳斯菩提霜。特色成分：菩提萜烯类（菩提树提取物）、功能多肽（寡肽-1）、美洲获尾草（薯蓣根提取物）、赋氧组合物（乳酸杆菌发酵溶胞产物、白藜芦醇、泛醌）、羟基酪醇（油橄榄果提取物）。主要功效：为肌肤补充丰富的能量及调节物质，增加肌肤活力；使用后倍感通畅，如沐浴菩提般健康幸福。

（2）金生缘。

为高端定制品牌，专注于高端消费人群健康调理领域的开拓，提供专业的定制化健康方案。

核心产品：金生缘能量霜。特色成分：功能多肽（寡肽-1）、美洲获尾草提取物（薯蓣根提取物）、辅酶Q10（泛醌）、葡萄籽提取物。主要功效：为皮肤提供多种滋养及能量物质，保持皮肤湿度，促进营养成分的吸收，滋养修护肌肤，赋予肌肤活力，提升弹性和紧致度，焕发青春光彩。

（3）青春纳斯。

针对产康方向，为女性提供专业的孕前管理、产后修护、亚健康管理方案。

核心产品：青春纳斯幸福霜。特色成分：功能多肽（寡肽-1）、美洲获尾草（薯蓣根提取物）、龙舌兰叶提取物、白藜芦醇、当归根提取物、人参根提取物、姜根提取物、宁夏枸杞果提取物、芍药根提取物、茯苓提取物。主要功效：为女性肌肤提供营养和水分，滋养、紧致肌肤，改善身体皮肤松弛、下垂的状况，让肌肤重回年轻幸福态。

（4）金因康。

助力足浴店、男士会所、国医馆向健康调理中心转型升级，为传统沐足行业注入新的活力和不一样的理念。

核心产品：金因康君悦霜。特色成分：美洲获尾草提取物（薯蓣根提取物）、功能多肽（寡肽-1）、姜根提取物。主要功效：功能多肽与能量物质，帮助机体恢复自然平衡，增强修复动力，使肌体呈现健康年轻状态。

（5）金因美。

轻奢小资品牌，尊崇生物美容的护肤养生理念，主要服务于现代都市女性，为女性的美丽健康全面加分。

核心产品：金因美慕斯霜。特色成分：微囊包裹组合物（聚丙烯酸钠接枝淀粉、聚丙烯酰胺）、复合植物精粹组合物（玫瑰花油、依兰花油、当归根提取物、锡兰肉桂叶油、广藿香油、野大豆油）、舒肤组合物（烟酸己酯、姜根油、四氢胡椒碱）、诺丽素（海巴戟果提取物）。主要功效：滋养和保湿肌肤，运用生物暖体技术，令肌肤舒缓放松，恢复健康舒适状态。

（6）国韵。

公司新零售渠道的核心品牌。其结合线上、线下销售渠道，推出“买健康送美丽”的线下销售战略，主要为功效型面部护肤产品。

核心产品：金纳斯国韵凝润多肽精华霜。核心成分：功能多肽（寡肽-1、肌肽）、金盏花植物精粹、白柳树皮提取物、维生素 E。主要功效：水润保湿，保持皮肤活力、紧致细纹，延缓皮肤衰老。

2. 重大项目建设

（1）容大生物康美联合实验室。

2021 年，容大生物联合南方科技大学建立“南科大生医工系—容大生物康美联合实验室”，深化双方长期合作关系，依托容大生物生产平台与南科大生医工系科研力量，建立功能性护肤品功效评价科学体系，推动产品功效评价的科学性与规范化，加速我国健康行业标准的建立。2022 年 3 月 1 日，康美联合实验室首篇论文《一种身体用霜的抗皮肤光老化机制研究》被《日用化学品科学》期刊正式录用。论文中，通过使用动物实验及分子技术，探究容大生物霜的抗皮肤老化作用与机制，并建立起抗老化功效的评价方法，用数据再次验证了容大生物 20 余年坚持做功效型护肤品的正确选择，也印证了容大生物多年来的市场口碑。

（2）容大生物松山湖研发与制造基地。

2019 年，容大生物松山湖研发与制造基地正式开工，并于 2021 年正式落成，基地坐落于东莞市松山湖台湾高新园区。新基地有研发、生产、办公、仓储、生产配套、生活配套六大功能区域，相互协调运转，形成了一套科学完整、现代化的研发制造系统。制造基地的落成标志着容大生物向高标准的研发制造基地、观光式绿色生态基地的建设目标不断迈进，并在通往高科技、智能化、个性化生产基地的道路上获得更大发展。

（3）全线产品完成新备案。

2021 年 5 月 1 日，国家药监局发布了新的《化妆品注册备案管理办法》。容大生物自备案新规颁布后，便迅速成立备案小组，建立专项工作办法，熟悉新规要求，进行新备案，于 2021 年 12 月 20 日成功备案第一款产品。截至 2022 年 7 月 22 日，容大生物已成功完成全线产品的新备案，耗时 214 天，近 280 个 SKU（最小商品规格），并提前完成了整体备案工作。

三、研发创新

（一）产品与技术

1. 产品与技术研发

容大生物成立至今共开展高新项目 74 项，2020 年至 2022 年共开展 18 项高新项目，主要包括“平衡男性荷尔蒙增强男性魅力的组合物及生物制剂的研究”“促进肌肉纤维化的组合物及生物制剂的研究”“缓解疲劳改善睡眠障碍的组合物及其生物制剂的研究”“活性补氧提高缺氧耐受力组合物剂及生物制剂的研究”“具有抑制炎性因子的菊属功能制剂在眼部健康护理中的研究”“疏通眼部微循环缓解眼疲劳的组合物及其生物制剂的研究与应用”“皮肤用康体产品抗氧化功效测评体系的建立及应用”“皮肤用康体产品抗衰老功效测评体系的建立及应用”“皮肤用康体产品免疫调节功效测评体系的建立及应用”“预防和修复妊娠纹生物制剂的研究与应用”“产后修复生物制剂的研究与应用”“预防和修复产后水肿生物制剂的研究与应用”“微米银在个人健康护理方面的研究与应用”“薯蓣根及其组合物缓解亚健康的应用研究”“啤酒花及其组合物缓解乳腺亚健康的应用研究”“透皮吸收技术在缓解亚健康方面的应用研究”“多肽组合物抗衰老的应用研究”“积雪草及其组合物皮肤修复的应用研究”等项目。

（1）微米银在个人健康护理方面的研究与应用。

微米银是一种纯银粒子，由高度蜂窝化微米级（不是纳米）医用纯银粒子构成。平均粒子直径 10μm，纯度 99. 99%，表面积达 $5m^2/g$，不含纳米粒子，不会通过血液吸收，安全性能较高。研究表明，微米银具有良好的杀菌效果，对大肠杆菌、芽孢杆菌、沙门氏菌和耐药菌株的金黄色葡萄球菌等导致的疾病都有明确的治疗效果，目前还未发现其耐药性。微米银有利于皮肤保持正常的微生物环境，有效减少炎症发生，帮助保持健康的皮肤状态。本项目以微米银的抗菌修复性能为载体，旨在制备一种抗过敏、消炎杀菌、具有修护作用的涂抹式产品，为越来越多的过敏人群提供有效的修护性产品，在皮肤抗过敏和修护市场具有良好的发展前景。

本项目的技术创新点在于：微米银技术，具有特别的高孔隙率和表面积，无纳米材料，无胶体银，非皮肤渗透，不可吸入并具有好的生物相容性和安全性，对细菌、真菌具有持续的抵抗、清除作用；皮肤修护技术，微米银复配甘草亭酸、糖鞘脂类、维生素 B 等多种活性物，具有修复皮肤、抗菌抗炎的功效；透皮吸收技术，通过可致循环相转变的超稳定乳状液技术的应用，可改善活性物质在乳剂中的稳定性及活性释放性能。

本项目产品：粹润霜（上市准备中），产品的安全性通过检测，且初步认定产品对好转反应有显著的修护效果。

（2）多肽组合物抗衰老的应用研究。

活性生物多肽作为机体生长和发育的智能化生物监控器，能主动调节，并有效监视和调控 JrfL 体内各个细胞中蛋白产物的表达、翻译、复制等过程。当机体生命活动正常及各类细胞分裂、增殖正常时，活性生物多肽可以确保生命活动、细胞正常分裂和蛋白质正常合成。当机体生命活动异常及各细胞增殖异常时，活性生物多肽即会立即发现并对错误细胞进行调控，并可能停止对它进行主动修复和迁移，且通过及时剪切和剪接，修正和修复异常错误细胞以保证蛋白质正常合成和人体处于健康状态。本项目基于肽类抗衰老技术的理论研究以及之前的应用实践，探索大健康领域的应用潜力，通过皮肤渗透的方式在特定部位定向作用，达到皮肤快速修复抗衰老的作用。在当下的“颜值时代”，具有巨大的市场。本项目通过对活性肽应用技术的研究和探索，专注于皮肤抗衰老领域的研究，制备活性肽产品，为健康抗衰老作出贡献，为大健康产业的发展给予有力支持。

本项目含有的技术和创新点：功能寡肽应用技术的应用，寡肽-1 是甘氨酸与组氨酸和赖氨酸组成的合成三肽，分子量小，易涂抹吸收，具有修复作用和抗衰老等作用。活性肽技术的应用，肽是生命之源，作为蛋白质的活性片段，肽是构成人体内活性物质的源头，多肽分子与细胞作用，参与其重要的生命活动。透皮吸收技术的应用，通过可致循环相转变的超稳定乳状液技术的应用，可改善活性物质在乳剂中的稳定性及活性释放性能。

本项目产品：含肽面霜（备案中），产品是公司专为中高端线上护肤品而打造，产品中含有丰富的肽元素，已通过各项指标的检测，人体试验还在进行中。

（3）皮肤用康体产品免疫调节功效测评体系的建立及应用。

本项目以免疫调节活性物为原材料，优选配方和工艺制备出具有免疫调节作用的康体系列产品。通过资料搜集和筛选以及实验验证，筛选适合公司操作的最佳免疫调节功效测评方法，应用于测定具有免疫调节作用的康体系列产品，并根据测试数据和结果对确定的免疫调节功效测评方法进行修订，形成公司最终版的免疫调节功效测评方法。本项目旨在为公司找出科学且易于操作的免疫调节功效测评方法，为公司之后开发和测试产品的免疫调节性能提供标准，为免疫调节功效测评的科学性和合理性提供支持，响应相关部门提出的功效测评政策。

本项目含有的技术和创新点：透皮吸收技术和液晶形成技术的应用，促进了活性物质与细胞的结合同时促进了活性物质的吸收；自体平衡荷尔蒙技术的应用，含有荷尔蒙前驱物质的荷尔蒙催生素通过人体吸收，刺激人体腺体分泌足够的“自体荷尔蒙”以供自身内分泌系统正常运作；活性肽技术的应用，激活细胞，提高皮肤的生理机能和活力，传输修复再生信号，促进皮肤新陈代谢和细胞增殖。实现从细胞水平上的肌肤护理。

本项目产品：平衡霜（已上市），产品各项测评指标均通过，且通过动物实验或小鼠实验建模得到有效性数据，并通过斑马鱼实验证明滋养功效，获得一定的收益。

（4）产后修复生物制剂的研究与应用。

本项目以细胞激活因子和多种中药提取物为原材料，优选配方和工艺制备出具有产后修复作用的安全有效的产品。通过活血化瘀、补中益气和提升阳气的药理，调节产后妇女的身体机能，以细胞激活因子激活细胞代谢功能，全面激活产后妈妈的身体机能，恢复产后妈妈的正常生活，帮助产后妈妈更多地投入与宝宝的幸福互动，而不是压抑产后的种种难言之隐。这对于产后市场有着极大的作用，可以为公司的发展带来更长远的利益。

本项目含有的技术和创新点：纳米包裹技术及经皮渗透技术的应用，促进了活性物质与细胞的结合，同时促进了活性物质的吸收；补益合剂技术的应用，选取安全的产妇可用的中药植物组合物，在不影响产妇自身机制的前提下，改善产后妈妈的亚健康反应；肽技术的应用，激活身体细胞，调节身体代谢运转，加快身体机能的恢复，再现健康身姿。

本项目产品：产后修复产品（已上市），产品各项指标均通过检测，且已获得一定的收益。

（5）平衡男性荷尔蒙、增强男性魅力的组合物及生物制剂的研究。

本项目采用的核心成分是麒麟竭提取物、迈因葶苈根提取物、锁阳提取物、毛喉鞘蕊花根提取物、红景天根提取物以及 rhEGF（重组人表皮生长因子）等。通过透皮吸收技术，在人体皮肤较薄、经络丰富的部位，直接涂抹制成的生物制剂，使产品逐渐通过经络循环，调理身体荷尔蒙平衡，渐渐地恢复身体的生理机能。本项目旨在为男性提供一种外用生物制剂产品，关注男性健康。

本项目含有的技术和创新点：透皮吸收技术的应用，促进了活性物质与细胞的结合，同时促进了活性物质的吸收；自体平衡荷尔蒙技术的应用，含有荷尔蒙前驱物质的荷尔蒙催生素通过人体吸收，刺激人体腺体分泌足够的“自体荷尔蒙”以供自身内分泌系统正常运作。

本项目产品：男士聚能精华液（已上市），产品各项指标均通过检测，且已获得一定的收益。

2. 专利情况（部分）

容大生物已累计申请18个发明专利和1个实用新型专利，另有多个专利正在申请中。

（1）一种减少体脂率及体脂反弹的组合物及其制备方法和应用（ZL201810195182.0）。

（2）综合改善眼部活力的生物制剂及其制备方法（ZL201610270157.5）。

（3）一种疏通乳房微循环养护自体腺胞的组合物及制备方法（ZL201510648477.5）。

（4）具有防辐射、光保护全效防御功能的组合物及其制备方法（ZL201510004036.1）。

（5）一种含有表皮生长因子的抗衰老组合物及其制备方法（ZL201310468795.4）。

（6）一种用于调理脂肪代谢障碍人群的亚健康状态的组合物（ZL201510069103.8）。

（7）一种可促进皮肤微生态平衡的组合物及其制备方法（ZL201310469004.X）。

（8）一种祛除生长纹的生物护肤制品及其制备方法（ZL201110286779.4）。

（9）促进皮肤水通道蛋白开启的组合物及其制备方法（ZL201310248241.3）。

（10）促进自体前脂肪细胞分化及脂滴形成的组合物及制备方法（ZL201210574476.7）。

（11）提高皮肤耐受力的化妆品及其制备方法（ZL201210069613.1）。

（12）一种以美洲荻尾草提取物为主要组分的护肤化妆品及其制备方法（ZL201110026764.4）。

3. 软件著作权（部分）

“容康云管家”管理店务系统，帮助门店实现一体化运营。容大生物也将借助云技术进行客户数据和分析，运用基因检测与实时跟踪的方式，提供更有针对性的健康管理方案。上线容大云管家的店家已经达到185家，拥有16项软件著作权。

（1）容大云店美业分享拓客系统［简称：容大云店（V1l.0 2018SR867702）］。

（2）容大云店美业线上平台［简称：容大云店（V1.0 2018SR859704）］。

（3）容大云店美容院预约系统［简称：容大云店（V1.0 2018SR861012）］。

（4）云平台订货系统［简称：订货系统（V2.0 2019SR0919072）］。

（5）基于云服务的多门店连锁管理系统［简称：容康云管家（V2.0 2019SR0940542）］。

（6）SaaS顾客管理系统［简称：顾客管理系统（V2.0 2019SR0930112）］。

（7）基于云服务的收银系统［简称：收银系统（V2.0 2019SR0919023）］。

（8）云服务业绩统计系统［简称：业绩统计系统（V2.0 2019SR0921988）］。

（9）SaaS员工管理系统［简称：员工管理系统（V2.0 2019SR0919014）］。

（10）容大云在线考试管理系统［简称：考试管理系统（V1.0 2021SR1106764）］。

（11）容大在线云教育系统［简称：容大在线（V1.0 2021SR1106917）］。

（12）基于云服务的全渠道营销管理系统［简称：全渠道营销管理系统（V2.0 2021SR1106772）］。

（13）容康云管家企业管理系统［简称：容康云管家（V2.5 2021SR1106845）］。

（14）容大云在线课程管理系统［简称：课程管理系统（V1.0 2021SR1106836）］。

（15）SaaS进销存系统［简称：进销存系统（V2.5 2021SR1097212）］。

（16）SaaS门店营业系统［简称：门店营业系统（V2.5 2021SR1097211）］。

（二）经营与服务模式

1. 研发生产价值创新

作为行业中拥有研、产、供、销垂直体系的行业领先企业，容大生物始终坚持类制药标准，以现代生物技术为依托，拥有政府立项的多功能肽产业化基地及制药背景，将“用类制药的标准做护肤品”作为企业发展立足点。企业研发获得了政府的支持，完成多项科研项目合作，其中包括与清华大学共建健康研究中心、与南科大共建康美联合实验室、与深圳大学等开展校企合作项目等。

建设多功能研发实验室。容大生物研究中心目前由五大实验室平台组成，分别是基础配方研究室、产品功效测评实验室、研发过程品控安全性研究室、功能肽研究与生产室、康美联合实验室，从原料到配方再到产品技艺，形成一个完整的研究平台。其中，产品功效测评实验室配备了来自德国 CK 公司皮肤测试仪的一个多功能测试平台、VISIA 皮肤检测仪等设备，其中 VISIA 皮肤检测仪能对皮肤的病理学特征进行定量分析。这些设备的引进大大提升了容大生物功效测评的准确度与可靠性，为产品的实际功效提供有力背书。

工厂具备优质高端的生产设备，所生产的产品全线符合国际化妆品良好生成规范（GMPC），拥有十万级生产车间、百万级洁净车间。同时，容大生物的品质也获得了国际标准认证（SGS），产品通过国家药监局的备案。

2. 品牌矩阵价值创新

容大生物深耕并洞察中国市场，打造出针对不同场景下的功能肽品牌系列产品，充分考虑不同年龄段的生理与心理需求，完成国人亚健康状态的全生命周期覆盖。为不同需求的客群提供差异化的服务并全方位传递健康调养理念。

从亚健康调理、产后健康调理、男士健康调理、功效型护肤等诸多细分领域切入各类健康产业渠道。通过多样的品牌矩阵，丰富健康产业服务，全面提升国人的生活品质与幸福感。

3. 渠道网络价值创新

企业销售模式主要是经销商模式与少量的直销模式，其中直销模式涵盖自有品牌电商业务和近 20%的 ODM 业务。为更好地支撑产品落地，容大生物在全国 31 个省（市、区）拥有 68 家专营经销商与 159 个创业团队。经过长足发展已拥有 5000 多家优质下游合作伙伴，其中包括静博士、诗丽堂、丽减美瘦吧、蓝丝带等大型专业连锁品牌。新零售渠道品牌“国韵”，联手经销商团队在已经铺设的线下渠道基础上，推动“面部产品战略”，建立线上线下“买健康送美丽”联动机制。更多的渠道正在搭建中。

容大生物的康体产品主要院线机构类型包括：美容机构（即有美容美体美胸等业务的连锁及非连锁机构，如综合美容院、SPA 会所、健康调理中心等）、产康机构（即以产后修复为主营业务的门店，如月子中心、母婴护理中心、孕产护理等机构）、足浴机构（即以足部按摩为主营，具有身体类按摩项目的门店，如足道馆、足疗馆等）、其他机构（即其他提供同类型服务项目的机构，如中医养生馆、艾灸推拿馆等）。

4. 教培服务价值创新

2019 年 8 月，容大生物与山东中医药高等专科学校共建二级学院“容大健康学院”，为行业输出专业且有活力的有生力量。截至 2022 年，容大生物已与全国 10 余所高校建立“容大班”，覆盖中医、西医、推拿、美容等各类专业。

在深化校企合作的同时，本着服务配套容大生物现有和未来的发展，容大生物建立了企业大学，为社会人士提供“再就业”的相关服务。容大生物搭建了教育培训体系，形成完整的教育链条，包括专业培训教材的编写；举办行业技能培训，如“最炫美业之星”“幸福手艺人”等活动，影响行业 10 万余名从业人员，实现从线上到线下、从知识到技能全方位的教育培训。

5. 客户服务价值创新

在容大生物价值同心圆正向循环下，越来越多的消费者被吸引，并逐步成为容大的忠实客户，为更好地回馈并听取客户的心声，容大生物组织了“霜享会”“疗愈营”等直面客户的沙龙。经过多年的深耕与产品服务的优化，“高黏性”与“高净值”已成为主要覆盖人群与对象，而容大生物也在这个过程中听取了更多的客户心声，建立了与用户的直连与共同进步的坚固纽带。

至此，从产品研发、品牌矩阵、渠道深化、完善教育培训体系、客户价值的多个方面综合入手，完成了容大生物商业上价值同心圆的闭环。集团将持续为国人健康、行业转型、人才吸纳与转换的方方面面发光发热。

四、发展规划

（一）强化企业技术创新能力，完善科技创新体制机制

以企业战略性需求为导向推进创新体系优化组合，加快构建以联合实验室为引领的战略科技力量。着力于多功能肽的深度应用与功能性护肤品深入研发，聚焦核心技术、发明专利、功效评测、临床测试、配方升级、原材料实验、新品开发等重要研究方向，开展与科研机构和上游生产企业等的产学研转化创投项目，组建联合实验室，形成结构合理、运行高效的产学研与实验室体系。

（二）打造产业互联网、数字化运营战略

“内提升、外突破、全链接”，加速企业信息化建设步伐，积极推动企业

信息化系列项目进程，走高效利用资源、注重质量效益的新经济增长道路，让实体店轻松实现线上和线下一体化运营。通过线上引流吸粉、裂变转化，打造“健康新零售模式”，充分发挥实体店的线下体验优势，升级服务链和供应链体系，促进线上线下融合。未来将继续完善两大外部系统的搭建，即“经销商企业管理系统”和“容康云管家系统”，与各大品牌、经销商结合，以业务为导向，全面提高企业工作效率、市场反应能力，促进市场销售、优化企业供应链和产业链。建设“智慧园区项目”，建立“研发中心管理工作平台”，让园区基础系统更加完善，更加智能化。让研发数据更加规范化、科学化，提高研发的保密性和便捷性。

（三）整店输出，提供一站式解决方案

通过线上线下整店输出的连锁服务模式，结合容大健康云信息技术，提供高品质、专人化的全生命周期管理方案，为市场、店家提供一种“易复制、风险小、有效操作”的市场经营模式。打造容大生物创业平台，孵化创业理想。

（四）打造一站式健康服务，建立容大健康生态圈

后疫情时代，人们对健康的追求已经从“有病看医生”向“未病早预防”前移，未来，容大生物将进一步打通大健康服务业上下游资源，为国人提供一站式健康管理服务，满足国人对健康的需求，增强国人健康养护意识，为国人创造一种健康的生活方式，构建共生、共享、共赢的“大健康商业生态圈”。

第九节　生命之源精准健康医疗集团

一、企业简介

生命之源精准健康医疗集团（以下简称“生命之源”）成立于2014年，由国务院政府特殊津贴获得者周汉新教授、著名天使投资人杨向阳、国际精准健康医疗行业领军人物Linna博士等各界精英共同创办，是中国精准健康管理的第一品牌，坚持用大健康理念做医疗，超医疗标准管健康。作为首个提出精准健康管理概念的行业先行者，入选了央视《信用中国》及《崛起中国》栏目，同时也被商务部授予生命之源信用认证企业，并颁发“信

用+”认证牌匾。

生命之源提出的“精准健康”理念，整合了自然保健医学、功能医学、拓展医学、再生医学等世界最前沿的科技手段及系统方法来实现精准健康干预和维护，以保持最佳的健康状态和效果，延长健康寿命；拥有唯一获得省、市两级批文的血液净化中心以及以国务院政府特殊津贴专家、诺贝尔奖得主、首长保健专家领衔的国内外权威专家医学团队和科研团队，享有70余项专利及著作权。2022年，生命之源“糖尿病综合性精准健康逆转方案”申报国家卫健委“十四五”规划国家重点课题，获评一等奖！一举打破了临床医疗界普遍认为糖尿病“只可控制，难以逆转”的观念！

在八年的发展中，生命之源荣获“中国健康产业十佳品牌”“AAA级信用企业”“中国诚信品牌”“世界大健康产业十大公信力品牌”“信用中国认证企业”等多项荣誉，更是入选央视《品牌强国》栏目优选成员单位，跻身民族品牌第一梯队。

生命之源已成为集“预防+管理+干预+跟踪”为一体的一站式精准健康解决方案专业提供方、精准健康管理的行业标杆。

生命之源热心社会公益，致力于践行企业社会责任，回报社会。成立至今，在创始人Linna博士的带领下，践行“暖冬行动”慈善助学项目。从最初资助1所学校20个孩子，到现在的2个县40多个村10所学校1800多个孩子。志愿者总行程达14万公里。“暖冬行动”受到CCTV和CETV联合专访，在《魅力中国》栏目中播出专题纪录片，并获《人民政协报》报道。

二、生产经营

生命之源下辖国际医疗中心、血液净化中心、健康管理中心、全面抗衰中心、生命科学中心及生命健康工程中心。历经八年的发展，为近万名会员和诸多需要健康管理专业项目的机构提供了精准健康服务。

立足深圳特区，布局全国市场。生命之源于2021年与301医院专家团队全面合作，在湖北、浙江、陕西开拓布局分公司。2022年6月，生命之源斩获2022中国品牌经济指数百强榜、2022年度最具投资价值项目两项大奖；并于2022年7月登陆杭州，正式成立生命之源（杭州）精准健康管理中心，开启集国内外前沿医学于一体的“未来健康空间站”模式的精准健康服务。

三、研发创新

作为精准健康解决方案专业提供方，生命之源开创性地提出了医院前、医院旁、医院后的精准健康管理理念。

（一）医院前大病预防

医院前大病预防的6P重大疾病预防理论，即：预测（Predictive）、预防（Preventive）、个性（Personalized）、参与（Participatory），强调精准化（Preventive）和周期性（Periodicity）。主要是在没有得病之前，提前介入亚健康调理，避免进医院。该理论主要用于预防重大心脑血管疾病、癌症预防、肿瘤标志物转阴（HPV高危因子）、综合改善抗衰老、预防更年期等。

（二）医院旁慢病逆转

医院旁慢病逆转的“六脉神剑慢病逆转理论”：重在“慢病逆转”，避免疾病久拖不愈。主要针对三高（高血压、高血脂、高血糖）改善、高尿酸痛风调理、高同型半胱氨酸调理、风湿性关节炎调理、糖尿病达标干预等基础代谢疾病及各种心脑血管病的综合调理。

具体表现在以下方面：

（1）通过数据跟踪，精准指导进行个性化的全面检测。

（2）通过血液年轻管理，实现血液质量年轻，进行血管修复。

（3）通过细胞年轻管理，实现免疫力提升，防癌抗癌。

（4）通过机能修复管理，实现机能激活，修复再生，抗衰逆龄。

（5）通过功能医学，从内而外地精准管理，进行全面抗衰。

（6）通过首长保健专家进行全程指导，实现循环跟踪。

（三）医院后中西医结合重病康复理论

医院后中西医结合重病康复理论，遵循中西医结合重病康复理论，帮助客户恢复健康水平。主要针对肿瘤辅助治疗、防复发、防转移，中风偏瘫后遗症康复、防复发，帕金森、阿尔兹海默病康复，认知障碍、行为障碍康复等各类病症加速康复。

（四）全闭环精准健康管理体系

以科技化、人性、定制化、精准化、数据化、终身化为原则，形成了全闭环精准健康管理体系。即：以全面检测（基因检测、功能医学检测、细胞分子检测等）、专家评估（权威专家团队、一对一咨询服务、健康状态评估）、持续跟踪（数字平台动态监测、健康管理团队全程参与）、精准干预（通过全面防治体系达到干预康复目的）的内环精准健康管理，以及“身心灵管理+绿医通道+家族健康管理+重疾保险”的外环精准健康管理。尤其在中风后遗症、糖尿病、四高调理、癌症康复等方面获得了非常明确的效果。

四、发展规划

（一）市场前景

我国慢性病发病率快速提升、亚健康问题日益凸显、癌症发病率与死亡率持续攀升等问题，使得精准健康管理需求获得了快速扩容。据《2021年中国大健康产业数字化发展白皮书》显示，在大健康理念普及、保健意识普遍提高的环境下，人们的健康需求也出现升级；健康管理的精细化、线上化趋势逐步显现，疾病预防和慢病管理的需求显著扩大；国内健康管理市场规模从2015年的2480亿元增长至2020年8503亿元，其间年复合增长率为27.9%；同时，基于健康管理对于慢性疾病和亚健康状态的管理优势及互联网技术进步的因素叠加，预测国内健康管理市场规模将在2025年达到21898亿元，其间年复合增长率为20.8%。

另外，在政策红利释放下，精准健康管理行业正处于重要发展机遇期。如近年来，随着《“健康中国2030”规划纲要》《健康中国行动》等政策出台，健康管理在医疗卫生事业中的地位不断提高，政策的支持推动着国内健康管理行业不断发展。国务院办公厅在2022年5月印发的《“十四五”国民健康规划》中明确指出：“十四五”时期卫生健康工作坚持把人民群众生命安全和身体健康放在第一位，全面推进健康中国建设，加快实施健康中国行动，持续推动发展方式从以治未病为中心转变为以保障人民健康为中心，为群众提供全方位全周期健康服务。

（二）核心竞争力

1. 国内外权威技术和专家的整合运用

生命之源拥有以国务院政府特殊津贴专家、诺贝尔奖得主、首长保健专家领衔的国内外权威专家医学团队和科研团队，并与多所国内外权威医学机构建立合作伙伴关系。

2022年，生命之源“糖尿病综合性精准健康逆转方案”申报国家卫健委

“十四五”规划国家重点课题，获评一等奖。一举打破了临床医疗界普遍认为糖尿病“只可控制，难以逆转”的观念。

2. 专业医疗资质和品牌形象

拥有唯一获得省、市两级批文的血液净化中心以及包括降糖工程系统、降低血糖的管理方法平台、降三高逆转治疗方案、安全血压检测系统、防中风计划管理等在内的70余项专利及著作权。

3. 完善的系统健康管理体系

以科技化、人性化、定制化、精准化、数据化、终身化为原则，形成了全闭环精准健康管理体系。

4. 独有多维度的精准健康解决方案

医院前：重大疾病预防（预防重大心脑血管疾病、癌症预防、肿瘤标志物转阴、综合改善抗衰老、预防更年期等）。

医院旁：慢病逆转（主要针对三高改善、高尿酸痛风调理、高同型半胱氨酸调理、风湿性关节炎调理、糖尿病达标干预等基础代谢疾病及各种心脑血管病的综合调理）。

医院后：重病康复（主要针对肿瘤辅助治疗、防复发、防转移，中风偏瘫后遗症康复、防复发，帕金森、阿尔兹海默病康复，认知障碍、行为障碍康复等各类病症加速康复）。

5. 丰富的案例和管理经验

八年的发展，为超过20000名会员和诸多需要健康管理专业项目的机构提供了精准健康服务。在精准慢病管理、大病预防、高脂血症、免疫机能调节、代谢紊乱、四高逆转、中风后遗症康复、糖尿病及肾病治疗等方面都有大量成功案例。

6. 终身陪伴的全生命周期家族健康服务

数字平台动态监测，健康管理团队全程参与，提供从个人到家族，终身性、周期性的全生命周期健康管理服务。

（三）发展规划

历经八年的沉淀与积累，为进一步打造完整产业链条，成为竞争优势更加突出的精准健康第一品牌，生命之源提出了“改变一个现状，引领一个行业，创造一片蓝海，打造一片高地”的战略规划。

改变一个现状：以精准健康医疗管理动作体系，改变传统医疗健康服务非体系化、碎片化、成效低的现状。

引领一个行业：以国际前沿科技，推动现代中医与人工智能技术结合，引领精准医疗健康服务行业。

创造一片蓝海：以精准医疗健康管理为信托，创造国际前沿重症医疗健康新蓝海。

打造一片高地：以产学研销“四位一体”的引擎循环推动模式，打造国际重症精准医疗健康产业新高地。

附录 《深圳经济特区健康条例》

深圳市第六届人民代表大会常务委员会

公　　告

第二二三号

《深圳经济特区健康条例》经深圳市第六届人民代表大会常务委员会第四十五次会议于 2020 年 10 月 29 日通过，现予公布，自 2021 年 1 月 1 日起施行。

深圳市人民代表大会常务委员会

2020 年 11 月 5 日

深圳经济特区健康条例

（2020 年 10 月 29 日深圳市第六届人民代表大会常务委员会第四十五次会议通过）

目　录

第一章 总 则

第一条 为了贯彻实施健康中国战略，推进健康深圳建设，提高居民健康水平，根据有关法律、行政法规的基本原则，结合深圳经济特区实际，制定本条例。

第二条 本条例所称的健康，包括人的生理健康、心理健康和良好的社会适应能力。

第三条 健康深圳建设应当坚持以人民为中心的发展理念，把人民健康放在优先发展战略地位，将健康融入所有政策；坚持全民参与、共建共享，建立健全全民健康制度体系，引导居民自主自律、健康生活；坚持预防为主、防治结合，优化健康服务，完善健康保障，建设健康环境，发展健康产业，提升居民全生命周期健康水平。

第四条 市、区人民政府应当将健康深圳建设作为城市建设与管理的基础性工作，纳入国民经济和社会发展规划，加强对健康深圳建设的领导、保障、管理和监督，促进健康深圳建设与经济社会协调发展。

第五条 市人民政府成立健康深圳行动推进委员会，负责统筹推进健康深圳建设，研究部署健康深圳建设的重大事项和重点任务，督促、检查、评估健康深圳建设情况。健康深圳行动推进委员会的日常工作由市卫生健康部门承担。

区人民政府参照前款规定成立健康城区行动推进委员会，负责统筹推进健康城区建设。街道办事处成立健康社区行动推进委员会，社区基层组织成立健康社区工作小组，负责组织开展和实施健康社区建设工作。

第六条 市、区卫生健康部门根据职责负责本行政区域内健康深圳建设相关工作的统筹实施。

市、区人民政府各有关部门和群团组织在各自职责范围内，保障、促进和开展健康深圳建设工作。

第七条 全社会应当共同关心和支持健康事业发展，共同推动健康深圳建设。鼓励社会力量通过捐助、投资等方式参与健康事业或者为健康事业的发展提供帮助和支持。

第八条 市人民政府应当加强与国际和香港、澳门以及粤港澳大湾区其他城市在健康领域的交流合作，推动粤港澳大湾区健康事业和健康产业融合发展。

第九条 市、区人民政府按照国家和广东省有关规定对在健康深圳建设中做出突出贡献的单位和个人给予表彰和奖励。

卫生健康以及相关部门可以按照有关规定对为健康深圳建设做出贡献的单位和个人给予通报表扬。

第十条 每年8月为深圳健康活动月。

在健康活动月期间，健康深圳行动推进委员会负责组织、指导、协调开展下列活动：

（一）发布健康城市统计调查数据和报告；

（二）发布居民健康白皮书；

（三）健康公益宣传、学术交流、成果展示等；

（四）健康公共服务设施开放体验活动；

（五）促进健康深圳建设的其他活动。

第二章 健康城市

第一节 健康规划

第十一条 市人民政府应当按照健康优先、改革创新、科学发展、公平公正的原则，制定健康城市建设中长期规划，经市人民代表大会常务委员会批准后实施，实施情况定期向社会公布。

第十二条 市人民政府应当将健康作为全市国土空间规划的重要因素，保障健康公共服务设施用地，完善健康公共服务设施规划布局和标准，促进城市建设与人民健康协调发展。

市规划和自然资源部门应当会同卫生健康、民政、文化广电旅游体育等部门科学布局、合理安排健康公共服务设施建设用地，按照城市规划相关标准规范，配置建设医疗卫生机构、养老服务机构、体育健身场所等健康公共服务设施，并根据健康深圳建设的要求调整城市规划相关标准、规范和健康公共服务设施设置规划以及设置标准。

第十三条 市、区人民政府应当建立健全与城市功能定位、经济社会发展水平和人民群众健康需求相适应的健康公共服务体系，保障居民健康服务基本需求。

第十四条 发展改革、卫生健康、教育、科技创新、工业和信息化、民政、规划和自然资源、生态环境、住房建设、商务、文化广电旅游体育、市场监管、医疗保障等有关部门在制定相关专项规划时，应当与健康城市建设中长期规划相衔接，满足健康深圳建设要求。

第二节　健康环境

第十五条　市、区人民政府及其有关部门应当坚持绿色发展理念，以提高人居环境质量为核心，完善生态环境保护制度，依法开展大气、水、土壤、固体废弃物、环境噪声、放射性等污染防治工作，促进经济社会、人居环境与自然环境协调发展。

生态环境部门应当会同卫生健康部门建立健全环境与健康风险评估制度，开展环境与健康问题调查、监测、风险评估和预警，开展环境污染对疾病控制、人体健康等方面影响的评价，划定环境健康风险区域和项目类别，从源头预防控制与环境相关的健康危险因素。

环境与健康风险评估信息应当按照有关规定向社会公开。

第十六条　市、区人民政府及其有关部门应当建立健全健康建筑引导、激励机制，推动健康建筑发展。

市住房建设部门应当制定健康建筑发展规划和有关技术规范、评价标准，明确健康建筑等级、比例要求，并在国有建设用地使用权招标、拍卖、挂牌出让公告或者划拨用地协议中予以明示。

鼓励健康建筑技术和标准的研究、开发、示范、推广和宣传，倡导建设单位采用有利于人体健康的建筑设计和建筑材料。

第十七条　市、区人民政府及其有关部门应当将爱国卫生工作作为基层治理的重要内容，与健康城市建设有机结合，持续开展环境卫生整洁行动，加强病媒生物预防控制，提高人居环境质量。

市、区爱国卫生工作主管部门应当健全爱国卫生工作目标管理责任制。街道办事处、社区基层组织应当按照有关规定组织开展爱国卫生工作。

各单位和个人应当按照有关规定参加和配合爱国卫生工作。

第十八条　市、区人民政府及其有关部门应当不断完善食品安全监督管理体制，落实食品安全主体责任和属地管理责任，加强供深食品基地建设，扩展食品安全检测项目，保障食品安全。

市市场监管部门应当健全食品安全地方标准和食品安全信用体系，组织制定符合居民健康需求的供深食品标准，建立健全食品生产经营单位审查登记、违法行为报告和查处制度，完善食品安全监测预警和事故应急处置等制度。

市卫生健康部门应当会同有关部门建立健全食品安全风险监测评估体系，提高食品安全风险预警能力。

第十九条 市、区人民政府及其有关部门应当依法完善药品、医疗器械安全责任体系，加强监管，保障药品、医疗器械使用安全。

市市场监管部门应当完善药品、医疗器械的追溯、检验检测、不良反应监测和评估体系，加强药品、医疗器械从研发、生产到使用的全周期监管。

市卫生健康部门应当完善医疗卫生机构疫苗冷链管理制度，加强对预防接种工作的监督管理，保障疫苗接种安全与质量。

第二十条 市、区人民政府应当建立健全伤害预防与干预机制，将伤害预防融入城市规划、安全生产、交通安全、公共场所管理等城市建设和治理领域。

市卫生健康部门应当会同有关部门组织制定重点因素、重点人群、重点区域伤害预防干预技术指引，健全伤害监测体系并定期向社会公布监测情况。

第二十一条 各有关部门应当在公共设施建设、游乐场所安全管理、社区管理等方面完善预防中小学生溺水、老年人跌倒、高空坠落、交通意外、中毒、性侵害等伤害发生的措施。

第三节 健康社区

第二十二条 街道办事处和社区基层组织应当动员、组织辖区内单位和居民参与健康促进、健康管理、爱国卫生工作、体育健身、突发公共卫生事件应对等活动，共同建设健康社区。

健康社区示范标准由健康深圳行动推进委员会制定。

辖区卫生健康部门、医疗卫生机构应当按照规定或者约定为健康社区建设提供健康促进、疾病预防、健康管理等方面的专业技术支持。

第二十三条 业主委员会和物业服务企业应当积极开展物业小区健康管理工作，履行下列职责：

（一）开展环境卫生治理，配备病媒生物预防控制设施与器具，清理病媒生物孳生地；

（二）协助开展健康服务调查和居民健康信息登记工作；

（三）在传染病疫情应急响应期间，按照有关规定开展小区出入口人员、车辆管理，协助有关单位做好居民健康管理和隔离医学观察等工作；

（四）配合所在街道和社区开展健康社区建设；

（五）法律、法规规定的其他健康工作职责。

第二十四条 用人单位应当加强本单位的健康管理，履行下列职责：

（一）建立健全员工健康管理制度，完善健康管理组织架构；

（二）组织开展健康促进活动，倡导健康生活方式，传播健康理念；

（三）定期组织开展员工健康体检；

（四）做好本单位突发公共卫生事件预防控制工作；

（五）协助开展健康服务调查和员工健康信息登记工作；

（六）配合所在街道和社区开展健康社区建设；

（七）法律、法规规定的其他健康工作职责。

鼓励用人单位配备体温检测设备、自动体外除颤仪等健康监测、医疗急救设备和器材。

第二十五条 公共场所经营管理单位应当加强公共场所的健康管理，履行下列职责：

（一）建立健全员工健康管理制度，员工上岗前应当取得有效健康合格证明，参加相关卫生法律、法规和公共场所卫生知识培训和考核；

（二）定期做好公共场所清洗、消毒、保洁，公共场所的空气、微小气候、水质、采光、照明、噪声、顾客用品用具等应当符合国家卫生标准，公共场所卫生检测结果应当在显著位置公示；

（三）制定公共场所突发公共卫生事件应急预案，定期检查公共场所各项卫生制度、措施的落实情况，及时消除危害公众健康的隐患；

（四）配合所在街道和社区开展健康社区建设；

（五）法律、法规规定的其他健康工作职责。

鼓励公共场所以及其他人员密集场所的经营管理单位设置口罩等健康用品便利供应设施。

第二十六条 各级各类学校应当加强学校健康管理，履行下列职责：

（一）建立健全学校健康管理制度，推进健康校园建设；

（二）按照有关规范配置课桌椅和使用多媒体教学设备，创造有利于学生健康的教学环境；

（三）制定学校突发公共卫生事件应急预案，做好学生常见病、传染病预防控制工作；

（四）配合所在街道和社区开展健康社区建设；

（五）法律、法规规定的其他健康工作职责。

中小学校应当落实大课间体育活动和眼保健操制度，每天安排学生体育活动时间不少于一小时，保证学生能熟练掌握二项以上体育运动技能。

第二十七条 居民个人和家庭应当按照有关规定参与下列健康社区建设工作：

（一）配合建立居民电子健康档案；

（二）参加社区健康促进活动；

（三）维护健康环境和公共卫生安全；

（四）配合突发公共卫生事件应急处置工作。

第四节 健康评估

第二十八条 建立健康影响评估制度。下列事项应当开展健康影响评估，未经评估或者经评估将对公共卫生安全或者人体健康产生较严重不利影响的，不得出台或者批准实施：

（一）制定国土空间规划和资源开发利用、生态环境保护、生物医药产业发展等规划；

（二）制定涉及公众健康的规范性文件；

（三）建设根据本条例第十五条第二款规定划定的环境健康风险区域或者项目类别的工程项目。

健康影响评估应当包括前款规定事项对公共卫生安全、人体健康、生物安全、医学伦理等方面影响的内容。健康影响评估具体办法由市人民政府制定。

第二十九条 市、区人民政府应当成立健康影响评估专家委员会，为健康影响评估提供技术指导和咨询服务。健康影响评估专家委员会由城市规划与建设、医疗卫生、生命科学、生态环境、产业发展、新闻传播等领域的专家组成。

鼓励社会组织和有关专业机构参与健康影响评估，提供健康影响评估服务。

第三十条 健康深圳行动推进委员会负责建立健康城市评价体系，委托专业机构每年对健康城市建设的主要指标、重点任务进行监测和评估，并将评估报告作为制定健康政策和规划、调整政府健康投入、优化健康资源布局的重要依据。

第三十一条 市卫生健康部门应当会同有关部门建立健康城市统计调查制度，每年组织开展健康促进、健康服务、健康环境、健康保障、健康产业以及居民健康状况、居民健康素养统计调查。

健康城市统计调查数据和报告应当作为健康影响评估、健康城市评价的重要依据。

第三章 健康促进

第一节 健康教育

第三十二条 市、区人民政府应当将健康教育作为推进健康深圳建设的基础性工作，建立健全健康教育体系，普及健康知识和技能，引导居民树立科学的健康理念，践行健康生活方式，提高健康素养。

卫生健康部门应当制订并组织实施健康教育规划和计划，建立健康科普专家库和资源库，通过卫生健康公共服务平台、公益热线等多种形式向公众普及健康知识和技能。

第三十三条 健康教育应当包括下列内容：

（一）健康理念和健康生活方式；

（二）疾病预防、伤害防范和突发公共卫生事件应对知识；

（三）健康管理知识；

（四）科学诊疗和合理用药相关知识；

（五）急救、康复知识和技能；

（六）心理健康、营养健康、运动健康知识；

（七）社会适应知识和技能；

（八）生态环境和健康素养知识；

（九）其他需要宣传普及的健康知识和技能。

第三十四条 医疗卫生机构应当按照有关规定组织开展健康教育工作。医疗卫生人员在诊疗过程中，应当结合实际对患者进行健康教育，提供健康指导，对患者的病因病情、发病机理、治疗方法、合理用药以及预防保健给予适当的说明。

鼓励医疗卫生机构开发和应用健康教育处方；鼓励医疗卫生人员参与健康科普活动。

第三十五条 教育部门应当完善中小学校和学前教育机构健康教育制度，将健康教育纳入教学内容，将学生常见病和传染病预防、健康生活方式、伤害防范能力等健康素养水平纳入初中学生综合素质评价内容。

市教育部门应当会同市卫生健康部门按照国家健康教育指导纲要制定中小学校和学前教育机构的健康教育课程教学大纲，组织编写健康教育教材。

中小学校和学前教育机构应当加强健康教育教学工作，按照健康教育课程教学大纲开设健康教育课程。健康教育课程每学期不得少于六个课时。

第三十六条 学校、学前教育机构和婴幼儿照护服务机构应当开展伤害防范技能培训，加强防范坠落、触电、烫伤、割伤、异物吞入等安全教育，增强学生和幼儿自身保护意识，并注重对学生和幼儿个人生活自理能力、社会交往能力、道德规范约束能力等社会适应能力的培养。

教育、卫生健康部门应当将家长健康教育纳入家庭教育体系和科学育儿指导体系，指导中小学校、学前教育机构和婴幼儿照护服务机构发挥家长作用，共同开展对学生和幼儿的健康教育。

第三十七条 市卫生健康部门应当会同宣传部门制定健康公益宣传广告年度发布计划，宣传部门应当协助组织相关媒体以及传播媒介发布。

第三十八条 有关单位和个人在发表健康科普文章或者作品时，应当注明作者、审核者和发表日期。

广播、电视、报纸、互联网等媒体发布的疾病预防、医疗救治、心理健康、合理用药、突发公共卫生事件应对等健康信息应当科学、真实，并核实信息的真实性、查明信息来源。

第三十九条 宣传、卫生健康、文化广电旅游体育等部门应当建立协同机制，对媒体发布健康信息进行引导和监测；发现影响或者可能影响公众健康的虚假信息或者不完整健康信息的，应当及时予以澄清。

第二节　健康生活

第四十条 居民是自己健康的第一责任人，应当履行自身健康管理责任，树立健康理念和健康心态，主动学习健康知识和技能，提升健康素养，践行健康生活方式，养成良好行为习惯。

第四十一条 建立居民健康积分奖励制度等激励机制，对居民参与健康促进、体育健身、健康管理和健康社区建设予以积分。具体办法由市卫生健康部门会同有关部门另行制定。

鼓励医疗卫生机构、企业事业单位、社会组织提供积分兑奖服务。

第四十二条 市卫生健康部门应当定期组织开展居民营养状况监测，并根据监测结果发布针对不同人群的膳食指南。监测结果应当向社会公开。

鼓励餐饮服务经营者和集体用餐食堂对所提供食品的热量和主要营养成分等进行标识，并提供易于顾客分辨的公筷公勺。

支持有关学会、协会、商会等制定健康餐厅、健康食堂团体标准，开展健康餐饮示范单位建设。

第四十三条 市场监管部门应当加强预包装食品营养标签的监督管理。卫生健康部门应当加强认读食品营养标签知识的宣传普及。

鼓励食品生产者生产低盐、低油、低糖、无糖食品，并在包装上作显著标识。

第四十四条 鼓励全社会参与减盐、减油、减糖健康饮食行动，推广使用健康限量盐勺、限量油壶等，促进居民科学健康饮食。

市场监管部门应当将减盐、减油、减糖知识和预包装食品营养标签认读能力纳入食品生产经营从业人员培训内容。

鼓励商店、超市等开设低盐、低脂、低糖食品专柜。鼓励餐饮服务经营者、集体用餐食堂开发和提供低盐、低油、低糖菜品。

第四十五条 市卫生健康部门应当会同市场监管、教育等部门制定学生、婴幼儿营养餐标准。

学生餐配送企业和中小学校、学前教育机构、婴幼儿照护服务机构食堂应当按照规定配备营养工作人员，供应符合学生、婴幼儿营养餐标准的食品。

第四十六条 市、区人民政府及其有关部门应当依法开展控制吸烟和有害使用酒精监测工作，减少烟草烟雾危害，预防、控制过量饮酒。

禁止在下列场所或者区域销售酒精饮料：

（一）医疗卫生机构；

（二）专门为未成年人服务的社会福利机构；

（三）主要为未成年人提供教育、教学、活动的场所。

禁止使用自动售卖设备销售酒精饮料。

禁止向未成年人销售酒精饮料。对难以判明是否已成年的，应当要求其出示身份证件；对不能出示身份证件的，不得向其出售酒精饮料。

第四十七条 酒精饮料、碳酸饮料的销售者应当在货架或者柜台上设置符合标准的健康损害提示标识。

酒精饮料、碳酸饮料健康损害提示标识的制作标准和设置规范由市卫生健康部门制定，并向社会公布。

第四十八条 市、区人民政府及其有关部门应当制定并组织实施全民健身计划，鼓励开展全民健身体育、休闲等活动。

市、区人民政府应当按照相关规划建设全民健身公共场所和设施，实行公共体育设施免费或者低收费开放。

鼓励有条件的单位建设健身场所；鼓励单位的体育场地和设施向公众开放，可以适当收取费用。

第四十九条 市文化广电旅游体育部门应当会同市卫生健康部门推动科学健身与健康促进、疾病预防和身心康复融合发展，重点开展下列工作：

（一）制定体质健康监测、评估和干预工作标准和规范；

（二）制定并实施体质健康干预计划；

（三）发布科学健身与运动指南，推广运动处方；

（四）加强对社会体育指导员的管理和培训，发挥其在群众性体育活动中的技能传授、锻炼指导和组织管理等作用，加强全民健身运动指导。

第五十条 市卫生健康部门应当将居民体质测试纳入居民健康体检内容。

市教育部门应当将学生的身高体重、身体机能等体质健康水平纳入学校考核评价的重要指标和内容。

文化广电旅游体育部门应当会同卫生健康、教育等部门定期组织开展居民体质测试，测试人群应当涵盖不同年龄、职业，人数不得少于常住人口的百分之一，测试结果应当向社会公布。

第三节 心理健康

第五十一条 市、区人民政府及其有关部门应当完善社会心理服务体系，促进心理健康服务机构发展，引导社会组织、社会工作者、志愿者积极参与社会心理服务，提高居民心理素养，培育自尊自信、理性平和、积极向上的社会心态。

第五十二条 卫生健康部门应当建立健全心理健康促进工作的组织管理和监督评价机制，把全生命周期心理健康干预纳入健康促进的重要内容。

有关部门、街道办事处、社区基层组织应当采取必要措施，加强居民心理健康宣传教育。

用人单位应当采取多种形式开展员工心理健康促进工作。

第五十三条 教育部门应当将学生心理健康教育纳入学校健康教育内容。

学校应当设置心理健康辅导室，配备专兼职心理健康教育教师或者辅导人员，建立学生心理健康评估、预警和干预工作机制，推进在学生体检中开展心理测试，预防和减少心理健康问题，培养学生积极乐观、健康向上的心理健康素养。

未成年人的父母或者其他监护人应当关注未成年人情绪状态，及时进行心理疏导。

妇女联合会等群团组织应当会同社区基层组织开展家庭心理健康宣传教育。

第五十四条 司法行政、公安、民政、卫生健康等部门应当加强对服刑人员、社区矫正对象、强制隔离戒毒人员、社区戒毒康复人员的心理危机干预和心理援助。

用人单位应当及时组织专业人员对处于特定时期、特定岗位、经历突发事件的员工提供心理援助。

第五十五条 卫生健康部门应当会同有关部门加强心理健康服务机构建设。妇幼保健机构和二级以上综合医院应当提供精神卫生、临床心理等专业技术服务。每个街道应当至少有一家社区健康服务机构提供心理咨询服务。

鼓励自然人、法人和非法人组织依法设立心理咨询机构，提供心理咨询服务。

鼓励用人单位设立心理咨询室或者通过购买服务，为员工提供心理健康服务。用人单位可以在组织员工健康体检时增加心理测试项目。

第五十六条 市、区人民政府应当加强心理危机干预体系建设，完善突发事件心理援助应急机制，组建跨部门、跨学科心理援助工作队伍，并加强培训和管理。

鼓励医疗卫生机构、心理咨询机构等心理健康服务机构开展心理健康评估和心理援助服务。心理健康服务机构和心理咨询从业人员应当按照有关规范，提供心理健康评估、心理行为问题咨询等服务。

第四节　职业健康

第五十七条 市、区人民政府及其有关部门应当建立健全职业健康保护制度，加强职业健康服务体系建设，根据经济社会发展水平、产业发展现状、新兴职业种类、职业人群特点，提供职业健康服务，提高员工健康保护水平。

第五十八条 卫生健康部门应当加强职业病防治和职业健康监管体系建设，完善相关职业健康标准和规范，提升职业健康检查和风险评估、职业病危害监测评价、职业病诊断和治疗康复等水平。

探索建立职业健康分类分级监管制度和新业态从业人员职业伤害保障制度。

第五十九条 卫生健康部门应当组织制定预防工作压力、肌肉骨骼疾病和特殊职业人群健康保护标准、指南，指导用人单位加强对特殊职业人群的健康管理。

第六十条 用人单位应当对本单位产生的职业健康危害因素预防控制承担主体责任，建立健全并落实本单位职业健康管理制度，提供有益于员工身心健康的工作环境，根据需要配备专兼职健康管理人员。

卫生健康部门应当加强对用人单位主要负责人、健康管理人员和员工职业健康知识的宣传普及，推动医疗卫生机构与用人单位建立健康管理联系制度。

第六十一条 用人单位应当组织员工进行上岗前和在岗期间的定期职业健康培训，普及职业健康知识，增强职业健康危害防范意识，提升职业健康危害事故预防和应急处置能力。

鼓励用人单位优先采用有利于防治职业病和保护员工健康的新技术、新工艺、新设备、新材料，减少和控制职业伤害、职业病以及其他职业相关疾病的发生。

第六十二条 用人单位应当按照规定为员工发放必要的劳动保护用品和符合人体工效学的健康工作用品。

推进用人单位实行工间健身制度，在工作场所设置适当的健身活动场地、设施，为员工健身提供场地设施条件和时间便利。

员工应当树立个人职业健康责任意识，严格按照操作规程作业，自觉、正确使用个人防护用品，自觉参加年度健康体检。

第六十三条 用人单位应当合理配置人力资源、安排员工作息时间，对脑力或者体力劳动负荷较重的员工实行轮休制度，避免对员工造成人体机能过度损耗或者身心健康伤害。

用人单位应当严格依法执行员工带薪休假制度。人力资源保障部门和工会等组织应当加强对用人单位落实员工带薪休假制度的监督检查。

第四章　健康服务

第一节　健康服务体系

第六十四条　市、区人民政府应当建立健全以区域医疗中心、基层医疗联合体、专业公共卫生机构为主体的优质高效卫生健康服务体系。

市卫生健康部门应当按照布局合理、规模适当、层级优化和功能完善的原则，拟定全市卫生健康服务体系规划，经市人民政府批准后公布实施。

卫生健康服务体系建设坚持以公立医疗卫生机构为主体，社会举办的医疗卫生机构为重要补充。

第六十五条　市卫生健康部门应当以市属医疗机构为主体设立区域医疗中心，承担危重症、疑难复杂疾病诊疗任务，开展相关学科的人才培养、科学研究，牵头组建重大疾病防治体系。

第六十六条　区卫生健康部门应当根据卫生健康服务体系规划的要求，以行政区或者若干个街道为服务区域划分健康管理服务片区，整合片区内的医疗卫生资源，组建由三级医院或者代表片区内医疗水平的医院牵头，社区健康服务机构和其他医疗卫生机构参与的基层医疗联合体，为片区内居民提供预防、诊疗、营养、康复、护理、健康管理等一体化、连续性的健康管理服务。

第六十七条　区人民政府应当加强社区健康服务机构建设，在每个社区至少设立一家社区健康服务机构，将社区健康服务机构作为居民健康管理服务的基础平台，为居民提供健康管理服务，并为健康社区建设、突发公共卫生事件应急处置等提供卫生健康技术支持。

区卫生健康部门应当按照市卫生健康部门确定的本区域社区健康服务机构设置数量，根据国土空间规划、社区人口分布和结构、现有医疗机构的数量和布局等，组织编制辖区社区健康服务机构设置规划，明确各社区健康服务机构的服务区域和所承担的居民健康管理责任。

区社区健康服务机构设置规划经区人民政府批准并报市卫生健康部门备案后公布实施。

第六十八条　基层医疗联合体应当建立医院与社区健康服务机构之间的分工协作机制。医院应当为社区健康服务机构提供人才、技术支撑和双向转诊服务，提升基层健康服务能力。

第六十九条 市、区人民政府应当按照协调、统一、专业的原则，加强疾病预防控制、专科疾病防治、医疗急救、采供血等专业公共卫生机构的建设。

第二节 基本健康服务

第七十条 市、区人民政府应当为居民提供公益、公平、可及的基本健康服务。基本健康服务包括基本公共卫生服务和基本医疗服务。基本公共卫生服务包括国家基本公共卫生服务项目和本市增补公共卫生服务项目。

国家基本公共卫生服务项目按照国家和广东省规定的服务项目、服务对象实施。本市增补公共卫生服务由市人民政府根据疾病预防控制工作需要和财政承受能力，确定服务项目、服务对象。

本市增补公共卫生服务项目和基本医疗服务项目应当根据居民医疗需求、经济社会发展水平、政府保障能力、医疗技术更新等进行动态调整。

第七十一条 基本健康服务实行实名制。除紧急救治外，居民接受基本健康服务应当出示有效身份证件。

第七十二条 市卫生健康部门应当发布居民卫生健康服务手册，公开基本公共卫生服务的服务项目、服务标准、提供机构、获取途径以及基本医疗服务就医指引等，并制定有关管理规定，加强服务管理和绩效考核。

基层医疗联合体应当按照规定提供基本公共卫生服务，其提供基本公共卫生服务的情况应当纳入医疗卫生机构绩效考核和服务质量评估指标体系。

第七十三条 市卫生健康部门应当推进疾病预防、治疗、康复相结合，建立健全区域医疗中心、基层医疗联合体、专业公共卫生机构之间的协作关系。

医院应当按照有关规定为社区健康服务机构转诊的患者提供优先挂号、优先接诊、优先检查、优先住院服务。

在医院住院后需要病情随访、健康管理的慢性病患者、严重精神障碍患者、结核病患者以及其他适合在社区健康服务机构进行诊疗、康复、护理的患者，由医院按照有关规定将其转入社区健康服务机构。

专业公共卫生机构应当指导医疗机构提供基本公共卫生服务。疾病预防控制机构应当会同基层医疗联合体开展社区诊断、健康社区建设情况监测等工作，并指导其提供基本公共卫生服务。

第七十四条 市、区人民政府应当发展完善中医药预防保健体系，按照有关规定将中医药适宜技术纳入基本健康服务，发挥中医药在居民健康服务中的重要作用。市卫生健康部门应当会同有关部门制定中医药健康服务技术规范。

支持医疗卫生机构提供中医药健康服务。社区健康服务机构应当按照有关规定提供中医药健康服务。

第三节 居民健康管理

第七十五条 市、区人民政府应当加强居民健康管理组织建设，建立健全以社区健康服务机构为平台、以全科医生为健康管理责任医师、以居民电子健康档案为载体的居民健康管理机制。

居民可以自主选择一家社区健康服务机构作为本人的健康管理服务单位，自主选择或者由健康管理服务单位指定一名全科医师作为其健康管理责任医师。

鼓励居民与健康管理服务单位签订居民健康管理服务协议，约定健康服务内容以及个人健康信息隐私保护等有关事项。

第七十六条 居民健康管理服务单位应当组建由健康管理责任医师为负责人的家庭医生服务团队，按照居民健康管理服务协议约定和有关规定为居民提供下列服务：

（一）协助建立、维护和管理居民电子健康档案，核实居民填报的相关信息；

（二）提供基本公共卫生服务项目清单以及接受服务的时间安排表，并跟进居民接受服务的情况；

（三）定期为18周岁以上居民测量血压，为35周岁以上居民测量血糖，为40周岁以上居民和高危人群检查肺功能；

（四）居民体质测试；

（五）为符合条件的居民提供家庭病床服务；

（六）健康咨询、中医药健康服务等，并指导居民开展自我健康管理；

（七）基本医疗服务以及转诊服务；

（八）协议约定的个性化健康服务；

（九）卫生健康部门规定的其他健康管理服务。

第七十七条 居民健康管理服务单位可以根据签约居民不同健康服务需求，为其制定个性化的健康服务包。

个性化健康服务包中属于基本公共卫生服务项目的，按照规定从相关项目经费中支出；属于基本医疗服务项目的，纳入非营利性医疗机构医疗服务项目和价格管理，由社会医疗保险基金和个人按照规定的比例支付，其中属于工伤保险的由工伤保险基金按照有关规定支付；属于特需健康服务项目的，由居民自愿选择，实行市场调节价，接受有关部门监督管理。

第七十八条 社区健康服务机构提供居民健康管理服务应当符合有关技术规范，并建立健全相关规章制度，保障服务质量。

第四节 居民电子健康档案

第七十九条 市人民政府应当建立健全居民电子健康档案管理制度。市卫生健康部门负责制定居民电子健康档案技术标准以及管理、使用和信息安全规范，并负责为全市居民建立电子健康档案。

第八十条 居民电子健康档案主要包括下列内容：

（一）姓名、性别、婚姻状况、联系方式、现住址等个人基础信息；

（二）既往病史、家族病史、过敏史、血压、血糖、血脂等个人基本健康信息；

（三）接受健康服务记录，包括全生命周期的基本公共卫生服务、医疗服务、健康体检服务等信息；

（四）由个人记录的生活方式、疾病用药以及健康自评等其他个人健康信息。

第八十一条 市卫生健康部门应当将居民电子健康档案纳入卫生健康信息化平台，实行全市联网管理。医疗卫生机构应当按照市卫生健康部门制定的数据接口规范，接入卫生健康信息化平台。

第八十二条 医疗卫生机构应当按照有关规定，将为居民提供疾病预防、检验检查、诊疗、康复、护理等健康服务记录的信息录入或者上传至卫生健康信息化平台。

医疗卫生机构应当为未建立居民电子健康档案的服务对象、新生儿建立居民电子健康档案。

医疗卫生机构为居民建立电子健康档案时，可以要求居民出示有效身份证件，并提供个人基础信息和基本健康信息。

第八十三条 居民电子健康档案中的个人基础信息由居民填写或者提供；信息发生变更时，应当及时更新。

个人基本健康信息由居民或者健康管理服务单位填写、更新。

其他个人健康信息按照电子健康档案的授权权限，由居民或者提供健康服务的医疗卫生机构记录和确认。

第八十四条 成年人居民电子健康档案应当向居民本人开放，未成年人的电子健康档案应当向其父母或者其他监护人开放，实现在线查询、下载、更新、使用、授权等功能。

居民接受医疗服务时，医疗卫生机构可以查阅居民电子健康档案信息。

卫生健康部门、专业公共卫生机构和居民健康管理服务单位可以根据卫生健康管理和居民健康管理的需要，按照有关规定调阅居民电子健康档案。

第八十五条 居民电子健康档案中能够识别或者推断居民个人身份信息的资料，未经居民本人或者其法定监护人同意，医疗卫生机构及其工作人员不得对外提供、泄露，不得用于卫生健康以外的目的。法律、法规另有规定的除外。

涉及个人隐私和重要健康服务的居民电子健康档案信息，信息存储和使用单位应当签订居民电子健康档案安全保密协议，并在权限范围内依法存储和使用相关信息。

第八十六条 公安、民政、医疗保障、政务服务数据管理、街道办事处、社区基层组织等有关单位应当配合卫生健康部门做好居民电子健康档案的数据比对、核查等工作。

第八十七条 市卫生健康部门可以组织医疗卫生机构和相关专业机构依法利用不包含能够识别或者推断居民个人身份的居民电子健康档案信息，开展卫生健康服务调查、公共卫生管理、临床医学研究等。

居民电子健康档案不得用于任何商业用途。

第五节 重点人群健康管理

第八十八条 市、区人民政府应当建立健全妇幼健康管理体系，加强孕产妇保健、儿童保健、妇女保健、生殖保健等工作；健全出生缺陷防治体系，支持母婴保健机构依法开展出生缺陷疾病监测和防治，不断提高出生人口素质。

鼓励居民进行婚前医学检查和婚前健康咨询。

第八十九条 市、区人民政府应当建立健全婴幼儿照护服务体系，推进婴幼儿照护服务设施规划建设，提供多层次、多元化的婴幼儿照护服务。

鼓励用人单位采取远程办公、灵活安排工作时间、减少工作时长等措施，为员工照护婴幼儿创造便利条件。

第九十条 教育部门应当创造有利于学生健康成长的校园环境，推进体教融合、教卫联动，促进青少年文化学习、体育锻炼和健康素养协调发展。

中小学校教学建筑的采光、照明、通风等环境质量以及黑板、课桌椅等教学设施设备的设置应当符合国家、广东省和深圳市有关标准。

第九十一条 教育、卫生健康部门应当推动医疗卫生机构与学校建立协作机制，指导学校开展健康教育和健康管理工作。

卫生健康部门应当开展青少年生长发育监测和评价，指导学校开展传染病和常见病防治。基层医疗联合体应当按照有关规定提供学生健康体检服务，向学校提供学生健康状况评价报告。

第九十二条 中小学校应当每年组织开展在校学生社会适应能力测试，卫生健康部门应当提供专业技术支持。鼓励有关社会组织参与青少年社会适应能力测试、评价和提出改进建议等工作。

任何单位和个人不得向未成年人提供可能危害其身心健康的出版物和有关电子信息。

第九十三条 市、区人民政府及其有关部门应当为老年人建立健全包括健康教育、预防保健、中医药健康服务、疾病诊治、康复护理、长期照护、安宁疗护等方面的普惠型健康服务体系。

市卫生健康、民政、医疗保障等部门应当根据职责，建立健全以居家养老为基础、社区养老为依托、机构养老为支撑的健康养老服务网络，制定医养结合服务标准与规范，建立健全失能老年人长期照护服务制度。

第九十四条 市、区人民政府应当建立健全残疾人康复服务体系。市、区残疾人联合会负责统筹开展残疾人康复指导工作，推动残疾人康复服务与社区健康服务融合发展，提高残疾人康复服务能力。

第九十五条 市人民政府统筹发展机构护理、社区和居家护理以及其他多种形式的全方位、全周期的护理服务。

医疗卫生机构、养老服务机构和其他专业服务机构，提供医疗护理、残疾人护理、康复护理、母婴护理、养老护理以及安宁疗护等服务的，应当由经过护理职业技能培训合格的护理人员提供。

第六节 重大疾病防治

第九十六条 市卫生健康部门应当建立健全各级各类医疗卫生机构上下

联动、分工合作、医防融合的重大疾病防治体系；建立心脑血管疾病、癌症、慢性呼吸系统疾病、糖尿病等重大疾病筛查与发现、诊疗与健康管理、健康干预效果评价等全过程闭环管理；健全重大疾病科学研究、疾病控制、临床治疗的协同机制。

第九十七条 市卫生健康部门应当组织各区域医疗中心牵头成立重大疾病防治技术指导中心，承担重大疾病的危重急症诊疗、临床医学研究、防治规范制定、人才培养、技术指导等工作。

基层医疗联合体应当建立医院与社区健康服务机构之间双向转诊绿色通道，推动全科与专科协同服务，按照重大疾病防治技术规范开展健康促进、疾病筛查、高危人群健康干预和患者随访管理、双向转诊、用药指导等健康管理服务。

专业公共卫生机构应当按照有关规定开展重大疾病监测、流行病学调查、综合防控策略和措施指导、防治效果评价等工作。

第九十八条 市、区人民政府应当根据居民疾病谱变化、医疗保障水平发展以及科学技术进步等情况，适时调整重大疾病监测与干预项目范围。

卫生健康部门应当制定重大疾病监测与干预计划，明确监测病种、目标人群、监测与干预项目，并组织实施。

第九十九条 卫生健康部门应当会同公安、民政、政务服务数据管理等部门建立健全重大疾病、健康危险因素、死因和疾病负担等综合监测网络，综合运用大数据、云计算、人工智能等技术，推动多病种、多因素、多维度联合监测，提高疾病和健康危险因素监测、公共卫生预警和分析研判、重点人群发现与健康管理等网络化、数字化、智能化水平。

第一百条 市卫生健康部门应当建立健全居民健康体检制度，根据不同年龄、性别、职业等因素制定健康体检项目基本目录，提高重大疾病早诊早治覆盖率。

第一百零一条 市、区人民政府应当规划和建设胸痛中心、卒中中心、危重孕产妇和新生儿救治中心、危重儿童救治中心、创伤中心等救治平台。

承担医疗急救、重大疾病或者灾害救治任务的医疗卫生机构应当建立健全急诊绿色通道，健全院前急救与院内急诊协同机制，提高抢救效率。

第五章 健康保障

第一节 健康服务费用

第一百零二条 市、区人民政府应当建立健全健康深圳建设所需要的健康事业经费投入和保障机制。

卫生健康部门应当会同财政部门制定卫生健康财政投入具体规定，并开展卫生健康投入绩效的监测和评价。

第一百零三条 基本公共卫生服务由医疗卫生机构按照有关规定免费提供，所需费用纳入市、区财政预算，并定期调整项目经费标准。

基本医疗服务费用依法由社会医疗保险基金、工伤保险基金或者个人支付。对医疗卫生机构提供的符合规定的基本医疗服务，市、区财政部门按照有关规定分级分类予以适当补助。

第一百零四条 市医疗保障部门应当构建公平、高效、可持续、多层次、以健康为导向的社会医疗保险制度，并推进完善以总额预算、结余留用、合理超支分担为基本原则的社会医疗保险支付制度，引导分级诊疗，促进医疗卫生机构转变服务理念和服务模式，优化居民健康服务。

第一百零五条 社区健康服务机构为本市社会医疗保险参保人提供健康管理服务，符合社会医疗保险支付范围和标准的费用，由市医疗保障部门按照每人每年的定额标准向社区健康服务机构支付。

第一百零六条 鼓励发展商业健康保险，满足人民群众多样化健康保障需求。鼓励商业保险机构增加新型健康保险产品供给，发展医疗责任保险、医疗意外保险，完善疫苗接种不良反应、严重疾病障碍患者监护责任补偿等保险，开发覆盖特需医疗、前沿医疗技术、创新药品、高端医疗器械应用以及长期照护、健康管理等健康相关商业保险产品。

第二节 人才与技术

第一百零七条 市、区人民政府应当建立健全健康服务人才政策体系，制定并实施健康服务人才队伍建设专项规划，加强健康服务高层次人才、全科医学人才以及其他紧缺人才的引进和培养。

卫生健康、教育、人力资源保障、财政等部门应当深化医疗卫生机构人事薪酬制度改革，建立健全符合卫生健康行业特点的医疗卫生人员教育、培养、引进、管理、评价、薪酬制度和以医德、能力、业绩为导向的绩效考核制度。

第一百零八条 市人民政府应当制定支持本市高等医学教育事业发展和国内外知名院校来本市举办高等医学院校的政策措施，鼓励本市高等医学院校开展全科医生等紧缺医疗卫生专业人员的教育和培养，推动扩大临床、护理等医学专业招生规模。

市、区人民政府应当制定支持健康管理类技能型人才培养和使用的政策措施，鼓励本市高等医学院校和职业院校开展康复治疗、心理治疗等人才培养，开展健康管理、营养健康、护理服务等从业人员培训。

第一百零九条 医疗卫生机构可以按照有关规定开展国际前沿药品、医疗技术临床应用。具体办法由市市场监管、卫生健康等部门根据职责制定。

第一百一十条 市人民政府应当推动建立卫生健康服务跨境衔接机制，支持医疗卫生、健康管理、医学科研、医学教育与培训等机构依法开展跨境医学交流与合作、举办学术会议；推动国际卫生健康组织在本市设立办事机构。

市卫生健康部门应当建立与国际接轨的医学人才培养、医疗卫生人员评价、医院评审认证标准体系，加强与国际标准组织的合作。

第三节 健康产业

第一百一十一条 市、区人民政府应当制订健康产业发展专项规划，统筹健康产业空间布局，优化健康产业发展环境，完善健康产业发展政策，促进现代健康服务业、生物和生命健康产业、医学科技创新体系融合发展，推动新科技、新模式在健康领域的应用。

第一百一十二条 市人民政府应当建立健全医学科技创新体系，支持医疗卫生机构、高等院校、科研机构、健康相关企业协同开展健康科技攻关，营造有利于科技成果转化的良好环境。

医疗卫生机构及其医疗卫生人员可以享受高等院校和科研机构关于科技成果转化收益奖励分配等科技创新政策。

第一百一十三条 市人民政府应当推进重大医学科研创新平台建设和机制创新，扶持精准医疗、创新药品、新型疫苗、现代中药、高端医疗器械、个性化健康干预等健康产业发展，推进大数据、新材料、人工智能技术在健康领域的应用。

第一百一十四条 市发展改革、科技创新、工业信息、民政、文化广电旅游体育、卫生健康、市场监管、医疗保障、地方金融监管等部门应当根据职责，协同推动建立健全健康基础研究、科技成果转化、全链条专业服务等健康产业支撑平台，推动健康创新资源开放协同、整合共享，促进健康产业发展。

第一百一十五条 卫生健康、民政、文化广电旅游体育、残疾人联合会等有关部门和单位应当推动社会力量举办多种形式的健康公共服务机构。

社会力量举办的健康公共服务机构在准入、执业、等级评审、购买服务、社会医疗保险定点机构、科研教学、人员职称评定和继续教育等方面享有与政府举办的健康公共服务机构同等的权利。

第一百一十六条 区域医疗中心每年用于医学科学研究的经费应当不低于其支出总额的百分之三。区域医疗中心开展临床试验和成果转化的情况应当纳入医疗机构绩效评价。

支持具备条件的医疗卫生机构申请设立国家药物临床试验机构、国家医疗器械临床试验机构等健康产业创新服务平台，依法开展健康新技术临床研究和转化应用。

第四节 监督管理

第一百一十七条 市人民政府应当将健康深圳建设纳入政府绩效考核指标体系，将健康影响评估和健康政策实施情况等作为市人民政府各部门的考核内容，将法定传染病发病率、主要慢性病规范管理率、分级诊疗以及主要居民健康状况指标改善情况等作为各区人民政府的考核内容。

第一百一十八条 健全政府监管、机构自治、行业自律、社会监督相结合的卫生健康综合监管制度。

市卫生健康部门应当会同医疗保障、市场监管等部门建立健全卫生健康行业协同监管、信息监管、信用监管制度，建设卫生健康综合监管信息系统。

第一百一十九条 卫生健康部门应当会同有关部门对公立医疗卫生机构实行绩效考核，考核结果与财政补助、医疗保险偿付、员工工资总额以及领导班子的聘任、考核、薪酬等挂钩。

卫生健康部门应当会同有关部门对医疗卫生机构的服务质量、医疗技术、药品和医疗器械使用等情况进行评估。

医疗卫生机构应当向社会公开其功能定位、职责任务、服务项目、收费标准等信息，接受社会监督。

第一百二十条 卫生监督机构是卫生健康部门履行卫生健康行政执法职能的执法机构，依法开展卫生健康执法工作。

卫生监督机构应当建立科学规范、运行高效的一体化执法体系，实行统一标准、统一监管，加强卫生健康行业综合监管。

第一百二十一条 市卫生健康部门、医疗保障、市场监管等部门应当建立卫生健康行业联合执法机制，相互通报卫生健康行业监管信息，联合开展重大案件查处和案件信息报告、发布等工作，完善和公安、司法部门案件移交机制，推进行政执法与刑事司法有效衔接。

第一百二十二条 市卫生健康部门应当会同有关部门建立健全卫生健康行业信用监管机制，建立信用记录数据库和诚信档案，制定信用信息采集目录和信用信息管理、运用、共享规则，建立健全失信联合惩戒和守信联合激励机制。

第一百二十三条 市医疗保障部门应当提高医疗保障监管能力和水平，对纳入社会医疗保险支付范围的医药服务和医疗收费加强监督管理，确保社会医疗保险基金安全高效、合理使用。

第一百二十四条 医疗卫生机构、高等院校、科研机构等设置与人体健康有关的实验室、开展与人体健康有关的实验活动、利用人类遗传资源开展生物技术研究开发活动或者开展临床试验的，应当严格遵守病原微生物实验室生物安全管理、人类遗传资源管理、生物技术研究、临床应用管理、医学伦理等有关规定。

第一百二十五条 公安、文化广电旅游体育、新闻出版、网络监管、卫生健康等部门应当完善互联网上网服务营业场所健康监管制度，加强对网络游戏内容监管，为促进青少年健康成长营造良好的网络环境。

第六章 法律责任

第一百二十六条 市、区人民政府和有关部门及其工作人员未依照本条例规定履行相关职责的，由相关部门责令改正，通报批评；造成不良后果或者影响的，对直接负责的主管人员和其他直接责任人员依法给予处分；构成犯罪的，依法追究刑事责任。

第一百二十七条 违反本条例第四十六条规定，有下列行为之一的，由市场监督管理部门责令改正，并处五千元以上三万元以下罚款：

（一）在禁止销售酒精饮料的场所或者区域销售酒精饮料的；

（二）使用自动售卖设备销售酒精饮料的；

（三）向未成年人销售酒精饮料的。

第一百二十八条 违反本条例第四十七条第一款规定，酒精饮料、碳酸饮料的销售者未在货架或者柜台上设置符合标准的健康损害提示标识的，由市场监督管理部门予以警告，并责令限期改正；逾期不改正的，处一千元罚款。

第一百二十九条 违反本条例第八十二条规定，医疗卫生机构有下列情形之一的，由卫生健康部门责令限期改正，逾期不改正的，处一万元以上三万元以下罚款：

（一）未按照规定将有关信息录入或者上传至卫生健康信息化平台的；

（二）未按照规定为居民建立居民电子健康档案的。

第一百三十条 违反本条例第八十五条规定，未经居民本人或者其法定监护人同意，对外提供、泄露能够识别或者推断居民身份资料的，由卫生健康部门责令改正，给予警告，并处一万元以上十万元以下罚款，对负有直接责任的人员处五千元以上五万元以下罚款；拒不改正或者造成大量数据泄漏等严重后果的，处十万元以上一百万元以下罚款，对负有直接责任的人员处一万元以上十万元以下罚款。构成犯罪的，依法追究刑事责任。

前款规定中负有直接责任的人员，属于医疗卫生人员的，由卫生健康部门责令暂停执业六个月以上一年以下。

第一百三十一条 违反本条例有关规定受到行政处罚的，由相关部门按照有关规定将违法行为信息纳入公共信用信息系统。

第七章 附 则

第一百三十二条 本条例中下列用语的含义：

（一）区域医疗中心，是指在一个服务区域内主要开展危重症和疑难复杂疾病诊疗服务，承担本市高水平医学重点学科建设、人才培养、医学科学研究和重大疾病防治任务的医疗机构。

（二）基层医疗联合体，是指在一个服务区域内，由三级医院或者业务能力较强的医院牵头，联合社区健康服务机构、护理院、专业康复机构、区域内其他医疗卫生机构等组成的基层医疗集团以及其他形式的联合体。

（三）基本公共卫生服务，是指针对居民存在的主要健康问题，以儿童、孕产妇、老年人、慢性疾病患者为重点人群，面向全体居民免费提供的基本公共卫生服务。

（四）基本医疗服务，是指纳入社会医疗保险和工伤保险支付范围的医疗服务。

（五）社区诊断，是指通过健康服务调查和流行病学调查，收集社区人口、居民健康需求、健康服务等情况，综合运用社会学、人类学等研究方法，发现社区存在的主要健康问题，并确定需要优先解决的健康问题。

第一百三十三条　本条例自 2021 年 1 月 1 日起施行。

报告说明

一、面向对象

对于在生物医药、保健食品、医疗器械、辅助器具、基因治疗、休闲健身、健康管理等多个与人类健康紧密相关的生产和服务领域有一定背景知识基础的政策制定者、科研学者、临床医护工作者、创业者、投资者、教育工作者、行业从业者以及其他相关专业对健康产业有浓厚兴趣的人士。

二、内容范围

围绕全球、我国以及深圳健康产业发展及其新领域、新技术及相关应用，以及产业链、创新链、行业优秀企业等进行分析。本报告在时间维度上基于近年的信息梳理和归纳，立足于2021年，展望未来；地理范围以中国大陆地区的行业分析为主，覆盖全球健康产业的前沿技术应用和产业格局。

由于行业特殊性和信息披露的时效性等因素，内容难免存在不足，信息颗粒度可能无法满足所有场景，如有错漏，欢迎反馈指正；如需更大范围、更细颗粒度的信息需求或对内容有相关建议及合作意向，欢迎联络我们定制行研报告。

三、版权及免责声明

本报告是深圳市健康产业发展促进会、深圳市保健协会共同研究的成果，旨在帮助从业者了解健康产业的发展格局和未来趋势。行业研究层面的研究源自深圳市生命健康产业公共服务平台、专家访谈和企业调研及数据分析。本报告版权归深圳市健康产业发展促进会所有，未经书面授权，任何机构、个人不得以任何形式使用、复制和传播本报告的任何部分用于商业目的；学术研究和传播引用时请注明来自深圳市健康产业发展促进会；侵权必究。

深圳市健康产业发展促进会未受聘于任何单位从事此报告研究。本报告不得解释为深圳市健康产业发展促进会对行业发展的专业指导性意见，亦不得解释为对企业、产品前景的观点。读者接收本报告即视为同意以下声明：任何机构或个人在引用本报告信息时，须对本报告的数据和结果进行独立调查和判断；由于信息时效性，深圳市健康产业发展促进会对本报告所含信息的准确性或完整性不作任何担保或保证，且明确声明对任何机构和个人不承担基于本报告决策而产生的任何责任。